ANTICRISTO
ANTES DEL DÍA DEL SEÑOR

ALAN E. KURSCHNER

ANTICRISTO
ANTES DEL DÍA DEL SEÑOR

LO QUE TODO CRISTIANO NECESITA ENTENDER ACERCA DEL RETORNO DE CRISTO

TRADUCIDO POR
BOB L. MYERS Y SERENA W. MYERS

Propiedad Literaria © 2020 por Alan E. Kurschner

Derechos reservados.
Eschatos Publishing, P.O. Box 107, Pompton Lakes, NJ 07442.

Ninguna parte de esta publicación podrá ser reproducida, procesada en algún sistema que la pueda reproducir, o transmitida en alguna forma o por algún medio—electrónico, mecánico, fotocopia, cinta magnetofónica u otro, sin permiso previo del editor—salvo por breves citas en reseñas impresas.

Impreso en E.U.A.

Publisher's Cataloging-in-Publication Data
provided by Five Rainbows Cataloging Services

Names: Kurschner, Alan E., author. | Myers, Bob L., translator. | Myers, Serena W., translator.
Title: Antichristo antes del dia sel Señor : lo que todo cristiano necesita entender acerca del retorno de Cristo / Alan E. Kurschner ; [translated by] Bob L. Myers, Serena W. Myers.
Other titles: Antichrist before the day of the Lord. Spanish.
Description: Pompton Lakes, NJ : Eschatos Publishing, 2020. | In Spanish.
Identifiers: LCCN 2020903575 (print) | ISBN 978-0-9853633-7-6 (paperback) | ISBN 978-0-9853633-8-3 (ebook)
Subjects: LCSH: Antichrist. | Rapture (Christian eschatology) | End of the world--Biblical teaching. | Eschatology. | Spanish language materials. | BISAC: RELIGION / Christian Theology / Eschatology.
Classification: LCC BT985 .K8718 2020 (print) | LCC BT985 .K8718 2020 (ebook) | DDC 235/.47--dc23.

A menos que sea notado, todas "Las citas bíblicas son tomadas de LA BIBLIA DE LAS AMÉRICAS (LBLA) Copyright © 1986, 1995, 1997 por The Lockman Foundation. Usadas con permiso".

A mis amantes padres

Índice de Materias

Lista de ilustraciones   xi
Agradecimientos   xiii
Introducción   1

Parte 1. La gran tribulación del anticristo   9
    Un anticristo literal   12
    El período de siete años   13
    El discurso de Jesús en su contexto bíblico   16
    Comienzo de dolores de parto   18
    La gran tribulación   21
    La gran tribulación desarrollada   24
    El engaño durante la gran tribulación   28
    Pablo sobre la apostasía y revelación del anticristo   29
    Un templo reedificado   36
    Miguel, el detenedor   37
    La destrucción última del anticristo   40
    Posesión satánica y milagros engañosos   42
    Libro del Apocalipsis sobre los dos grandes hechos
       de engaño   44

Los siete sellos en su contexto histórico	47
El cuarto sello – los medios de matanza	50
El quinto sello – el resultado de la matanza y la promesa de la ira de Dios	52
Los propósitos buenos de Dios en los padecimientos	54
Conclusión	56

Parte 2. El arrebatamiento del pueblo de Dios — 57

La gran tribulación "acortada"	59
El evento de los disturbios celestiales	61
El sexto sello señala la ira inminente	64
La señal Sekiná y Jesús llegando en las nubes	69
Reunirán a sus escogidos	72
Corrigiendo las preocupaciones de los tesalonicenses	73
Asuntos de la escatología correcta	74
Pablo sobre la resurrección y el arrebatamiento	75
Harpazo: llevando a los santos a Jesús	82
¿A dónde van los creyentes después del rapto?	84
Una palabra final sobre la esperanza bíblica	86
Cuatro razones para el arrebatamiento en Mateo 24:31	87
Razón 1: Jesús usa lenguaje del 'arrebatamiento'	88
Razón 2: Jesús usa Daniel sobre la resurrección	90
Razón 3: Jesús y Pablo sobre el comienzo de la parousia	93
Razón 4: Recogido 'fuera de la gran tribulación'	96
El remanente judío protegido	96
La multitud innumerable arrebatada	98
Conclusión	102

Parte 3. La ira del día del Señor — 105

Teofanías	107
La expresión 'el día del Señor'	112

El día del Señor que conocía Jesús	117
Joel sobre la ira del día del Señor	117
Isaías sobre la ira del día del Señor	120
Abdías sobre la ira del día del Señor	123
Sofonías sobre la ira del día del Señor	124
Amós sobre la ira del día del Señor	126
Jesús sobre el rapto y la ira – uno tras otro	129
Pablo sobre la ira del día del Señor	133
Repentino como un ladrón	135
¡Esté vigilante!	139
El decreto misericordioso de liberación de Dios	141
El séptimo sello inicia la ira del Señor	143
Siete trompetas atormentadoras traen la ira de Dios	144
Tres trompetas de '¡ay!'	148
Quinta trompeta (el primer ¡ay!)	149
Sexta trompeta (el segundo ¡ay!)	153
Séptima trompeta (el tercer ¡ay!)	157
Siete copas derramadas y la batalla de Armagedón	158
Conclusión	170

Epílogo — **171**

Apéndices — **175**
1. Términos principales relativos al retorno de Cristo — 175
2. Paralelos entre Jesús y Pablo — 182
3. Estructura propuesta para el libro del Apocalipsis — 187
4. Expectación, no inminencia — 193
5. ¿Qué creía la iglesia primitiva? — 199
6. Descubrimiento de un rollo antiguo de 7 sellos — 208

Notas — **211**
Acerca del autor — **241**

Ilustraciones

Figuras

Modelo pretribulacional	5
Modelo mediotribulacional	5
Modelo postribulacional	6
Modelo "pre-ira"	7
Pacto de 7 años del anticristo	15
Comienzo de dolores de parto	20
La gran tribulación	25
La parousia y el recogimiento	30
Eventos al punto medio del período de 7 años	36
Secuencia de eventos claves	39
Reinado disminuido del anticristo	41
Dos eventos relacionados *antes* del día del Señor	44
Siete sellos desplegándose durante el período de 7 años	48
"Se acorta" la gran tribulación	61
La señal celestial anuncia el día del Señor	62
Compuesta del evento de los disturbios celestiales	68
La señal de la parousia	71
La resurrección y el arrebatamiento	82
Destino de los arrebatados	86

El recogimiento de los escogidos en el arrebatamiento 88
Principio de la segunda venida (parousia) 93
Mateo 24:30 no habla de Armagedón 95
La postura pre-ira en su conjunto 103
Teofanías 'soportalibros' 110
Tipos del día del Señor 116
Arrebatamiento y día del Señor: eventos uno tras otro 132
Etapas de dolores de parto 139
Seis trompetas: primera fase de la ira del día del Señor 156
Después del período de 7 años 170
Parousia/Día de la llegada y presencia continuada del Señor 178
Alivio y juicio en el apokalypsis 179
Expectación – No inminencia 195

Tablas

Bosquejo de Mateo 24-25 16
Eventos dolorosos preceden la ira de Dios 54
Daniel 11:36-12:3 es paralelo a Mateo 24:15-31 91
Progresión hacia la ira de Dios 100
Mateo 24 paralela al Apocalipsis 6-7 101
Del huerto al mundo 112
Imágenes del día del Señor en la crucifixión 116
Visionario: 'el Señor Jesús es revelado desde el cielo' 179
Jesús y Pablo son paralelos sobre la segunda venida 183
Dídaque 16 paralela Mateo 24-25 202

Fotografías

Papiro samaritano 209
Bullae samaritana 210

Agradecimientos

Quiero agradecer a Heidi Walker como mi autora de la edición y a Linda M. Au por la parte interior. Day las gracias a Michael Coldagelli, Tom Klein, y Charles Cooper por su tiempo en estos últimos años dándome sus reacciones sobre varios asuntos discutidos en este libro. Agradezco a mi esposa, Donna, por sus sacrificios, ¡quien se preguntaba si el libro estuviera completado antes del día del Señor! También estoy muy agradecido a los muchos otros que me ayudaron mediante sus oraciones y apoyo financiero, porque este libro nunca habría visto la luz del día aparte de todos ustedes.

Introducción

Este libro contiene lo que todo cristiano necesita entender acerca del retorno de Cristo. Es una parte de la enseñanza cristiana mayor que se llama "escatología", la cual viene de la palabra griega *eschatos* ("último") y significa "el estudio de las últimas cosas". Mi meta es de concentrarme sobre lo que los escritores bíblicos creían acerca de los asuntos que consideraban más destacados con respecto a la segunda venida de Cristo. ¿Qué son estas cosas y dónde se encuentran en la Biblia?

Tomemos la pregunta final primero. En el Antiguo Testamento, los asuntos pertinentes a los últimos tiempos se encuentran mayormente en los escritos de los profetas. En el Nuevo Testamento, aparecen en el discurso de Jesús en el monte de los Olivos (Mateo 24-25, Lucas 21, Marcos 13), en la enseñanza de Pablo en las epístolas a los tesalonicenses y, por supuesto, en el Apocalipsis. Es por eso que estos son los pasajes a los cuales nosotros iremos a menudo.

Ahora bien, ¿qué están las cuestiones mayores en cuanto al retorno de Cristo en dichos pasajes? En este libro, yo escribiré del punto de vista "pre-ira". Esta postura ve importancia en tres eventos centrales con respecto a la venida de Cristo: (1) la gran tribulación del anticristo, la cual estará en marcha justo antes del retorno de Cristo; (2) el arrebatamiento del pueblo de Dios, el que sucederá precisamente en el primer día del regreso de Cristo; y (3) la ira del día del Señor que comenzará inmediatamente después del arrebatamiento. Se tratarán estos tres sucesos en las tres partes de este libro.

Puede que algunos se pregunten por qué es necesario un libro más sobre la venida de Cristo. Tal vez tengan una actitud poca instruida que dice, "¡lo único que importa es que Jesús va a regresar!" Esto suena piadoso, pero no es bíblico. Lo que eso da a entender es que estos otros asuntos "secundarios" que tocan a la gran tribulación, el momento del rapto, y la ira del día del Señor, no estaban eventos que se inquietaban a los escritores bíblicos. Puede que venga de sorpresa, sin embargo, que los escritores mismos no creían que fuera suficiente simplemente de saber que Cristo regresaría. En efecto, Jesús *sí* regresa, y no hay duda que al saber esta verdad, ella debería incitarnos a vivir santamente. Pero Jesús mismo nos amonesta de modo apremiante que seamos conscientes de lo que sucederá *antes* de que Él venga: "Ved que os lo he dicho de antemano" (Mateo 24:25). Jesús, Pablo, y el libro del Apocalipsis enseñan consecuentemente que la fe de la iglesia estará probada por el anticristo y su persecución durante la gran tribulación. En el contexto que describe esta persecución, Jesús pregunta, "…cuando el Hijo del Hombre venga, ¿hallará fe en la tierra?" (Lucas 18:8). Pablo manda, "que nadie os engañe en ninguna manera" (2 Tesalonicenses 2:3). El Apocalipsis advierte, "aquí está la perseverancia de los santos que guardan los mandamientos de Dios y la fe de Jesús" (Apocalipsis 14:12). Es imperativo que cada creyente lo tome a pecho.

La enseñanza de Jesús con respecto a los últimos tiempos (Mateo 24-25), Pablo (1 y 2 Tesalonicenses), y el Apocalipsis dan prominencia a la gran tribulación del anticristo que sucederá *antes* de que Jesús venga por su iglesia. En realidad, en el discurso soble el monte de los Olivos, ¡Jesús pone más énfasis en cómo debemos vivir durante el período de prueba *antes* de su retorno que en el retorno mismo! Con referencia a esto, nosotros también debemos modelar el ejemplo de Jesús por enfatizar lo complicado del desarrollo de la gran tribulación del anticristo sobre la iglesia. La tarea del estudiante de profecía es de afirmar no solamente que *sí* Cristo va a retornar, sino también *las condiciones* que rodearán su venida. Esto incluye la persecución del anticristo, el período cuando Dios refinará a su novia para la llegada de su Hijo.

Es posible que la enseñanza de la postura pre-ira suene nueva, aun desafiante, para algunos. Puede que haya sido criado en una tradición que creía que seremos arrebatados antes de la gran tribulación del anticristo (y así creía yo). Si esto le describe a usted, le animo a que sea un "bereano" en la fe y que confirme todo en este libro por medio de la palabra de Dios. "Estos [bereanos] eran más nobles que los de Tesalónica, pues recibieron la palabra con toda solicitud, escudriñando diariamente las Escrituras, para ver si estas cosas eran así" (Hechos 17:11).

Cuatro enfoques mayores sobre la profecía bíblica

Antes de investigar el entendimiento pre-ira del retorno de Cristo, miremos las cuatro interpretaciones "paraguas" de los últimos tiempos para proveer una más amplia comprensión de la discusión.

El primer enfoque, o acercamiento, es el futurismo. Los futurólogos interpretan la mayoría de los eventos del discurso en el monte de los Olivos, 1 y 2 Tesalonicenses, y el Apocalipsis como los que quedan todavía por cumplirse. Por ejemplo, los futurólogos creen que el anticristo y su gran tribulación todavía han de venir. Este suceso ocurrirá justo antes de que Cristo regrese, así que no es un evento que ya haya sido cumplido o que está siendo desarrollado al presente. El segundo enfoque es el preterismo que cree que estos eventos, incluso la gran tribulación del anticristo, han sido cumplidos ya. El preterismo sostiene que dichos eventos se cumplieron en el siglo I en relación a la destrucción de Jerusalén en d.C. 70. El tercer enfoque es el historicismo, el cual interpreta los eventos tales como la gran tribulación del anticristo como ser cumplida a través de la edad de la iglesia entre las primera y segunda venidas de Cristo (también se llama "interadventismo"). El cuarto enfoque es el idealismo, lo que interpreta estos eventos solamente como ser simbólicos o espirituales—como verdades éticas de siempre acerca de la lucha entre el bien y el mal.

En este libro, mi acercamiento es futurístico, por lo tanto yo escribo de ese punto de vista y principalmente para los que comparten este enfoque. Esto no significa que los preteristas, historicistas, e idealistas no pueden sacar provecho de este libro, porque algunas cosas que les interesan coinciden a veces con el futurismo.

Cuatro posturas futurísticas mayores

Debajo del paraguas del futurismo, hay cuatro posturas futurísticas principales: pretribulaciónismo, mediotribulacionismo, postribulacionismo, y pre-ira. Una característica que hace que estas posturas sean futurísticas es que todas afirman que habrá un período futuro de siete años durante el cual se desplegarán los tres eventos mayores de los últimos tiempos. Yo diré más acerca de este período en la Parte 1. Todas estas posturas afirman también que se les promete a los creyentes exención de la ira del día del Señor. "Porque no nos ha destinado Dios para ira, sino para obtener salvación por medio de nuestro Señor Jesucristo" (1 Tesalonicenses 5:9). Por lo tanto, un asunto de suma importancia para todas estas posturas es *cuándo* se inicia la ira del día del Señor en relación al período de siete años. La respuesta nos informará de dónde cada perspectiva coloca el rapto en relación al período de siete años. En pocas palabras, presentaré los puntos claves de cada una de las posturas futurísticas.

El *pretribulacionismo* enseña que el período de siete años, al cual se refiere los pretribulacionistas como ser "la tribulación", es enteramente la ira del día del Señor. Es por eso que ellos ven el arrebatamiento ocurriendo justo antes de que comience el período de siete años. Según el pretribulacionismo, la iglesia no se enfrentará con la gran tribulación del anticristo, puesto que el rapto tendrá lugar primero. Es de lamentar que el pretribulacionismo no haga una distinción entre la gran tribulación del anticristo y la ira del día del Señor.

MODELO PRETRIBULACIONAL

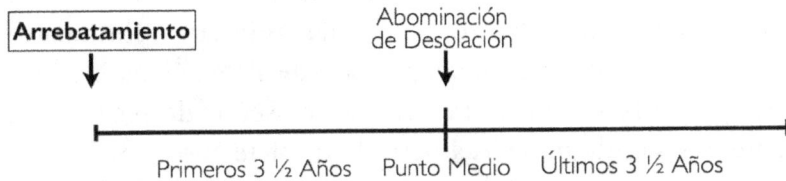

(El día del Señor abarca todos los 7 años, a saber, el "Período de Tribulación")

El *mediotribulacionismo* como una postura tiene algunas variaciones, pero la enseñanza esencial es que el arrebatamiento sucederá al punto medio del período de siete años, antes de la gran tribulación del anticristo. Esta postura comparte cierta afinidad con el pretribulacionalismo en que este rapto se ve como ocurriendo antes de la gran tribulación del anticristo. En las décadas recientes, la postura mediotribulacional casi ha dejado de existir. Lo menciono aquí por motivo de integridad.

MODELO MEDIOTRIBULACIONAL

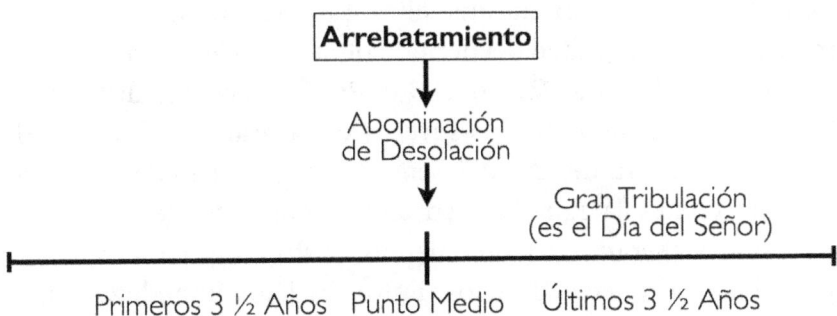

El *postribulacionismo* enseña que el rapto tendrá lugar a la terminación del período de siete años. Algunos postribulacionistas niegan un futuro período de siete años, y sin embargo ellos continúan afirmando que los mayores eventos proféticos sucederán en el futuro. A diferencia del pretribulacionismo y del mediotribulacionismo, esta postura cree que la iglesia se encarará con la gran tribulación del anticristo y que la ira del día del Señor ocurre dentro de un día único de veinticuatro horas, precisamente al final del período de siete años. (Algunos postribulacionistas ven la ira del día del Señor desplegándose durante la segunda mitad del período de siete años, como Dios físicamente protege a la iglesia en la *tierra* mientras Él derrama su ira sobre los impíos.)

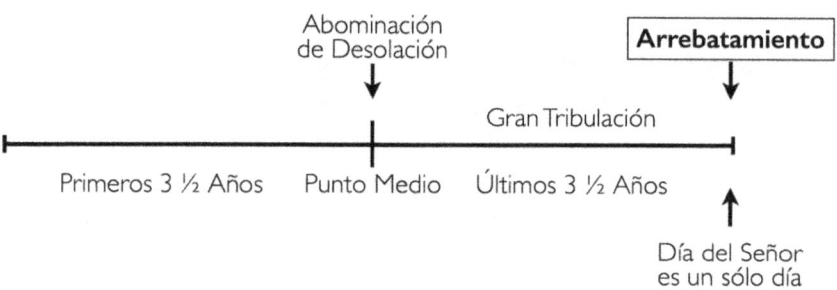

La postura *pre-ira* enseña que el rapto sucederá algún día *durante* the segunda mitad del período de siete años. No sabemos el día exacto ni la hora (Mateo 24:36). Pre-ira hace una distinción bíblica importante entre los sucesos de la gran tribulación del anticristo y la ira del día del Señor. Esta gran tribulación será dirigida contra la iglesia, y en algún momento desconocido, aquellos días serán acortados cuando Cristo venga para resucitar y arrebatar al pueblo de Dios. Entonces Dios inmediatamente comenzará a derramar su ira sobre los impíos en el día del Señor.

MODELO "PRE-IRA"
(ANTES DE LA IRA DE DIOS)

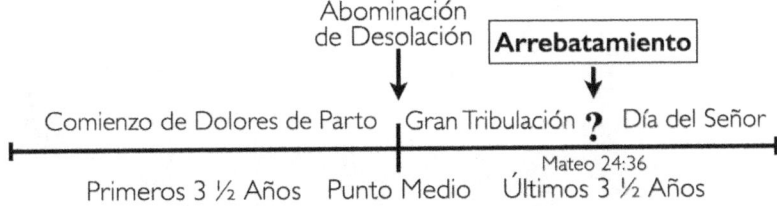

> **?** = El interrogante significa que el regreso de Cristo para resucitar y arrebatar al pueblo de Dios sucederá en un día y hora desconocidos (Mateo 24:36). Pero ocurrirá algún día durante la segunda mitad del período de siete años. Cuando el arrebatamiento tiene lugar en ese día, se acortará la gran tribulación del anticristo contra los creyentes, seguido por la ira del día del Señor contra los no creyentes.

? = El signo de interrogación significa que el retorno de Cristo para resucitar y arrebatar al pueblo de Dios ocurrirá en un día y hora sin aviso (Mateo 24:36). Pero sucederá durante la segunda mitad del período de siete años. Cuando tenga lugar en aquel día desconocido, va a acortar la gran tribulación del anticristo contra los creyentes y será seguido por la ira del día del Señor contra los impíos.

Muchos de nosotros estábamos enseñados que la iglesia será "arrebatada fuera de aquí" *antes* de que la persecución del anticristo. Sin embargo, como yo demostraré en este libro, la Biblia nos instruye constantemente que la iglesia sufrirá la gran tribulación del anticristo antes de que Cristo venga para arrebatar a su pueblo y ejecutar su ira sobre sus enemigos. Por eso, la postura se llama "pre-ira".

PARTE 1.
La Gran Tribulación Del Anticristo

PARTE 1.
La Gran Tribulación Del Anticristo

Esta primera parte se titula "La gran tribulación del anticristo" porque quiero enfatizar que este período se caracteriza por la persecución del anticristo en contra del pueblo de Dios; no es el período de la ira de Dios. La furia del anticristo caerá no solamente sobre la iglesia, sino también sobre un remanente de judíos que no capitularán ante sus demandas. Aprenderemos que la Biblia hace una distinción importante entre el período de la gran tribulación del anticristo y la ira del día del Señor. La gran tribulación tendrá lugar primero y será seguida por el castigo de Dios.

En esta primera parte consideraré algunos aspectos preliminares. Por ejemplo, el anticristo escatológico será un personaje literal, no uno simbólico. También, indicaré que el libro de Daniel nos informa de un futuro período de siete años (comúnmente conocido como "la semana septuagésima de Daniel") durante lo cual los eventos escatológicos claves tendrán lugar. Entonces explicaré los "comienzos de dolores" que sucederán justo antes de la gran tribulación. Segundo, mi foco en esta parte será descubrir la naturaleza y el propósito de la gran tribulación del anticristo, utilizando el discurso en el monte de los Olivos de Jesús, las epístolas Tesalonicenses de Pablo, y concluyendo con el libro del Apocalipsis.

Un anticristo literal

El término "anticristo" lleva un sentido tanto ancho como estrecho. El sentido teológico ancho se defina por el apóstol Juan, que escribe, "¿Quién es el mentiroso, sino el que niega que Jesús es el Cristo? Este es el anticristo, el que niega al Padre y al Hijo" (1 Juan 2:22). Unos pocos versículos antes, Juan profetizó de un sentido estrecho de un anticristo escatológico, "Hijitos, es la última hora, y así como oísteis que *el* anticristo viene, también ahora han surgido muchos anticristos; por eso sabemos que es la última hora" (1 Juan 2:18, énfasis añadido). Notemos que Juan habla de una pluralidad más uno en singular, cada uno caracterizado por el término "anticristo". Así que, Juan utiliza un sentido de utiliza un sentido de *ahora pero no todavía*. Es decir, él se da cuenta de que "*el* anticristo viene [no todavía], también ahora han surgido [ya] *muchos* anticristos".

Dos capítulos más adelante él repite el sentido de "ya todavía no": "y todo espíritu que no confiesa a Jesús, no es de Dios; y este es el espíritu del anticristo, del cual habéis oído que viene, y que ahora ya está en el mundo" (1 Juan 4:3). Así es que para Juan había en aquel entonces el *espíritu* del anticristo, y en el futuro habría la encarnación de una figura literal, no meramente una simbólica.

Hay más evidencia para la figura de un anticristo literal y personal. En Mateo 24:15, Jesús personaliza la "abominación de desolación" que estará "de pie" [*histemi*] en el lugar santo. "Por tanto, cuando veáis la abominación de la desolación, de que se habló por medio del profeta Daniel, [de pie] en el lugar santo…" (Mateo 24:15). En Marcos 13:14, el escritor usa el participio masculino *hestekota* ("de pie"), lo cual indica que se trata de una persona. El apóstol Pablo también describe claramente esta figura como ser una persona.

> Que nadie os engañe en ninguna manera, porque no vendrá [el día del Señor] sin que primero venga la apostasía y sea revelado *el hombre* de pecado, *el hijo* de perdición, *el cual* se opone y se exalta [*sí mismo*] sobre todo lo que se llama dios o es objeto de culto, de manera que [él] se sienta en el templo de Dios, *presentándose* como si fuera Dios. (2 Tesalonicenses 2:3-4, énfasis añadido)

La iglesia primitiva creía que el anticristo sería una persona literal también. Se demuestra esto por un documento cristiano del primer o segundo siglo que se llama "La Dídaque" que quiere decir "la enseñanza" (por los doce apóstoles). Capítulo 16:4 dice,

> Y debido al aumento de la iniquidad, los entregarán a tribulación, se traicionarán unos a otros. Y entonces *el engañador del mundo* aparecerá como *un hijo* de Dios, y hará señales y prodigios, y la tierra será entregada en *sus* manos, y él hará cosas inicuas las cuales nunca se hicieron desde el principio del mundo. (énfasis añadido)[1]

Tanto las Escrituras como la iglesia primitiva muestran evidencia explícita que el anticristo será una persona real.

El período de siete años

La Biblia enseña que un período venidero de siete años representa los últimos siete años de esta edad. Maestros pretribulacionales equivocadamente igualan este período con lo que han ideado como "el período de tribulación", o sencillamente "la tribulación". Esta expresión es engañosa porque es vaga y, como veremos, descuida la distinción bíblica entre la gran tribulación y el día del Señor. Por eso, me referiré a este período por utilizar el término neutral "el período de siete años".

¿Por qué ordenó Dios este plazo de siete años? En Daniel 9, el profeta Daniel se acongojaba de los pecados de Israel rebelde y le oró a Dios confesando de parte de su nación, y pidiendo misericordia, perdón y el arrepentimiento de Dios. Mientras Daniel oraba, Dios le envió una palabra profética a través del ángel Gabriel. Se le dijo a Daniel que Dios haría algo muy especial durante un bloque de 490 años en el futuro. "Setenta semanas [es decir, 490 años] han sido decretadas sobre su pueblo y sobre su santa ciudad, para poner fin a la transgresión, para terminar con el pecado, para expiar la iniquidad, para traer justicia eterna, para sellar la visión y la profecía, y para ungir el lugar santísimo" (Daniel 9:24). En las generaciones posteriores a Daniel, de los 490 años programados, los primeros 483 años se cumplieron por el primer siglo. Sin embargo, los últimos siete años (la semana profética final) quedan por cumplirse. Al fin de ese período, la profecía de la salvación de Israel será efectuada.

Puesto que tomo un acercamiento futurístico en este libro, no tardarè ahora para abogar por un futuro período de siete años.² No obstante, yo quisiera hacer unos comentarios concernientes a este marco temporal. Un versículo muy importante es Daniel 9:27:

> Y [el anticristo] hará un pacto firme con muchos [Israel] por una semana [es decir, siete años], pero a la mitad de la semana pondrá fin al sacrificio y a la ofrenda de cereal. Sobre el ala de abominaciones vendrá el desolador, hasta que una destrucción completa, la que está decretada, sea derramada sobre el desolador. (cfr. Daniel 12:11)

Este versículo declara que "él" hará un pacto firme con muchos por "una semana" (sabua), la cual en este contexto hebreo indica siete años. Quizá la traducción de la versión "Reina-Valera (1960)" en su rendición de "confirmar" el pacto sea un poco suave, no captando lo mejor del sentido del verbo hebreo *gabar*, como lo tiene "La Biblia de las Américas (LBLA)" referente a un "pacto firme" (o, "fuerte") que enfatiza del hebreo los sentidos de opresión, imposición, y coerción, así sugiriendo que el otro participante del pacto no tuviera mucha voz en el asunto.³ El pronombre cfr Salmo 12:4. "él" representa la figura de uno que es anticristo. Puede que el pacto sea por protección o permiso para restablecer el sistema sacrificial en recompensa de algún otro servicio o acción. Se implica que el anticristo va a romper el pacto por detener o corromper a los sacrificios y ofrendas, así causando abominaciones. Esto ocurrirá a la mitad de la semana septuagésima, es decir, al punto medio del período de siete años. De acuerdo con esto, la palabra "muchos" se refiere a Israel ya que el pacto tiene que ver con la suspensión de los sacrificios y ofrendas asociados con el templo judío. Sin embargo, el término "muchos" podría sugerir también que la mayoría de los judíos respaldará el pacto, pero un remanente va a disidir.

Una pregunta queda: ¿lo reconoceremos cuándo se firme el pacto y así saber que hemos entrado en el período de siete años? No creo que podamos tener la certeza de eso. Lo que sí será inconfundible, no obstante, es el evento al punto medio: la revelación del anticristo y su abominación de desolación. Veremos que Jesús, Pablo, y el libro del Apocalipsis nunca se enfocan al comienzo del período de siete años, ni toman en cuenta el firmar de un pacto. La ausencia de estos eventos en pasajes claves del Nuevo Testamento sugiere que los escritores no los consideraban suficientemente importante de enfocar nuestra atención sobre ellos. En lugar de eso, las tres fuentes nuevotestamentarias llaman la atención sobre el punto medio en que hay un evento perceptible por lo cual los creyentes sabrán sin duda que habrán entrado en la temporada de la gran tribulación.

PACTO DE 7 AÑOS DEL ANTICRISTO

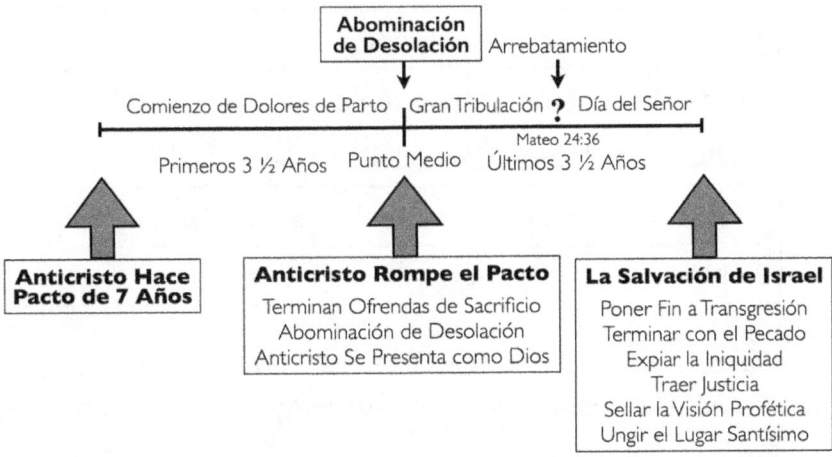

Habiendo establecido una línea de tiempo de siete años, podemos situar los eventos proféticos claves con inclusión de cuándo el anticiristo cometerá abominaciones y pondrá fin a los sacrificios y las ofrendas al punto medio de esa línea de tiempo. Examinaré la naturaleza y propósito del programa de persecución del anticristo que se conoce como la gran tribulación. Primero, hablaré del discurso de Jesús en el monte de los Olivos. Entonces seguiré por la enseñanza de Pablo, y concluiré con el libro del Apocalipsis.

El discurso de Jesús en su contexto bíblico

El discurso sobre el monte de Olivete fue uno de las últimas instrucciones que Jesús dio a sus discípulos antes de su crucifixión.[4] Se encuentra en los tres evangelios sinópticos (Mateo 24-25, Marcos 13 y Lucas 21). He escogido la versión de Mateo puesto que abarca más de los demás sinópticos. Utilizaré unas referencias de las cuentas de Lucas y Marcos cuando sea provechoso de hacerlo. Hay siete secciones que se ven en Mateo. En la Parte 1, yo comentaré acerca de la gran tribulación hasta el versículo 28.

Bosquejo de Mateo 24-25	
24:1–3	Predicción del templo
24:4–8	Comienzo de dolores de parto
24:9–14	Gran tribulación
24:15–28	Gran tribulación desarrollada
24:29–31	Comienzo del día del Señor
24:32–25:30	Símiles y parábolas para vigilancia
25:31–46	Juicio de ovejas y cabritos

En Mateo 21, se encuentra la así llamada "entrada triunfal", la que termina en pugna entre Jesús y los fariseos y escribas, que repetidamente desafiaban su autoridad. Entonces, el capítulo culmina en Mateo 23 con Jesús pronunciando los ocho ayes contra estos hipócritas, seguido por su lamento de los corazones tan porfiados y no arrepentidos del liderazgo judío. Mateo 24 comienza con Jesús andando del templo después de esa confrontación con los líderes judíos, la que provocó angustia y confusión en sus discípulos. Tratando de salvar algo del conflicto, los discípulos le llamaron la atención de Jesús sobre las estructuras magníficas del templo como para recordarlo de los laureles de los logros religiosos de Israel. Pero Jesús no sería engañado por tales cosas externas. Mateo nos cuenta:

> Cuando salió Jesús del templo, y se iba, se le acercaron sus discípulos para mostrarle los edificios del templo. Mas respondiendo Él, les dijo: ¿veis todo esto? En verdad os digo: no quedará aquí piedra sobre piedra que no sea derribada. (Mateo 24:1-2)

Jesús había profetizado anteriormente de la destrucción de Jerusalén (Lucas 19:41-44). Pero ahora Él finaliza esta predicación por mirar fijamente en el epicentro de la vida en la ciudad y el templo. El cumplimiento de estas dos profecías ocurrió unas pocas décadas más adelante en d.C. 70, cuando los romanos destruyeron a Jerusalén y aplastaron al templo de Dios.

En Mateo 23:39, Jesús contó a los líderes judíos que iba a dejarlos. "Porque os digo que desde ahora en adelante no me veréis más hasta que digáis: '¡Bendito el que viene en nombre del Señor!'". Este anuncio y la predicción de Jesús de la destrucción del templo causaron que los discípulos le hicieran dos preguntas: "Dinos ¿cuándo sucederá esto?" y "¿cuál será la señal de tu venida [*parousia*] y de la consumación [fin] de este siglo [edad]?" (Mateo 24:3). El sustantivo griego que se traduce "venida" es *parousia*, que quiere decir "una llegada y presencia que continúa".[5] Es la palabra detrás de la expresión "segunda venida" o "segundo adviento". La segunda venida del Señor (*parousia*) será un complejo entero de gran alcance. En otras palabras, no será un simple evento instantáneo como será el rapto. Más bien, se extenderá sobre varios sucesos que cumplirán con los propósitos divinos.

Podemos ilustrar la naturaliza de la futura venida de Cristo por mirar su primera venida. Empezó con su nacimiento único [su llegada], pero entonces [su presencia] continuaba por su crianza, ministerio de enseñanza, milagros, discipulados, muerte, entierro, y resurrección. Aunque pensemos ante todo en su nacimiento, su primera venida seguramente abarcaba todos los eventos arriba. Era un "complejo entero" que Dios empleó para cumplir con sus propósitos divinos. De un modo parecido, la segunda venida comenzará con la llegada de Jesús en las nubes para resucitar a los muertos y arrebatarlos juntos con los demás creyentes que están vivos en aquel entonces (1 Tesalonicenses 4:13-18). Los escritores de la Biblia a menudo enfatizaron el aspecto de la llegada de la parousia porque querían animar el comportamiento piadoso en sus lectores. Pero sería un error pensar que lo vieron como algo limitado solamente a la apariencia gloriosa de Jesús en los cielos para resucitar a los muertos y arrebatar a todos los creyentes. Esto es así porque su presencia posterior abarcará los eventos mayores tales como la ira del día del Señor, la salvación del remanente de Israel, y la reclamación de su reinado real en la tierra, el cual se extenderá por el milenio. En pocas palabras, Cristo va a volver como salvador, juez y rey (para más sobre la parousia y los términos relacionados, váyase al apéndice "Términos claves que tienen que ver con el regreso de Cristo").

Comienzo de dolores del parto

Las preguntas de los discípulos implican que ellos suponían que tanto la destrucción de los edificios del templo como la consumación de la edad serían un sólo suceso de dos partes, con ambas sucediendo como al mismo tiempo. Sin embargo, Jesús retará esta noción preconcebida así como otras categorías del reino. Durante el ministerio de Jesús, cuandoquiera que se le hiciera una pregunta directa, era frecuente que Él la pasaría por alto y respondería con otra que pagaba en la misma moneda, o

Él daría una respuesta inesperada a la pregunta que desafiaba las creencias preconcebidas del interrogador. En este caso, Él escoge la última opción y toma la oportunidad de desafiar las categorías escatológicas preconcebidas de los discípulos, especialmente la del rein de Dios. Jesús los enseñará que tentación engañosa y gran sufrimiento deben suceder primero para los que están deseosos de estar en su reino al fin y al cabo. La pregunta de los discípulos evoca de Jesús una de sus grabadas enseñanzas más largas en los evangelios, el discurso en el monte de los Olivos. Jesús dice:

> "Mirad que nadie os engañe. Porque muchos vendrán en mi nombre, diciendo: Yo soy el Cristo, y engañarán a muchos. Y habréis de oír de guerras y rumores de guerras. ¡Cuidado! No os alarméis, porque es necesario que todo esto suceda: pero todavía no es el fin. Porque se levantará nación contra nación, y reino contra reino, y en diferentes lugares habrá hambre y terremotos. Pero todo esto es sólo el comienzo de dolores". (Mateo 24:4-8)

Antes de que Jesús revele la señal de su retorno (vv. 27, 30), Él describe varias condiciones que deben ocurrir primero. Él amonesta a los discípulos de no ser perturbados cuando estas cosas tengan lugar, pensando erróneamente que el fin de la edad es inminente porque será un tiempo de tumulto en el mundo (política y naturalmente), así como para la iglesia (enseñanzas y mesíases falsos). Para describir esta época, Jesús emplea la metáfora "el comienzo de dolores". Este período será caracterizado por apuros y aprietos. De otra manera, la advertencia de no ser engañados o alarmados sería insignificante. El período no tendrá la intensidad de los dolores de parto durante la gran tribulación, la cual Jesús dice será un tiempo sin precedentes para el pueblo de Dios. No obstante, el comienzo de dolores estará intensamente desafiante para la iglesia, tanto física como espiritualmente.

¿Cuándo tendrá lugar el comienzo de dolores de parto? El preterismo sostiene que esos dolores han sido cumplidos ya en los años que precedieron d.C. 70. El historicismo mantiene que estos eventos están *siendo* cumplidos poco a poco a través de los años de la era de la iglesia. Estas dos conclusiones son poco probables porque hay razones de creer que este grupo de eventos sucederá cerca de la venida del Señor. Primero, el tema de la venida y del fin de la edad pone estos eventos en un contexto de consumación. Segundo, el texto sugiere que estos eventos sucederán rápidamente uno tras otro, no a trozos. El significado de las palabras de Jesús da a entender una intensidad de terremotos, guerras, hambre y mesíases falsos que encaja mejor con la última generación de la iglesia, pero no la edad entera de ella. Disputas que pasan de vez en cuando a través de la historia de la iglesia no obligaría a Jesús que advirtiera, "no os alarméis porque es necesario que todo esto suceda; pero todavía no es el fin" (Mateo 24:6). Tercero, el uso de Jesús de la metáfora "dar a luz" es más comprensible cuando se considera una sóla generación. El comienzo de los suaves dolores de parto da inicio al proceso. Entonces vienen los dolores cada vez más fuertes (la gran tribulación), y por fin llega el parto (el regreso de Cristo). Desde luego, el efecto de esta metáfora carece de significación si hemos de interpretar el comienzo de dolores por haber pasado atrás por veintenas de generaciones hasta volver al primer siglo. Por último, el versículo 9 dice, "*Entonces* os entregarán a tribulación, y os matarán, y seréis odiados de todas las naciones por causa de mi nombre". La palabra griega por "entonces" es "*tote*", la que sugiere que una sóla generación de creyentes experimentará tanto el comienzo de dolores de parto como la persecución, haciéndolo poco probable que el comienzo de dolores se extienda a través de la edad entera de la iglesia.

Comienzo de Dolores de Parto

Yo quiero comentar acerca del pleno abanico de la certeza interpretiva. Por un lado del abanico, hay aquellos eventos de los cuales podemos estar seguros. Por otro lado, hay los eventos acerca de los cuales podemos tener mucho menos certidumbre. Entonces hay puntos en medio de los dos. No tengo interés en tratar de dar el mismo peso de significancia o certeza a todo evento profético. Los inspirados escritores bíblicos enfatizaron lo que juzgaban de ser importante cuando dieron más espacio expositivo para aquellos asuntos. Es lo mismo con las enseñanzas de Jesús, Pablo, y el libro del Apocalipsis. Ellos destacan con consecuencia la desolación del anticristo del templo y la persecución posterior del pueblo de Dios durante la gran tribulación. Al mismo tiempo, dan la atención mínima a los eventos que preceden la gran tribulación, tales como—en este caso—el comienzo de dolores. Por lo tanto, de la perspectiva de la postura pre-ira queremos emplear la libertad interpretativa en respecto a la naturaleza y el tiempo del comienzo de los dolores de parto. Pero también deseamos dar mucho más importancia y certeza a nuestras conclusiones acerca de la gran tribulación del anticristo, el arrebatamiento, y la ira del día del Señor. Es cierto que no pienso que porque algún aspecto lleve menos claridad o significancia deberíamos pasarlo por alto totalmente. Más bien, deberíamos esforzarnos por la interpretación más probable sin tratar de decir más que la Escritura misma nos permitirá decir.

La gran tribulación

Hemos visto que Jesús enseñaba que el comienzo de dolores de parto es preliminar a su retorno, pero Él advirtió que los eventos que lo abarcan no debieran estar tomados equivocadamente para señalar la llegada del fin. Ahora su enseñanza cambia a la persecución intensificada de creyentes durante el período que conocemos como la gran tribulación.

> "Entonces os entregarán a tribulación [*thlipsis*], y os matarán, y seréis odiados de todas las naciones por causa de mi nombre.

> Muchos tropezarán entonces y caerán, y se traicionarán unos a otros, y unos a otros se odiarán. Y se levantarán muchos profetas falsos, y a muchos engañarán. Y debido al aumento de iniquidad, el amor de muchos se enfriará. Pero el que persevere hasta el fin, ése será salvo. Y este evangelio del reino se predicará en todo el mundo como testimonio a todas las naciones, y entonces vendrá el fin". (Mateo 24:9-14)

Esta sección lleva la metáfora de dar a luz a su próxima etapa, la gran tribulación. Los creyentes harán frente a una agrupación de juicios y tentaciones que Jesús resume como martirio, odio, apostasía, traición, engaño y anarquía. En el próximo pasaje, empezando al versículo 15, veremos que Jesús se refiere a vv. 9-14 y desarrolla la gran tribulación por describir cómo y cuándo el martirio será llevado a cabo. Pero en esta referencia (vv. 9-14), Jesús amonesta del futuro comienzo de persecución y martirio. Este aviso se le dirige a la iglesia en general ya que los discípulos son representativos de la iglesia. Jesús dijo, "…seréis odiados de todas naciones por causa de mi nombre". Los creyentes están perseguidos y matados a causa del nombre de Jesús, porque su nombre se relaciona con el evangelio, un evangelio odiado por el mundo. Hasta el día de hoy, la mera mención del nombre "Jesús" tropieza con hostilidad en discurso público. Esto alcanzará un crescendo expresado por persecución universal y martirio justo antes de que Cristo vuelva.

Entonces, se nos dice que "Muchos tropezarán entonces y caerán, y se traicionarán unos a otros, y unos a otros se odiarán". Estos tres hechos probablemente serán cometidos por las mismas personas. Las palabras "tropezarán" y "caerán" se refieren a la apostasía (cfr. Marcos 4:17, 14:27, 29). La presión de la persecución será demasiada para ellos, mostrándolos de ser sólo profesares de la fe, no creyentes verdaderos. Para evitar la persecución, muchas racionalizaciones y pretextos creativos serán adoptados. Y sin embargo no estarán contentos con su apostasía porque ellos traicionarán y odiarán unos a otros (cfr. Marcos 13:12). Durante este período, Jesús no suspenderá su oferta.

> "Y llamando a la multitud y a sus discípulos, les dijo: Si alguno quiere venir en pos de mi, niéguese a sí mismo, tome su cruz, y sígame. Porque el que quiera salvar su vida, la perderá; pero el que pierda su vida por causa de mi y del evangelio, la salvará". (Marcos 8:34-35)

Jesús también profetiza que muchos profetas falsos aparecerán y engañarán a muchos (Mateo 24:4-5). Es probable que los que apostaten llegarán a ser víctimas de estos profetas falsos. Además de eso, Jesús dice que el amor de muchos se enfriará por causa de la oleada de infractores de la ley. Puede que los "muchos" en el versículo 12 se refieran a los "muchos" del versículo 11, los que serán inducidos a pecar o apostatar. El versículo 12 también enseña que "la iniquidad se aumentar grandemente". Literalmente, uno podría entenderlo como "la iniquidad llegando a ser completa", la que implica un clímax de pecaminosidad horrible. En la parábola del trigo y la cizaña, Jesús dice que aquellos cometiendo la iniquidad al fin de la edad serán destruidos. "…así como la cizaña se recoge y se quema en el fuego, de la misma manera será en el fin del mundo. El Hijo del Hombre enviará a sus ángeles y recogerán de su reino a todos los que son piedra de tropiezo y a los que hacen iniquidad" (Mateo 13:40-41).

Pablo usa el mismo término griego "iniquidad" (*anomia*, "sin ley") que Jesús emplea en Mateo 24:12 para referirse al punto culminante o el cumplimiento de la iniquidad encarnada en el anticristo. "Que nadie os engañe en ninguna manera, porque no vendrá sin que primero venga la apostasía y sea revelado el hombre de pecado, el hijo de perdición" (2 Tesalonicenses 2:3). Pablo conecta el hombre de pecado ("iniquidad") con la "apostasía", puesto que ese término viene directamente del griego. Pero hay otras traducciones que prefieren la palabra "rebelión" (por ejemplo, la traducción al español de la versión inglesa ESV). Luego, tendremos más que decir respecto a lo que Pablo enseña en este punto. En fin, Jesús y Pablo indican que la causa de la apostasía escatológica se relaciona con el cumplimiento de iniquidad.

En Mateo 24:13 Jesús promete que "…el que persevere hasta

el fin, ése será salvo". En este contexto, no está hablando de la salvación espiritual, sino de la liberación física. Los que sobrevivan hasta el fin serán libertados, como aprenderemos, mediante el arrebatamiento (Mateo 24:31; cfr. 1 Tesalonicenses 4:17).

La gran tribulación desarrollada

"Por tanto, cuando veáis la abominación de la desolación, de que se habló por medio del profeta Daniel, colocada en el lugar santo (el que lea, que entienda), entonces los que estén en Judea, huyan a los montes; el que esté en la azotea, no baje a sacar las cosas de su casa; y el que esté en el campo, no vuelva atrás a tomar su capa. Pero, ¡ay de las que estén encinta y de las que estén criando en aquellos días! Orad para que vuestra huída no suceda en invierno, ni en día de reposo, porque habrá entonces una gran tribulación, tal como no ha acontecido desde el principio del mundo hasta ahora, ni acontecerá jamás. Y si aquellos días no fueron acortados, nadie se salvaría; pero por causa de los escogidos, aquellos días serán acortados. Entonces si alguno os dice: 'Mirad, aquí está el Cristo', o 'allí está', no le creáis. Porque se levantarán falsos cristos y falsos profetas, y mostrarán grandes señales y prodigios, para así engañar, de ser posible, aun a los escogidos. Ved que os lo he dicho de antemano. Por tanto, si os dicen: 'Mirad, El está en el desierto', no vayáis; o 'Mirad, El está en las habitaciones interiores', no les creáis. Porque así como el relámpago sale del oriente y resplandece hasta occidente, así será la venida del Hijo del Hombre. Donde esté el cadáver, allí se juntarán los buitres". (Mateo 24:15-28)

El versículo 15 es uno de los más importantes versículos estructurales en el Discurso de Olivete. Es fundamental porque se introduce una sección entre paréntesis que clarifica y expande el pasaje previo. "Por tanto, cuando veáis la abominación de la desolación de que habló por medio del profeta Daniel, colocada [o, de pie] en el lugar santo…" En pocas palabras, los versículos

15-28 no siguen secuencialmente los versículos 9-14, sino más bien, estos posteriores *desarrollan* temáticamente los versículos 9-14 sobre la tribulación, la persecución, y acción espiritual que el creyente ha de tomar. Sabemos que esto es así por dos razones. Lo más importante es que el versículo 15 empiece con la conjunción "por tanto" (*oun*). Esta conjunción funciona por inferencia como "una deducción, conclusión, o un resumen de la previa discusión".[6] Una segunda razón por la naturaleza parentética de la sección es que la audiencia en vv. 15-28 es la misma justo antes del versículo 15. Jesús emplea la segunda persona en plural (vosotros) constantemente sin la más pequeña señal de que tenga presente a dos grupos diferentes de creyentes. La misma persona y número se aplican tanto al versículo 9 como al versículo 15 (véase también vv. 20-26). Hay una razón final para la naturaleza entre paréntesis en los versículos 15-28. Mientras vv. 9-14 dan una descripción general de eventos que precederán el fin de la edad, los versículos 15-28 llaman la atención a la reacción espiritual del creyente que experimentará aquellos eventos.

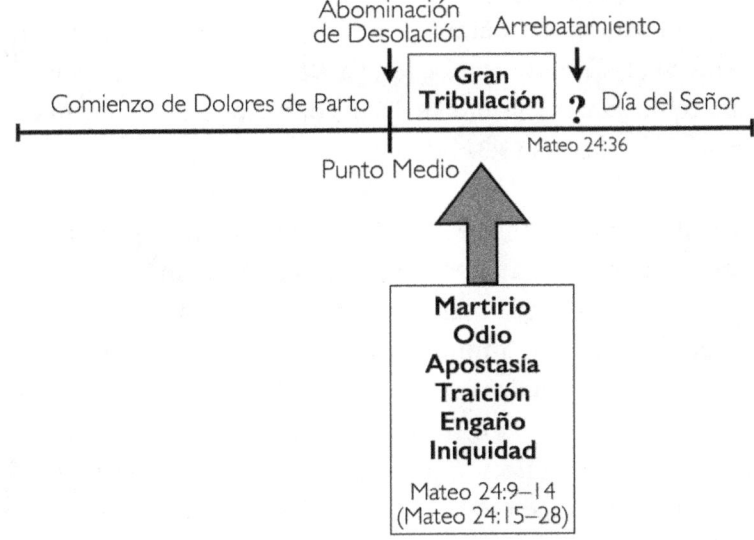

Jesús utiliza la expresión "la abominación de la desolación" para representar una personificación del anticristo: "...cuando veáis la abominación de la desolación, de lo que se habló por medio del profeta Daniel...colocada [de pie] en el lugar santo..." (Mateo 24:15). Sacando de los escritos de Daniel, Jesús usa esta representación del anticristo como un ídolo detestable que causa sacrilegio (Daniel 9:27, 12:11). Deberíamos recordar que con Jesús refiriéndose a este versículo, Él está estableciendo un punto de referencia en el punto medio del período de siete años (cfr. Daniel 9:27).

Como se notó anteriormente, el apóstol Pablo le da a esta figura del anticristo desolador el epíteto "hombre de pecado" (o, hombre "sin ley"—2 Tesalonicenses 2:3-4; véase también Daniel 7:25, 11:36). El libro del Apocalipsis emplea la representación de una "bestia" al desarrollar más de sus acciones desoladoras.

> Y vi una de sus cabezas como herida de muerte pero su herida mortal fue sanada. Y la tierra entera se maravilló y seguía tras la bestia; y adoraron al dragón, porque había dado autoridad a la bestia; y adoraron a la bestia, diciendo: ¿Quién es semejante a la bestia, y quién puede luchar contra ella? Se le dio una boca que hablaba palabras arrogantes y blasfemias, y se le dio autoridad para actuar durante cuarenta y dos meses. Y abrió su boca en blasfemias contra Dios, para blasfemar tanto su nombre como su tabernáculo, es decir, contra los que moran en el cielo. (Apocalipsis 13:3-6)

A la luz de estas acciones desoladoras, entendemos por qué Jesús dice que esto iniciará un tiempo de persecución sin igual. "Porque habrá entonces una gran tribulación, tal como no ha acontecido desde el principio del mundo hasta ahora, ni acontecerá jamás" (Mateo 24:21). La palabra griega para "tribulación" es *thlipsis*, la que quiere decir uno o más de las siguientes condiciones: tribulación, presión, aflicción, apuros, sufrimiento y persecución.[7] Se debería notar que el término *thlipsis* también se usaba para describir los dolores de parto de una mujer. Previamente, Jesús hablaba del "comienzo de dolores" (v. 8), pero ahora el proceso que resulta en dar a luz está intensificado hasta un período de "gran [*megas*] tribulación". En general, los piadosos e impíos pueden experimentar *thlipsis*, pero por razones diferentes. Jesús dice que la naturaleza de ser un seguidor de Cristo requerirá esta experiencia. "Estas cosas os he hablado para que en mí tengáis paz. En el mundo tenéis tribulación [*thlipsis*], pero confiad, yo he vencido al mundo" (Juan 16:33). Por contraste, el apóstol Pablo avisa que los impíos experimentarán *thlipsis* de resultas de la ira de Dios. "…a los que son ambiciosos y no obedecen a la verdad, sino que obedecen la injusticia: ira e indignación. Habrá aflicción [*thlipsis*] y angustia para toda alma humana que hace lo malo, del judío primeramente y también del griego" (Romanos 2:8-9).

En nuestro contexto escatológico de Mateo 24, la gran tribulación del anticristo será dirigida contra—no los impíos—sino los creyentes (v. 22). El Apocalipsis hace eco constantemente de la enseñanza de Jesús referente a este período brutal.

> Se le concedió [a la bestia] hacer guerra contra los santos y vencerlos; y se le dio autoridad sobre toda tribu, pueblo, lengua y nación. Y adorarán todos los que moran en la tierra, cuyos nombres no han sido escritos, desde la fundación del mundo, en el libro de la vida del Cordero que fue inmolado. Si alguno tiene oído, que oiga. Si uno es destinado a la cautividad, a la cautividad va; si alguno ha de morir a espada, a espada ha de morir. Aquí está la perseverancia y la fe de los santos. (Apocalipsis 13:7-10)

Este martirio será tan grande que Jesús dice, "…si aquellos días no fueran acortados, nadie se salvaría; pero por causa de los escogidos, aquellos días serán acortados" (Mateo 24:22; cfr. 2 Tesalonicenses 1:7). En este mismo contexto, Pablo dice que el pueblo de Dios en medio de la persecución escatológica será dado "alivio" cuando Cristo regrese. "Y daros alivio a vosotros que sois afligidos, y también a nosotros, cuando el Señor Jesús sea revelado desde el cielo con sus poderosos ángeles" (2 Tesalonicenses 1:7). No es sorprendente que los mártires del quinto sello "clamaban a gran voz, diciendo: ¿Hasta cuándo, oh Señor santo y verdadero, esperarás para juzgar y vengar nuestra sangre de los que moran en la tierra?" (Apocalipsis 6:10).

La persecución, sin embargo, no será la única adversidad para el pueblo de Dios durante la gran tribulación. Será compuesta por la tentación engañosa de capitular ante las enseñanzas falsas.

El engaño durante la gran tribulación

Los mesíases y profetas falsos usarán las señales y maravillas engañosas para tratar de convencer a la gente que los sigan. Pero Jesús exhorta,

> "Entonces si alguno os dice: 'Mirad, aquí está el Cristo', o 'allí está', no le creáis. Porque se levantarán falsos cristos y falsos profetas, y mostrarán grandes señales y prodigios, para así engañar, de ser posible, aun los escogidos. Ved que os los he dicho de antemano. Por tanto, si os dicen: 'Mirad, El está en el desierto', no vayáis; o 'Mirad, El está en las habitaciones interiores', no les creáis". (Mateo 24:23-26)

La subida de estos cristos falsos y profetas falsos no será un fenómeno de tomar a la ligera. Jesús profetiza que emplearán la persuasión (pero "no les creáis") y el engaño ("os lo he dicho de antemano"). Esta tentación estará tan grande que, según Jesús, si fuera posible de así engañar aun a los escogidos, lo pasaría. La tentación tocante al pueblo de Dios estará real y fuerte. El hecho de que son creyentes (los elegidos) no los admite disculpa de su responsabilidad humana de resistir y quedarse fiel. A través de estas amonestaciones, Dios dará su perseverante gracia para ampararlos de la apostasía (cfr. Filipenses 1:6; 1 Tesalonicenses 5:23-24; 1 Corintios 10:13; Juan 6:39, 10:28-29; 1 Pedro 1:5-6).[8]

Pablo sobre la apostasía y revelación del anticristo

En su segunda epístola a los tesalonicenses, el apóstol Pablo enlaza la enseñanza falsa y la apostasía a la revelación del anticristo. Ya que la instrucción de Pablo en este tema es una de las más importantes en la Biblia, tomaremos el espacio que corresponde a dicha importancia.

> Pero con respecto a la venida de nuestro Señor Jesucristo y a nuestra reunión con Él, os rogamos, hermanos, que no seáis sacudidos fácilmente en vuestro modo de pensar, ni os alarméis, ni por espíritu, ni por palabra, ni por carta como si fuera de nosotros, en el sentido de que el día del Señor ha llegado. Que nadie os engañe en ninguna manera, porque no vendrá sin que primero venga la apostasía y sea revelado el hombre de pecado, el hijo de perdición, el cual se opone y se exalta sobre todo que se llama Dios o es objeto de culto de manera que se sienta en el templo de Dios, presentándose como si fuera Dios. ¿No os acordáis de que cuando yo estaba todavía con vosotros os decía esto? Y vosotros sabéis lo que lo detiene por ahora, para ser revelado a su debido tiempo. Porque el ministerio de la iniquidad ya está en acción, sólo que aquel que por ahora lo detiene, lo hará hasta que el mismo sea quitado de en medio. Y entonces será revelado ese inicuo, a quien el Señor matará con el espíritu de su boca, y destruirá con el esplendor de su venida; inicuo cuya venida es conforme a la actividad de Satanás, con todo poder y señales y prodigios mentirosos, y con todo engaño de iniquidad para los que se pierden, porque no recibieron el amor de la verdad para ser salvos. (2 Tesalonicenses 2:1-10)

En 2 Tesalonicenses 1, Pablo animó a los creyentes tesalonicenses que perseveraran en la adversidad, alentándolos que estas tribulaciones no son los juicios del día escatológico del Señor y que Dios rescatará a su pueblo proveyéndolo alivio y glorificación cuando Cristo sea revelado. Continuando el tema del día del Señor en 2 Tesalonicenses 2, Pablo da más aliento a los tesalonicenses que ellos no están experimentando la ira del día del Señor. El hará esto por describir dos eventos profetizados que deben suceder antes del día del Señor. En el capítulo 1, Pablo enfatiza que el día del Señor *vendrá*; en el capítulo 2, él subraya que el día del Señor *no ha venido*.

Comenzando en el versículo 1, Pablo escribe,

> Pero con respecto a la venida de nuestro Señor Jesucristo y a nuestra reunión con El. (2 Tesalonicenses 2:1)

Pablo enlaza dos eventos el uno con el otro: "la venida de nuestro Señor Jesucristo" y "nuestra reunión con El". El término por "venida" es *parousia*. Nuestra traducción prefiere "venida", pero otras emplean "llegada" para enfatizar el punto de partida de la parousía, y por extensión, tiene la noción de una presencia que continúa. La expresión "nuestra reunión con El" (*episynagoge*) nos hace pensar en la enseñanza previa de Pablo en cuanto al arrebatamiento (1 Tesalonicenses 4:15-18; cfr. 2 Tesalonicenses 1:7). Habrá más sobre este último punto en la Parte 2.

La Parousia y el Recogimiento

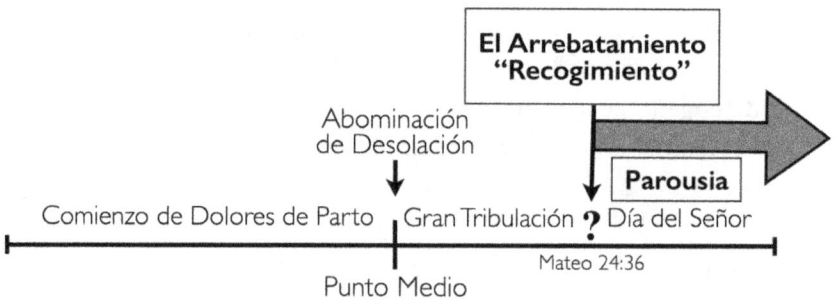

A continuación, Pablo exhorta,

> [Os rogamos, hermanos y hermanas,] que no seáis sacudidos fácilmente en vuestro modo de pensar, ni os alarméis, ni por espíritu, ni por palabra ni por carta como si fuera de nosotros en el sentido de que el día del Señor ha llegado. (2 Tesalonicenses 2:2)

En este versículo, Pablo describe los ya mencionados recogimiento y parousía como "el día del Señor". Se le llamó la atención a Pablo que los tesalonicenses habían venido a creer erróneamente que el día del Señor ya había comenzado. Esto dio una sacudida a Pablo de tal manera que él los rogó que no "[fueran] sacudidos fácilmente en su modo de pensar, ni se [alarmaran]". Esta expresión comprende los aspectos intelectuales y emocionales de una persona. Una sóla vez más en el Nuevo Testamento encontramos que el verbo "alarmado" [*throeo*] ocurre en un contexto extraordinariamente similar en el discurso en el monte de los Olivos:

> "Porque muchos vendrán en mi nombre, diciendo: 'Yo soy el Cristo', y engañarán a muchos. Y habréis de oír de guerras y rumores de guerras. ¡Cuidado! No os alarméis [*throeo*], porque es necesario que todo esto suceda, pero todavía no es el fin". (Mateo 24:5-6; cfr. Marcos 13:7)

El paralelismo entre Jesús y Pablo es bastante interesante porque ambos advierten a sus lectores que no sean defraudados cuando sucedan ciertos eventos para que no piensen que el Señor ya había venido. Los maestros falsos en Tesalónica no negaban un día del Señor—lo afirmaban. Su error enseñaba que ya estaba sucediendo. En estos pasajes paralelos, vemos tanto Jesús como Pablo haciendo referencia de cristos falsos que reclamarán la autoridad. Ya que Pablo había enseñado previamente que los tesalonicenses estarían librados de la ira del Señor (1 Tesalonicenses 5:9), podemos imaginar el miedo que sentían—pensando que habían estado dejados atrás para juicio. Pablo tenía que luchar contra esta enseñanza falsa inmediatamente.

La escatología errónea de los creyentes tesalonicenses en 2 Tesalonicenses 2:2 se anticipó por Pablo en 2 Tesalonicenses 1:5-10, dónde él sentó un fundamento de esperanza, enseñando que estarían recogidos en la revelación de Cristo antes del juicio del día del Señor. En fin, puesto que la revelación de Cristo no había ocurrido todavía, los tesalonicenses podrían tener la certeza de que la ira del día del Señor tampoco había llegado. Entonces, Pablo destaca la certidumbre de esta verdad por explicar que dos eventos deben acontecer primero. La verión LBLA tiene:

> Que nadie os engañe en ninguna manera, porque no vendrá sin que primero venga la apostasía y sea revelado el hombre de pecado, el hijo de perdición, el cual se opone y se exalta sobre todo lo que se llama dios o es objeto de culto, de manera que se sienta en el templo de Dios, presentándose como si fuera Dios. (2 Tesalonicenses 2:3-4)

Pablo empieza por usar el lenguaje enfático, amonestando a los tesalonicenses que no sean engañados o dirigidos mal de ninguna manera. La razón porque ellos – y por extensión todos los cristianos – no deberían ser engañados es porque el día del Señor no tendrá lugar a no ser que dos eventos sucedan primero: (1) la rebelión viene, y (2) el hombre de iniquidad [o, de pecado] se revela. Algunos han comprendido mal que esto quiere decir que la rebelión será el primer evento y la revelación del hombre de pecado será el segundo. Pero Pablo no hace este argumento secuencial. El pone juntos estos dos eventos afines, instruyendo que los dos deben ocurrir antes del día del Señor. El contexto nos proveerá indicios de la relación entre la rebelión y la revelación del anticristo.

Sin dar más explicaciones acerca de su naturaleza precisa, Pablo declara simplemente que "la rebelión" (*ho apostasía*) debe venir. Otras traducciones, las cuales prefiero yo, la traducen como "la apostasía", un término que capta mejor el sentido del matiz. Este término griego significa "una oposiciòn a un sistema o autoridad establecido, rebelión, abandono, o abuso de confianza". Esto puede ser un abandono de convicciones o políticas o religiosas. En nuestro contexto, se indica la segunda, la apostasía religiosa. Pero "¿en qué tipo de apostasía religiosa está Pablo pensando?" Esto ha llevado a varias sugerencias:

1. *La apostasía es un aumento sobresaliente de la impiedad (o rebelión) dentro del mundo en general.* Es cierto que habrá un aumento de impiedad en el mundo antes del retorno de Cristo (2 Timoteo 3:1-9), pero creo yo que la apostasía particular a la que Pablo menciona será más estrecha de alcance. En el griego, es significante que haya un artículo antes de "apostasía" porque indica un evento más perceptible en vez de una apostasía general.[9] Además, puesto que el término para "apostasía" (*apostasía*) indica una lealtad previamente afirmada (en nuestro contexto, a Dios), esto no describiría al mundo impío en general.

2. *La apostasía causará que creyentes verdaderos pierdan su salvación.* Este punto de vista no está de acuerdo con la declaración que Pablo hace un poco más tarde: "Pero nosotros siempre tenemos que dar gracias a Dios por vosotros, hermanos amados por al Señor, porque Dios os ha escogido desde el principio para salvación mediante la santificación por el Espíritu y la fe en la verdad" (2 Tesalonicenses 2:13). Según Pablo, los escogidos de Dios serán traídos "para salvación". La razón por qué Pablo da las gracias a Dios es porque el apóstol sabe que los escogidos de Dios perseverarán. Afirmándose ser un cristiano no hace que lo sea la verdad. Los que se declaran ser cristianos y luego rechazan la fe son por definición apóstata y de ese modo se muestran de ser profesores falsos de la verdad.

3. *La apostasía será judía al alcance.* Uno podría exponer las razones por qué los judíos apostatarán cuando ellos

hagan un pacto con el anticristo o adoren el anticristo en su revelación al punto medio del futuro período de siete años, mucho como los judíos que apostataron en la imposición de Antíoco IV (cfr. 1 Macabeo 2:15). Pero no creo que sea probable que esto es eso al que se refiere este pasaje, porque no limita la apostasía a los judíos. Tampoco estará enteramente al alcance de los gentiles. Es poco probable que la apostasía será privativa de una etnicidad particular.

4. *La apostasía será de los de la iglesia escatológica que afirman ser cristianos, pero no los son.* Pienso yo que esta perspectiva (que ve una apostasía significante tomando lugar dentro de la iglesia profesante en la manifestación del anticristo) es lo más creíble. En aquel tiempo habrá una separación de los no creyentes de los creyentes verdaderos en la iglesia. Hay dos razones porque creo que ésta es la interpretación correcta. Primera, en nuestro contexto *apostasía* se asocia con un rechazo escatológico inspirado por Satanás tocante a la verdad, especialmente como se ve en los versículos 9-12 (cfr. 1 Timoteo 4:1; Mateo 24:9-13, 23-26). En el contexto inmediato de 2 Tesalonicenses 2, encontramos un grupo de expresiones de la verdad y la fe cristiana de las cuales Pablo exhorta a los tesalonicenses a que no se aparten:

- "No seáis sacudidos fácilmente en vuestro modo de pensar, ni os alarméis" (v. 2)
- "Que nadie os engañe en ninguna manera" (v. 3)
- "No recibieron el amor de la verdad" (v. 10)
- "Por eso Dios les enviará un poder engañoso" (11)
- "Mediante la santificación por el espíritu y la fe en la verdad" (v. 13)
- "Estad firmes y conservad las doctrinas que os fueron enseñadas" (v. 15)

La segunda razón se relaciona con el evento profetizado que debe ocurrir antes del día del Señor, es decir, la revelación (del anticristo), *apokalupto*, que quiere decir "causar algo de ser enteramente sabido, revelar, sacar a luz, y quitar el velo". Pablo asocia la apostasía inspirada por Satanás con la revelación del anticristo. Además de eso, él conecta la revelación del anticristo con el tiempo que él "opone y se exalta sobre todo lo que se llama dios o es objeto de culto, de manera que se sienta en el templo de Dios, *presentándose como si fuera Dios*" (2 Tesalonicenses 2:4, énfasis añadido). Puesto que el anticristo demandará que el mundo lo adore, su mandato establece una prueba inequívoca para los que se reclaman ser cristianos: la elección de apostatar o quedarse fiel. El anticristo llegará a ser el "objeto de culto", con cristianos profesantes falsos apostatando de su fe vacía. En fin, la apostasía será diabólica, distinguible, engañosa, y condenatoria.

¿Por qué usa Pablo el epíteto "el hombre de pecado (o, iniquidad) [*anomia*]" para el anticristo? Porque el anticristo opondrá la ley de Dios. Lo hará tanto que él "se opone y se exalta sobre todo lo que se llama dios o es objeto de culto". El anticristo no sólo será *un* hombre de pecado, sino *el* hombre de pecado, así haciéndolo la encarnación última de iniquidad en la historia humana. Entonces, Pablo aumenta otro epíteto para el anticristo: "el hijo de perdición", que significa que él está destinado para destrucción (cfr. v. 8; Apocalipsis 17:8, 11). ¡Claro! Hay un "poder escondido" de la iniquidad que ya está en acción hoy día (2 Tesalonicenses 2:7), pero un día se lo manifestará en un individuo físico y literal.

Eventos al Punto Medio del Período de 7 Años

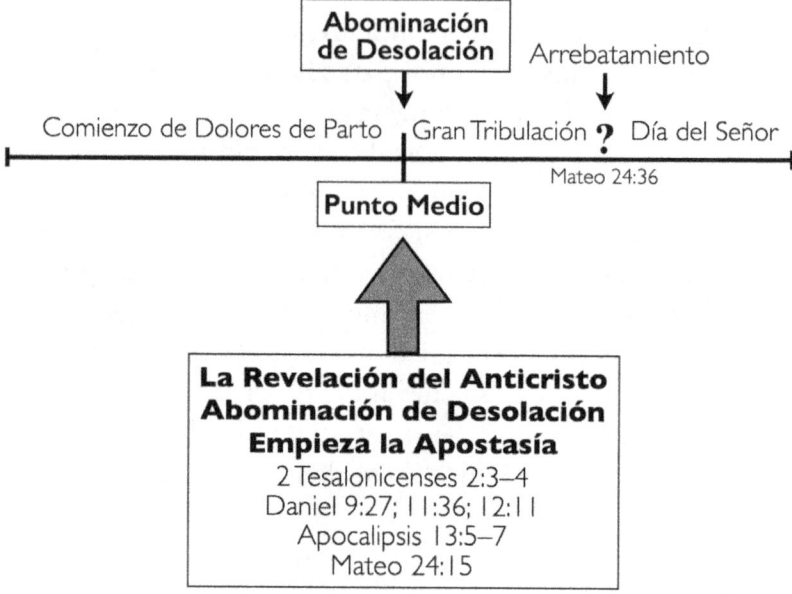

Un templo reedificado

Pablo asocia la revelación del anticristo con el que "se sienta en el templo de Dios, presentándose como si fuera Dios" (2 Tesalonicenses 2:4). Por eso, un templo tendrá que ser reedificado si él ha de tomar asiento allí. ¡Claro! El templo que será reedificado antes del punto medio del período de siete años no será autorizado por Dios, porque será parte de un intento de restablecer el antiguo sistema mosaico. Se supone que la construcción será emprendida por judíos ortodoxos intentando a restablecer un lugar santo para los sacrificios levíticos y otros rituales del templo prescritos en la Tora.

Se asume a menudo por algunos intérpretes que, a fin de cumplir con esta profecía, un templo gigantesco (semejante a lo que tenía Salomón) debe ser reedificado, completo con otras estructuras necesarias que lo apoyarían—pero no es así. El término griego para "templo" en el versículo 4 es *naos,* lo que no se requiere ser un templo grande e impresionante. Puede referirse a un templo mucho más pequeño con construcción sencilla—una estructura parecida a una carpa de tamaño modesto o santuario interior no más. Podría ser erigida en varias semanas, o menos. Desde hace un poco más de cien años, habría sido difícil de imaginar el estado de Israel ya reconstituido en su propia tierra. Sin embargo, como parte de los propósitos providenciales de Dios, Él comenzó a cumplir con las Sagradas Escrituras en 1948. Y el retorno de los judíos a casa en su tierra antigua sigue adelante bajo la mirada vigilante del Altísimo. De hacer esto, después de como 2.000 años, debería inspirar confianza de que en algún día venidero un templo judío será encontrado en el lugar conocido como el monte del templo. Ningún poder en este mundo lo va a impedir; Dios dice que lo pasará.

Actualmente, ese sitio se ubica precisamente donde se encuentra la Cúpula de la Roca, y esto lo hace difícil que esta profecía resultara como nos gustaría. No obstante, para Dios todo es posible. Tal vez un acuerdo de paz entre Israel y los musulmanes permitirá que los judíos ortodoxos construyeran un santuario al lado de (o aun encima de) el monte del templo. Comoquiera que lo materializará, yo acepto la clara lectura de las Escrituras que un día habrá un templo literal, y cuando se revele al anticristo, él lo apropiará para su propia gloria blasfema.[10]

Miguel, el detenedor

> Y vosotros sabéis lo que lo detiene por ahora, para ser revelado a su debido tiempo. Porque el misterio de la iniquidad ya está en acción, sólo que aquel que por ahora lo detiene, lo hará hasta que él mismo sea quitado de en medio. (2 Tesalonicenses 2:6-7)

Pablo recuerda a los tesalonicenses que ya conocen del ministerio frenador en contra de la revelación del anticristo: "…vosotros sabéis lo que lo detiene". Yo esbozaré el argumento de Pablo sobre este tema.

Los tesalonicenses tenían la impresión equivocada de que el día del Señor ocurría al tiempo cuando Pablo los escribió. Para corregir su error, él instruye que antes de que suceda la revelación del Señor, la revelación del anticristo tendrá lugar primero. Pero Pablo explica que, aun antes de la revelación del anticristo, el que detiene esta revelación debe ser quitado primero. Pablo describe la revelación del anticristo como ser detenida en la actualidad, y de este modo supone que el propósito soberano de Dios se desplegará a la hora señalada, es decir, [el anticristo] será "revelado a su debido tiempo". Entonces Pablo explica que el principio del poder escondido de iniquidad ya está en el mundo aunque el hombre de pecado no haya sido revelado. "Porque el misterio de la iniquidad ya está en acción". Muchas traducciones tienen "poder escondido" en vez de "misterio". Un día este poder escondido estará sin estorbos. "Aquel que lo detiene lo hará hasta que él mismo sea quitado de en medio". Esto nos informa que hay una figura que detiene la personificación de iniquidad, pero a su debido tiempo su ministerio detenedor cesará. El poder oculto de iniquidad entonces llegará a ser el poder revelado de iniquidad encarnada en el hombre de iniquidad, el anticristo. Según tradición, la figura enigmática quién detiene ha sido designada correctamente como "el detenedor". Una vez que se quita el detenedor, lo hace que el anticristo sea revelado, resultando en él tomando asiento en el templo para proclamarse como Dios (2 Tesalonicenses 2:4). Cuando esto ocurre en el punto medio de los siete años, la fuerza sin disminución de la gran tribulación comenzará. El libro del Apocalipsis registra:

> ¡Ay de la tierra y del mar! Porque el diablo ha descendido a vosotros con gran furor, sabiendo que tiene poco tiempo [la gran tribulación]…Entonces el dragón se enfureció contra la mujer [el remanente judío], y salió para hacer guerra contra el resto de la descendencia de ella, los que guardan los mandamientos de Dios y tienen el testimonio de Jesús [la iglesia]. (Apocalipsis 12:12, 17)

SECUENCIA DE EVENTOS CLAVES

A través de los siglos, varias teorías han intentado a identificar al detenedor. Unas pocas son: el Espíritu Santo, Dios el Padre, la iglesia universal, el gobierno, el imperio romano, y el predicar del evangelio. Y hay intérpretes que han llegado al punto de o pensar o exclamar, "Bueno, ¡me rindo!", así habiéndose encontrado en un callejón sin salida respecto a tal investigación. No obstante, recientemente ha habido investigación suficiente sobre este tema por el erudita tesalónico, Colin R. Nicholl. El sostiene que "el detenedor" a que se refiere Pablo es el arcángel Miguel. Los puntos siguientes son sus argumentos a favor de Miguel.[11]

1. En la literatura judía contemporánea, las características usadas para describir a Miguel lo establecen como tener la preeminencia escatológica como el adversario principal de Satanás y el detenedor del pueblo de Dios.

2. Miguel se ve como un detenedor celestial del pueblo de Dios en Daniel 10-12, el pasaje mayor que sirve como la

fuente para la exposición de Pablo en 2 Tesalonicenses 2:3-8.

3. El uso de Daniel del verbo hebreo '*md* en Daniel 12:1 concuerda con la suspensión de actividad por el detenedor en 2 Tesalonicenses 2:6-7.

4. El término griego *parerchomai* en Daniel 12:1 de la versión de los setenta (LXX) quiere decir "pasar por", lo que muestra que la antigua interpretación judía de este texto lo vio a Miguel cesando su restricción en este evento escatológico. Instruyendo acerca del detenedor en 2 Tesalonicenses 2:6-7, Pablo probablemente hace uso del texto de Daniel.

5. La temprana interpretación rabínica de Daniel 12:1 representaba a Miguel "pasándose por un lado" o "retirándose de algo" en relación al establecimiento del anticristo cerca de, o en el monte del templo (Daniel 11:45) y justo antes de la tribulación escatológica sin paralela contra el pueblo de Dios (Daniel 12:1).

6. Apocalipsis 12:7-17 apoya a Miguel como el detenedor, porque así se conectan la guerra celestial de Miguel contra el dragón con la persecución escatológica del pueblo de Dios (cfr. 2 Tesalonicenses 2:6-7; Daniel 11:45 - 12:1).

Estas razones sugieren fuertemente que en 2 Tesalonicenses 2:6-7 el apóstol Pablo ve a Miguel el arcángel como el detenedor, cuyo ministerio deja de detener y causa el templo escatológico de ser desolado por el anticristo, un evento que es seguido por la gran tribulación contra el pueblo de Dios.

La destrucción última del anticristo

[Cuando se quita el detenedor] entonces será revelado ese inicuo, a quien el Señor matará con el espíritu de su boca, y destruirá con el resplandor de su venida. (2 Tesalonicenses 2:8)

Aquí, vale la pena notar que si unas versiones ingleses importantes fueran traducidas al español, en vez de tener "destruirá" (citada arriba), ellas traducirían con "traerá a un fin" (NASB), "se quedará en nada" (ESV), y "borrará por" (NET).

Pablo sólo menciona que el anticristo vendrá a su fin cuando el Señor regrese. El no describe la serie compleja de juicios durante su parousía que debilitará el poder del anticristo y hará que se lo lleve a la larga a su fallecimiento eterno. Para ello, debemos buscar en otra parte. El libro del Apocalipsis, como vamos a ver después, muestra que los juicios de trompetas y copas disminuyen el poder del anticristo, con la batalla de Armagedón produciendo su último fallecimiento.

> Entonces vi a la bestia y a los reyes de la tierra y a sus ejércitos reunidos para hacer guerra contra el que iba montado en el caballo y contra su ejército. Y la bestia fue apresada, y con ella el falso profeta que hacía señales en su presencia, con las cuales engañaban a los que habían recibido la marca de la bestia y a los que adoraban su imagen, los dos fueron arrojados vivos al lago de fuego que arde con azufre. (Apocalipsis 19:19-20)

REINADO DISMINUIDO DEL ANTICRISTO

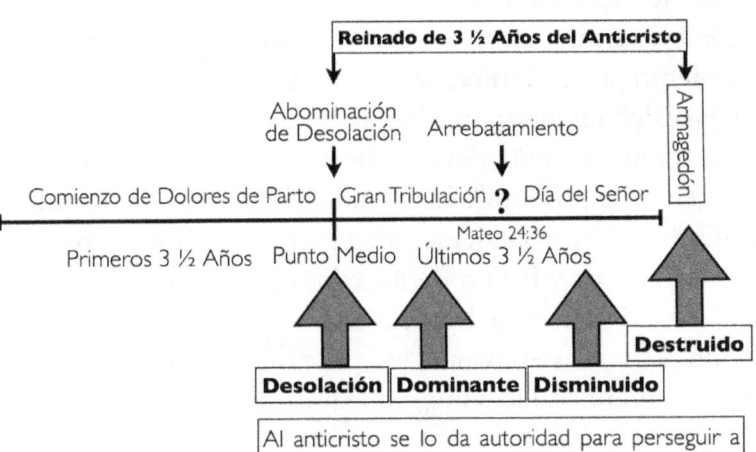

Posesión satánica y milagros engañosos

Yo sería descuidado si lo diera al anticristo demasiado crédito por su oposición contra Dios. El enemigo real es Satanás, quien ha sido luchando contra Dios desde el huerto de Edén. En el huerto, Satanás engañó a nuestros primeros padres, pero él engañará al mundo entero en su posesión escatológica del hombre de pecado o iniquidad.

> [La venida del] inicuo es conforme a la actividad de Satanás, con todo poder y señales y prodigios mentirosos, y con todo engaño de iniquidad para los que se pierden, porque no recibieron el amor de la verdad para ser salvos. (2 Tesalonicenses 2:9-10; cfr. Apocalipsis 12:12, 17)

Pablo nos da esta descripción entre paréntesis de las intenciones de Satanás y sus medios de intentar realizar su meta diabólica. La revelación del anticristo será un evento clave para los propósitos de Satanás. Es cierto que el mundo no adorará una persona simplemente por reclamarse de Dios. Creyentes falsos no apostatarán sin una decepción poderosa y una amenaza verdadera. Debe haber algo que convence al mundo—aunque engañosamente – de darle su lealtad.

De los veinticuatro casos del término *parousia* en el Nuevo Testamento, 2 Tesalonicenses 2:9 es el único que se refiere a la parousia del anticristo, traducida aquí como "venida". No será que la venida del anticristo es meramente influida por Satanás; más bien, la expresión "a la actividad [*energeia*] de Satanás" comunica la *posesión* satánica. Satanás empleará los milagros y señales engañosos y los prodigios falsos (cfr. Marcos 13:22). Esto le ayudará al anticristo de posicionarse con poder y credibilidad cuando él tome asiento en el templo proclamándose como Dios. George Eldon Ladd lo comprende muy bien cuando dice:

> Las manifestaciones del mal las cuales han marcado la historia humana serán concentradas al fin de la edad en una encarnación

> final de la maldad, un "super-hombre", el anticristo, quien ejercerá el dominio por todo el mundo, deificará al estado, y logrará una unión de iglesia y estado, para que los hombres estuvieran forzados a adorarlo o sufrir las sanciones económicas o la muerte. El anticristo, energizado por los poderes satánicos dirigirá su hostilidad especialmente contra Dios y el pueblo de Dios. Durante su ascendencia, la más temerosa persecución que la historia ha visto caerá sobre el pueblo de Dios.[12]

En conclusión, Pablo nos ha dado uno de los más claros pasajes en toda la Escritura que instruye que la iglesia estará aquí durante el período del anticristo. Los tesalonicenses necesitaban estar enseñados que el retorno del Señor no había ocurrido todavía, porque el anticristo y la apostasía deben suceder primero. El pretribulacionismo, el que reclama que el arrebatamiento tendrá lugar antes del anticristo, hace que la enseñanza de Pablo sea incomprensible, y así causa que sus avisos a los tesalonicenses lleguen a ser un mero ejercicio académico. También, si el día del Señor comienza al principio del período de siete años como afirman los pretribulacionistas, entonces no tiene sentido que Pablo daría prominencia a la revelación del anticristo que ocurre al punto medio.

Pablo dirige su enseñanza a los creyentes porque el engaño por el anticristo será experimentado por la última generación de la iglesia. Si la iglesia ha de ser arrebatada antes del anticristo, ¿por qué advierte Pablo tan apasionadamente a los creyentes acerca del engaño del anticristo en su revelación? El podría haberlos contado simplemente que el día del Señor no puede tener lugar a menos que el rapto venga primero. En lugar de eso, Pablo los instruye que la revelación del anticristo y la apostasía son amplia evidencia que el día del Señor—y por extensión siendo "recogidos" a Cristo en el rapto—no ha venido aún porque él espera que la última generación de la iglesia lo verá ocurrir. Dado que no hemos visto la revelación del anticristo y la apostasía, el Señor no ha retornado; por lo tanto, no hay necesidad de que "…seáis sacudidos fácilmente en vuestro modo de pensar, ni [alarmados]…".

Dos Eventos Relacionados Antes del Día del Señor

Libro del Apocalipsis sobre los dos grandes hechos de engaño

El Apocalipsis 13 nos provee una revelación más amplia concerniente a la actividad de Satanás como ser responsable para la gran tribulación. Las palabras en bastardilla destacan las causas satánicas sobrenaturales.

> El dragón se paró sobre la arena del mar. Y vi que subía del mar una bestia que tenía diez cuernos y siete cabezas; en sus cuernos había diez diademas, y en sus cabezas había nombres blasfemos. La bestia que vi era semejante a un leopardo, sus pies eran como los de un oso y boca como la boca de un león. *Y el dragón le dio su poder, su trono y gran autoridad.* Y vi una de sus cabezas como herida de muerte, pero *su herida mortal fue sanada. Y la tierra entera se maravilló y seguía tras la bestia*; y *adoraron al dragón, porque había dado autoridad a la bestia*; y adoraron a la bestia, diciendo: ¿quién es semejante a la bestia, y quién puede luchar contra ella? *Se le dio una boca que hablaba palabras arrogantes y blasfemias*, y se le dio autoridad para actuar durante cuarenta y dos meses y abrió su boca en blasfemias contra Dios, para blasfemar su nombre y su tabernáculo, es decir, contra los que moran en el cielo. Se

le concedió a ser guerra contra los santos y vencerlos; y se le dio autoridad sobre toda tribu, pueblo, lengua y nación, y la adorarán todos los que moran en la tierra, cuyos nombres no han sido escritos, desde la fundación del mundo, en el libro de la vida del Cordero que fue inmolado. Si alguno tiene oído, que oiga. Si alguno es destinado a la cautividad, a la cautividad va; si alguno va a morir a espada, a espada va a morir. Aquí está la perseverancia y la fe de los santos. Y vi otra bestia que subía a la tierra; tenía dos cuernos semejantes a los de un cordero y hablaba como un dragón. Ejerce toda la autoridad de la primera bestia en su presencia, y hace que la tierra y los que moran en ella adoren a la primera bestia, cuya herida mortal fue sanada. También *hace gran señales, de tal manera que aun hace descender fuego del cielo a la tierra en presencia de los hombres. Además engaña a los que moran en la tierra a causa de las señales que se le concedió hacer en presencia de la bestia,* diciendo a los moradores de la tierra que hagan una imagen de la bestia que tenía la herida de la espada y que ha vuelto a vivir. *Se le concedió dar aliento a la imagen de la bestia, para que la imagen de la bestia también hablara e hiciera dar muerte a todos los que no adoran la imagen de la bestia.* Y hace que a todos, pequeños y grandes, ricos y pobres, libres y esclavos, se les dé una marca en la mano derecha o en la frente, y que nadie pueda comprar ni vender, sino el que tiene la marca: el nombre de la bestia o número de su nombre. Aquí hay sabiduría. El que tiene entendimiento, que calcule el número de la bestia, porque el número es el de un hombre, y su número es seiscientos sesenta y seis. (Apocalipsis 13:1-18, énfasis añadido)

Este pasaje enseña que habrá dos grandes hechos de engaño para el propósito de persuadir al mundo a que adore al anticristo.

El primero es la resurrección falsificada del anticristo:

Y vi una de sus cabezas como herida de muerte, pero su herida mortal fue sanada. Y la tierra entera se maravilló y seguía tras

> la bestia; y adoraron al dragón, porque había dado autoridad a la bestia; y adoraron a la bestia, diciendo: ¿quién es semejante a la bestia, y quién puede luchar contra ella? (Apocalipsis 13:3-4)

El segundo es el profeta falso realizando señales sobrenaturales:

> Ejerce toda la autoridad de la primera bestia en su presencia, y hace que la tierra y los que moran en ella adoren a la primera bestia, cuya herida mortal fue sanada. También hace grandes señales, de tal manera que aun hace descender fuego del cielo a la tierra en presencia de los hombres. Además engaña los que moran en la tierra a causa de las señales que se le concedió hacer en presencia de la bestia. (Apocalipsis 13:12-14)

Estos dos hechos de engaño no serán la magia del mago estadounidense David Copperfield. Serán señales auténticas, inspiradas por Satanás, y tienen la finalidad de engañar al mundo para que lo adore al anticristo y así, a Satanás mismo. Los instrumentos que Satanás y el anticristo impondrán sobre el mundo para garantizar adoración son la doble imagen y marca. El pasaje más notorio y enigmático en el libro del Apocalipsis dice,

> Además engaña a los que moran en la tierra a causa de las señales que se le concedió hacer en presencia de la bestia, diciendo a los moradores de la tierra que hagan una imagen de la bestia que tenía la herida de la espada y que ha vuelto a vivir. Se le concedió dar aliento a la imagen de la bestia, para que la imagen de la bestia también hablara e hiciera dar muerte a todos los que no adoran la imagen de la bestia. Y hace que a todos, pequeños y grandes, ricos y pobres, libres y esclavos, se les dé una marca en la mano derecha o en la frente y que nadie pueda comprar ni vender, sino el que tenga la marca: el nombre de la bestia o el número de su nombre. Aquí hay sabiduría. El que tiene entendimiento, que calcule el número de la bestia, porque el número es el de un hombre, y su número es seiscientos sesenta y seis. (Apocalipsis 13:14-18)

La selección está clara: aceptar el sacramento impío del anticristo y vive bajo su reinado efímero, o rehusar su adoración y ser matado por el nombre de Cristo y vive bajo el reinado de Cristo para siempre. Dios no aceptará ningunas excepciones de los que capitulan por tomar la marca. La siguiente declaración solemne debería poner el temor de Dios en cualquier creyente llenado por el Espíritu:

> Entonces los siguió otro ángel, el tercero, diciendo a gran voz: si alguno adora a la bestia y a su imagen, y recibe una marca en su frente o en su mano, él también beberá del vino del furor de Dios, que está preparado puro en el cáliz de su ira; y será atormentado con fuego y azufre delante de los santos ángeles y en presencia del Cordero. Y el humo de su tormento asciende por los siglos de los siglos; y no tienen reposo, ni de día ni de noche, los que adoran a la bestia y a su imagen, y cualquiera que reciba la marca de su nombre. Aquí está la perseverancia de los santos que guardan los mandamientos de Dios y la fe de Jesús. (Apocalipsis 14:9-12)

Los siete sellos en su contexto histórico

En la sección final de la Parte 1, quiero concluir por destacar los sellos cuarto y quinto del libro del Apocalipsis, los cuales representan los mártires muriendo durante la gran tribulación. Pero antes de eso, vamos a introducir algunos comentarios sobre los tres primeros sellos (para la estructura del libro del Apocalipsis, véase el apéndice 3, "La propuesta estructura para el libro del Apocalipsis").

El libro del Apocalipsis describe un rollo sellado con siete "sellos" que representan condiciones requeridas para poder abrir el rollo y entonces ejecutar los contenidos de la ira del día del Señor como expresado a través de los juicios de las trompetas y copas.[13] Hay una progresión lógica en los siete sellos. Como abogaré por ellos abajo, el escenario más creíble es que los tres primeros sellos ocurren durante la primera mitad del período de siete años y *antes* de la gran tribulación; los sellos cuatro y cinco tienen lugar *durante* la gran tribulación; el sexto sello acontecerá hacia el *fin* de la gran tribulación, señalando el inminente día del Señor; y el séptimo sello sucede inmediatamente *después* de la gran tribulación, e inicia la ira del día del Señor.

Deberíamos, sin embargo, reconocer un abanico de certeza en esta progresión de eventos. ¿Qué quiero decir por ello? Concerniente a los tres primeros sellos, pienso que tenemos lo menos certidumbre en cuanto a cuándo ocurrirán durante (quizá aun antes) del período de siete años. Mi propósito en esta sección es de enfocar en los cuatro y quinto sellos, de los cuales tenemos más certeza, como suceden durante la gran tribulación. Puesto que la revelación del anticristo ocurre durante la gran tribulación, la que es el evento central en este libro, me guardaré a comentar sobre los tres primeros sellos al mínimo. En las Partes 2 y 3, hablaré de los dos últimos sellos, el sexto y séptimo, acerca de los cuales poseemos el grado más grande de certeza dado que ellos llevarán a la gran tribulación a su conclusión e introducirán la ira del día del Señor, respectivamente.

Siete Sellos Desplegándose en el Período de 7 Años

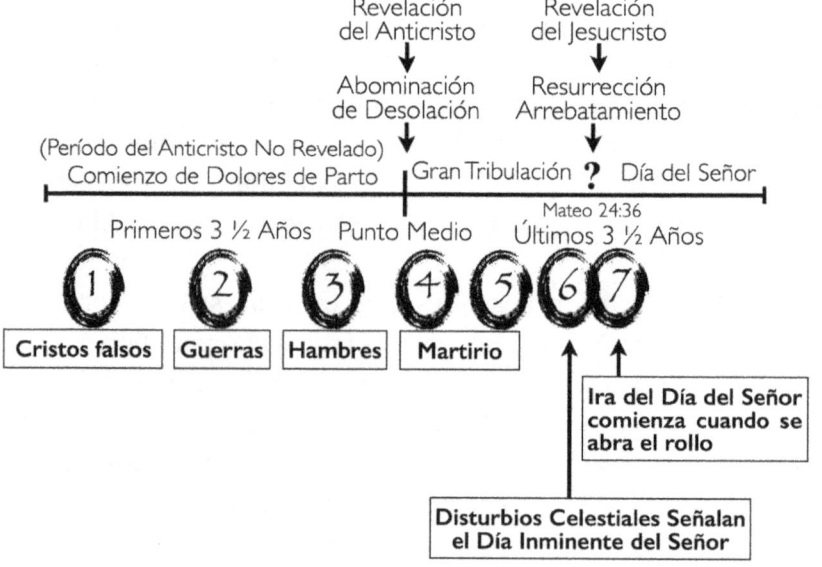

Juan registra una descripción de los tres primeros sellos:

> Vi cuando el Cordero abrió uno de los siete sellos, y oí a uno de los cuatro seres vivientes que decía, como con voz de trueno: Ven. Miré, y he aquí, un caballo blanco; y el que estaba montado en él tenía un arco; se le dio una corona, y salió conquistando y para conquistar. Cuando abrió el segundo sello, oí el segundo ser viviente que decía: Ven. Entonces salió otro caballo, rojo; y al que estaba montado en él se le concedió quitar la paz de la tierra y que los hombres se mataran unos a otros; y se le dio una gran espada. Cuando abrió el tercer sello, oí el tercer ser viviente que decía: Ven. Y miré, y he aquí un caballo negro; y el que estaba montado en él tenía una balanza en la mano. Y oí como una voz en medio de los cuatro seres vivientes que decía: Un litro de trigo por un denario, y tres litros de cebada por un denario, y no dañes el aceite y el vino. (Apocalipsis 6:1-6)

A modo de prólogo, debería estar notado que estos tres primeros sellos son paralelos al comienzo de dolores de parto en el discurso de Jesús en el monte de los Olivos (véase Mateo 24:4-8). Pero los paralelos no se detendrán ahí. En nuestro estudio, aprenderemos más adelante que los demás sellos corresponden a la secuencia en la enseñanza de Jesús, también.

El primer sello es el más ambiguo de los siete. Seguramente hay una emergente figura conquistadora, pero ¿quién es? Varias sugerencias han sido ofrecidas, los dos candidatos más común siendo Cristo y el anticristo. Yo pienso que hay buenas razones de ver el primer sello como representativo del anticristo, no a Cristo, no.[14] Si, en efecto, representara al anticristo, no lo representaría a la vez de su revelación al punto medio, sino probablemente como él venga en el escenario político al principio del período de siete años, cuando no está revelado al mundo todavía. Si esto es correcto, entonces agrega apoyo a la percepción que los sellos segundo, tercero, y cuarto son etapas de la campaña del anticristo, con el cuarto indicando su programa de persecución durante la gran tribulación.

El segundo sello (guerras y rumores de guerras) puede simbolizar una fase militar de la campaña del anticristo, reflejando el tiempo cuando él se establezca mundialmente como un líder militar, consolidando su base de poder. El color rojo ardiente del caballo probablemente representa efusión de sangre dado que el segundo sello indica las guerras internacionales ("él [quitará] la paz de la tierra"). Por toda la historia, siempre han habido guerras por allí, por allá, incluso las guerras mundiales, pero el lenguaje asociado con el segundo sello lleva la intensificación de guerra, y quizá una guerra mundial en una escala sin precedente.

El tercer sello resulta en escasez y hambre, las cuales pueden ser la consecuencia de batalla en áreas destrozadas por las fuerzas del anticristo conquistador. El caballo negro de este sello simboliza el hambre. La representación de una escala de balanza simboliza precios altos y racionamiento de alimentos debido a la escasez (cfr. Ezequiel 4:16; Levítico 36:26). Otra indicación del hambre es que el escritor del Apocalipsis describe el valor del trigo y la cebada como ocho a dieciséis veces de los precios promedios en el imperio romano en aquel entonces. En un contexto escatológico, esto será inflación hasta un grado agudo.[15] Esta crisis de comida puede permitir que el anticristo se imponga su control sobre los precios de comida y productos de base afines. ¿Cómo lo haría finalmente? Probablemente la crisis pasaría a la segunda mitad del período de siete años. Entonces, cuando el anticristo establezca su requisito que todos reciban su marca, él lo usará para tomar el control absoluto sobre quienes puedan comprar y vender.

El cuarto sello—los medios de matanza

Cuando [el Cordero] abrió el cuarto sello, oí la voz del cuarto ser viviente que decía: Ven. Y miré, y he aquí, un caballo amarillento [otros sugieren el color verde claro, simplemente claro, o algo por el estilo]; y el que estaba montado en él se llamaba Muerte; y el Hades lo seguía. Y se les dio autoridad sobre la cuarta parte de la tierra, para matar con espada, con hambre, con pestilencia y con las fieras de la tierra. (Apocalipsis 6:7-8)

El cuarto sello, y seguramente el quinto también, representan el martirio durante la gran tribulación. Es mi argumento que el cuarto sello refleja las consecuencias de rehusar tomar la marca del anticristo. Esto estará un tiempo tanto tenebroso como desafiante para los creyentes. Ellos necesitarán confiar en Dios completamente para sustento tanto físico como espiritual (Mateo 6:25-34). El cuarto sello cambia la perspectiva del mundo en general a un punto de vista más limitado. Este caballo final es de color verde claro, simbolizando la muerte y personificado por el jinete final con el Hades siguiéndolo. La autoridad se les dio a estas dos fuerzas personificadas y malévolas por el permiso de Dios para matar por varios medios—espada, hambre, pestilencia, y fieras de la tierra.[16] Esta autoridad se extiende sólo hasta "la cuarta parte de la tierra". Por supuesto, la expresión "para matar" sugiere la intención; no significa que se realiza esta intención. Por contraste, el libro del Apocalipsis en realidad declarará cuando tal número masivo de gente estará muerto; por ejemplo, "la tercera parte de la humanidad fue muerta por estas tres plagas: por el fuego, el humo y el azufre que salían de sus bocas" (Apocalipsis 9:18; cfr. 11:13). Es discutible si un cuarto de la tierra sea geográfico o demográfico. El cuarto sello no está claro en este punto. Sin embargo, el quinto sello es probablemente un resultado del cuarto sello; pero no deberíamos asumir que un cuarto de la tierra se refiera a los mártires. Puede que se refiera solamente a la cristiandad en general. Con todo, es probable que el anticristo controle el globo entero política y religiosamente (Apocalipsis 13:3, 7-8; Daniel 7:23); pero en la soberanía de Dios, puede que su intento de matar esté restringido. En este contexto, el cuarto sello estaría el medio de matanza (*apokteino*) y el quinto estaría el resultado (*apokteino*).

Entonces, el pasaje dice que la Muerte y el Hades usarán "… las fieras de la tierra" para matar. Es significante que el término por "bestias" (*therion*) se emplea treinta y nueve veces en el libro del Apocalipsis. En todo caso, se refiere al anticristo o sus asociados (su imagen, sistema, o cómplice religioso). Esta es la primera vez que se usa el término. Dado que se refiere al anticristo y sus cómplices en los treinta y ocho casos que quedan, sería bastante inusual, aunque no imposible, que no se refiera al anticristo y sus asociados religiosos aquí, también. Además, hay un artículo definido, "las", (ton) que precede "fieras", lo cual hace que la palabra "fieras" esté *definida*. En otras palabras, no está refiriéndose a las fieras como una clase en general, sino que la presencia del artículo indica la particularidad, o sea mediante rasgos distintivos.[17] Después, aprendemos que el libro del Apocalipsis declara explícitamente que la bestia es, de hecho, responsable por dar muerte a los creyentes. "Si alguno es destinado a la cautividad, a la cautividad va, si alguna ha de morir a espada, a espada ha de morir. Aquí está la perseverancia y la fe de los santos" (Apocalipsis 13:10; cfr. 20:4).

No es sorprendente que el "Hades" se dice seguir muy de cerca detrás de la "Muerte". La combinación de estos dos términos en el Antiguo Testamento revela que están básicamente sinónimos (p.eg. Salmo 6:5, 49:14, 116:3; Proverbios 2:18, 5:5, 7:27; Job 33:22, 38:17). Otra conexión entre los pareados anticristo y profeta falso con la Muerte y el Hades es que ambos pares han de ser arrojados al lago de fuego (Apocalipsis 19:20, 20:10, 14).

A la luz de estas observaciones, yo sugiero que el cuarto sello representa una elección que la gente debe tomar. En el libro del Apocalipsis, la elección determinante para todo el mundo es o seguir al anticristo o a Jesucristo (cfr. Apocalipsis 13, 14:9-13). Los que siguen a Cristo arriesgan la muerte por "espada, escasez, pestilencia, y por las fieras". Estas cosas son las consecuencias por no seguir al anticristo.

El quinto sello—el resultado de la matanza y la promesa de la ira de Dios

> Cuando el Cordero abrió el quinto sello, vi debajo del altar las almas de los que habían sido muertos a causa de la palabra de Dios y del testimonio que habían mantenido, y clamaban a gran voz, diciendo: ¿Hasta cuándo, oh Señor santo y verdadero, esperarás para juzgar y vengar nuestra sangre de los

> que moran en la tierra? Y se les dio a cada uno una vestidura blanca; y se les dijo que descansaran un poco más de tiempo, hasta que se completara también el número de sus consiervos y de sus hermanos que habrían de ser muertos como ellos lo habían sido. (Apocalipsis 6:9-11)

El quinto sello representa el resultado y la matanza en marcha del anticristo. Los mártires están descritos como clamando para justicia con respecto a sus propios muertos injustos, pidiendo a su Dios soberano cuándo será derramada su ira para vindicarlos. Juan ve "...debajo del altar las almas de los que habían sido muertos a causa de la palabra de Dios y del testimonio que habían mantenido" (Apocalipsis 6:9).

El quinto sello plantea un problema difícil para la interpretación pretribulacional, la cual ve todos los sellos como expresiones de la ira del día del Señor. Sin embargo, el quinto sello se aplica explícitamente a los creyentes, no los incrédulos. Para ser más específico, ¡se refiere a los creyentes *martirizados*! La interpretación pretribulacional por necesidad muestra a los creyentes sufriendo la ira de Dios. Esto contradice la promesa bíblica que los creyentes no experimentarán la ira de Dios. "Porque no nos ha destinado Dios para ira, sino para obtener salvación por medio de nuestro Señor Jesucristo" (1 Tesalonicenses 5:9). Además, el quinto sello declara claramente que, aun en el momento de su martirio, la ira de Dios está todavía en el futuro.

> y clamaban a gran voz, diciendo: *¿Hasta cuándo*, o Señor santo y verdadero, *esperarás para juzgar y vengar nuestra sangre* de los que moran en la tierra? Y se les dio a cada uno una vestidura blanca; y se les dijo que *descasaran un poco más de tiempo*, *hasta que* se completara también el número de sus consiervos y de sus hermanos que habrían de ser muertos como ellos lo habían sido. (Apocalipsis 6:10-11, énfasis añadido)

Los mártires del quinto sello se dan cuenta que no murieron como resultado de la ira de Dios; por lo contario, están clamando a Dios, pidiéndolo cuándo Él vengará su sangre. Esto se confirma con una promesa del cielo que la ira de Dios ocurrirá muy pronto; pero antes de que lo comience, el cumplimiento providencial del martirio debe estar alcanzado. Mientras tanto, a todo alma martirizado se da una larga vestidura blanca y se le dijo que "descansara un poco más de tiempo". Largas vestiduras blancas son una garantía de la esperanza de resurrección que ha de tener lugar pronto. En la Parte 2, veremos que, después de que se abra el sexto sello, esta promesa de la resurrección se cumple: "una gran multitud, que nadie podía contar, de todas las naciones, tribus, pueblos y lenguas, de pie delante del trono y delante del Cordero, vestidos con vestiduras blancas" (Apocalipsis 7:9, cfr. vv. 13-14).

El quinto sello es fundamental porque, si bien es la meta del anticristo de matar a los cristianos, el dar de vestiduras blancas señala la vindicación próxima de Dios. Por eso, necesitamos recordar el mandato del Señor: "nunca os venguéis vosotros mismos, sino dad lugar a la ira de Dios, porque escrito está: 'mía es la venganza, yo pagaré', dice el Señor" (Romanos 12:19; cfr. Lucas 18:7-8).

Eventos dolorosos preceden la ira de Dios	
Sellos 1-4	Los cristos falsos, guerra, hambre, martirio
Sello 5	Los mártires buscan vengarse de sus asesinos
Sello 6	La ira de Dios señalado: disturbios celestiales
Sello 7	La ira de Dios expresada: trompetas y copas

Los propósitos buenos de Dios en los padecimientos

A la luz de toda esta discusión acerca del pueblo de Dios siendo martirizado por su fe, inevitablemente surge la pregunta: ¿Qué propósitos buenos tiene Dios en este terrible evento? ¿Por qué le gustaría Dios que su pueblo amado se encarara con el anticristo? Es una pregunta honrada.

Dios en su sabiduría ha ordenado que la última generación de la iglesia experimente una persecución global sin precedentes que, de paso, podría ser la nuestra. Su propósito es de purificar a su iglesia, porque Él regresa para una novia intachable que tendrá "resistencia firme" (perseverancia resuelta) en la fe aun por el sufrimiento malísimo. A veces es difícil para los creyentes entender la justicia y el amor de Dios a la luz de su autorización de jinetes malévolos para infligir sufrimiento sobre su propio pueblo. Sin embargo, su amor y justicia se mantienen si entendemos que Él tiene últimamente un buen propósito detrás de ello. Desde luego la verdad es que el ordenar de su pueblo que sufra no será nada nuevo durante la gran tribulación. José experimentaba la injusticia incalificable, y sin embargo él reconocía que Dios lo había ordenado para un propósito tanto sabio como bueno: "Vosotros pensasteis hacerme mal, *pero Dios lo tornó en bien* para que sucediera como vemos hoy, y se preservara la vida de mucha gente" (Génesis 50:20, énfasis añadida).

Otro ejemplo es la redención de Dios de su pueblo por el sufrimiento más intenso e injusto que cualquiera podría experimentar jamás: la crucifixión de su Hijo, Jesús. Estamos enseñados explícitamente que esto fue ordenado por la voluntad de Dios (Hechos 2:23, 4:27-28). Puede que no sepamos en algún momento dado por qué Dios permite el sufrimiento y las pruebas en nuestras vidas. Pero mientras pasamos por estas cosas, estamos animados a confiar en los atributos divinos de nuestro Dios: su sabiduría, bondad, y amor en toda su plenitud. Job reconocía humildemente los propósitos soberanos de Dios como sufría, diciendo, "He aquí, yo soy insignificante; ¿Qué puedo yo responderte? Mi mano pongo sobre la boca" (Job 40:4).

Los cuatro primeros sellos—especialmente el cuarto—purificarán la fe del remanente. Las bendiciones de libertad y confort pueden engendrar fácilmente una suficiencia falsa de sí mismo y la religiosidad externa, de que Israel testificaba a menudo en el Antiguo Testamento. En consecuencia de eso, Dios traía juicios comparables sobre Jerusalén. "Porque así dice el Señor Dios: ¡Cuánto más cuando yo envíe mis cuatro terribles juicios contra Jerusalén: espada, hambre, fieras, y plaga para cortar de ella hombres y animales!" (Ezequiel 14:21; cfr. Levítico 26:18-29; Deuteronomio 32:23-27). Estos juicios tenían la intención de purificar a su pueblo de su condición rebelde y traerlos al arrepentimiento (cfr. Ezequiel 14:22-23).

Es cierto que cristianos no están bajo ninguna condenación de Dios puesto que están perdonados y justificados. Esto no quiere decir, sin embargo, que Dios no probará y refinará a la iglesia con padecimientos como Él ha hecho en el pasado. Es la prerrogativa de Dios y su propósito amante de purificar a su pueblo antes de que Él vuelva (1 Tesalonicenses 3:13, 5:23; 1 Corintios 1:8; Filipenses 1:10; Efesios 5:27). Esto no será un tiempo de tener miedo, sino de estar firme y fiel para que aquella ocasión traiga la gloria a Dios en sufrir y en vencer por la gracia de Dios en todo lo que nos venga – no importa el costo (1 Pedro 4:12-19).[18]

Conclusión

En la Parte 1, yo comencé por explicar algunos preliminares acerca del anticristo y sus actividades dentro de un período de siete años. La revelación del anticristo ocurrirá al punto medio de estos años, y continuará por su gran tribulación en contra de la iglesia. La advertencia a la iglesia es que no apostate. Más bién, hemos de perseverar en la fe durante la persecución sin paralelo y la decepción aguda. Después de que yo expusiera en las instrucciones de Jesús y Pablo sobre la gran tribulación, concluí con una explicación de los cinco primeros sellos en el libro del Apocalipsis, enfocando en los cuarto y quinto sellos. En la Parte 2, "El arrebatamiento del pueblo de Dios", mostraré que un agrupamiento único de eventos celestiales señalará al mundo la próxima ira de Dios, además de señalar a la iglesia su próxima liberación. Durante esta convulsión celestial y apagón, la gran tribulación será acortada con el retorno brillante del Señor en las nubes para resucitar a su pueblo y rescatar aquellos que se hayan quedado vivos hasta aquel momento—arrebatándolos todos que estarán sumamente listos para subir en el aire a la presencia de Cristo.

PARTE 2.
El Arrebatamiento del Pueblo de Dios

Parte 2.
El Arrebatamiento del Pueblo de Dios

En algún momento hacia el fin de la gran tribulación una agrupación de disturbios únicos en los cielos causará una sacudida y apagón global. Entonces el Señor volverá brillantemente en las nubes para resucitar a su pueblo y rescatar a otros creyentes que estén todavía con vida, arrebatando ambos grupos para encontrarlo a Él en el aire. En la Parte 2, primeramente consideraré esta manifestación única de disturbios celestiales que señalará a la iglesia que su liberación de la gran tribulación se va a realizar en breve e indicará al mundo la ira venidera de Dios. Entonces me enfocaré sobre el evento del arrebatamiento en pasajes de Jesús, Pablo, y el libro del Apocalipsis. Cada uno de ellos contribuye un elemento importante al cuadro mayor de la liberación escatológica de Dios.

La gran tribulación "acortada"

Por la intervención prometida de Dios, Él "acortará" la gran tribulación en enconsideración a los elegidos. El acortar normalmente significa "abreviar", "truncar" o "reducir" algo más grande. En este contexto, se cumple por medio del arrebatamiento. Jesús profetiza,

> "habrá entonces una gran tribulación, tal como no ha acontecido desde el principio del mundo hasta ahora, ni acontecerá jamás. Y si aquellos días no fueran acortados, nadie se salvaría [es decir, se rescataría]; pero por causa de los escogidos, aquellos días serán acortados". (Mateo 24:21-22)

La expresión "aquellos días" no denota los días literales, como si cada día de veinticuatro horas fuera acortado de por sí, por ejemplo, reducido a un día de sólo veinte horas. Tampoco quiere decir que el período de siete años es acortado. Más bien, la frase "aquellos días" se refiere al período de persecución. La gran tribulación en contra de los creyentes será abreviada (acortada)—de otra manera "nadie se salvaría". El acortar es mediante el rescate físico, no por la salvación espiritual. Pero la versión inglesa NASB, traducida al español, tiene una traducción superior: "ninguna vida habría sido salvada". Si la persecución fuera permitida de alcanzar la meta pensada por el anticristo, todo creyente estaría exterminado. Jesús revela el propósito para el acortamiento: ""por causa de los elegidos" (cfr. v. 22).

El término griego que se traduce "acortar" es *koloboo*, que significa "reducir la duración de algo, abreviar", y generalmente puede connotar la amputación o impidiendo algo para que no alcance su deseada intención de longitud. Cuando la gran tribulación del anticristo se acorte, esto permitirá tiempo suficiente para que Dios desate su ira en el día del Señor por lo que sobra del período de siete años, lo cual incluye, por ejemplo, el juicio de la quinta trompeta que dura cinco meses (Apocalipsis 9:5).

En relación a la segunda mitad del período de siete años, ¿cuándo precisamente ocurrirá el acortar (resultando de la venida de Cristo)? Bueno, no podemos saber, porque Jesús dice, "pero de aquel día y hora nadie sabe—ni siquiera los ángeles del cielo, ni el Hijo, sino sólo el Padre" (Mateo 24:36). Lo que sí podemos saber, sin embargo, es que la gran tribulación empieza al punto medio de los siete años cuando el anticristo cause una abominación de desolación, estableciéndose en una estructura semejante al templo y mandando que el mundo le adore (cfr. Daniel

9:27; 2 Tesalonicenses 2:3-4). De acuerdo con esto, lo más que podemos saber es que el acortar sucederá *algún día durante la segunda mitad del período de siete años* porque la segunda venida comenzará algún día durante ese tiempo. Pero no sabremos el día ni la hora.[19]

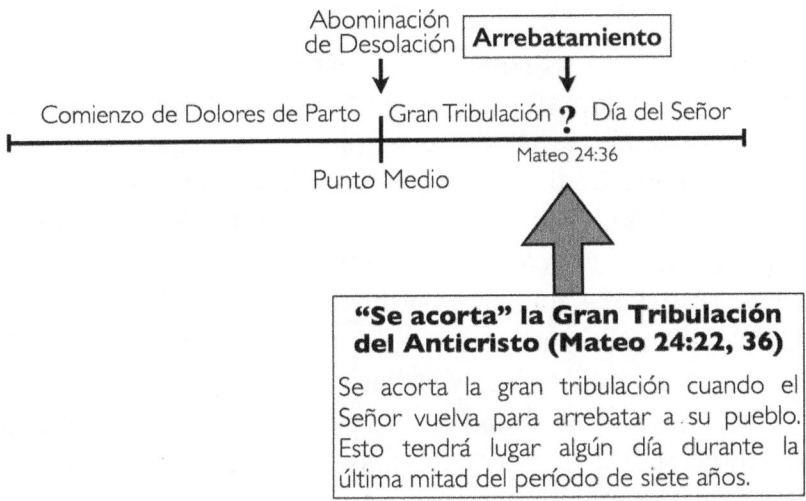

El evento de los disturbios celestiales

El evento de los disturbios celestiales es un tema frecuente en la Biblia, y por eso es obligatorio que prestemos atención a lo que trata de decirnos. Cristo no va a llegar en las nubes así nada más, sin algún aviso para el mundo. El usará un heraldo para anunciar su inminente juicio y liberación. Este evento celestial será todo menos poco llamativo, porque el Señor empleará los cuerpos celestiales para manifestar abiertamente su poder pasmoso en el retorno glorioso del anhelado Cristo de Dios.

> Pero inmediatamente después de la tribulación de esos días, el sol se oscurecerá, la luna no dará su luz, las estrellas caerán del cielo y las potencias de los cielos serán sacudidas. (Mateo 24:29)

Desde luego es verdad que Jesús tiene presente la profecía de Joel de una señal explícita que anunciará el día escatológico del Señor.

> Y haré prodigios en el cielo y en la tierra: sangre, fuego y columnas de humo. El sol se convertirá en tinieblas, y la luna en sangre, antes que venga el día del Señor, grande y terrible. (Joel 2:30-31; cfr. Isaías 13:9-10)

Joel nos provee con lo que se llama *terminus a quo*, lo cual significa el más temprano punto de partida posible para algo. En nuestro caso, Joel revela que el día del Señor no puede comenzar hasta que estos disturbios celestiales sucedan primero—*antes* del día del Señor. Hace tiempo, Dios incluía las señales celestiales para jabonar estaciones del año y otros eventos, incluso una señal celestial que anunció la primera venida de Cristo (Mateo 2:2). Joel no tiene la intención de que este evento sea confundido con una ocurrencia aislada y ordinaria tal como un eclipse solar o lunar. Esto será un *grupo* de cuerpos celestiales sacudidos señalando la inminente ira de Dios. Será sin precedentes para que el mundo no se lo equivoque.

LA SEÑAL CELESTIAL ANUNCIA EL DÍA DEL SEÑOR

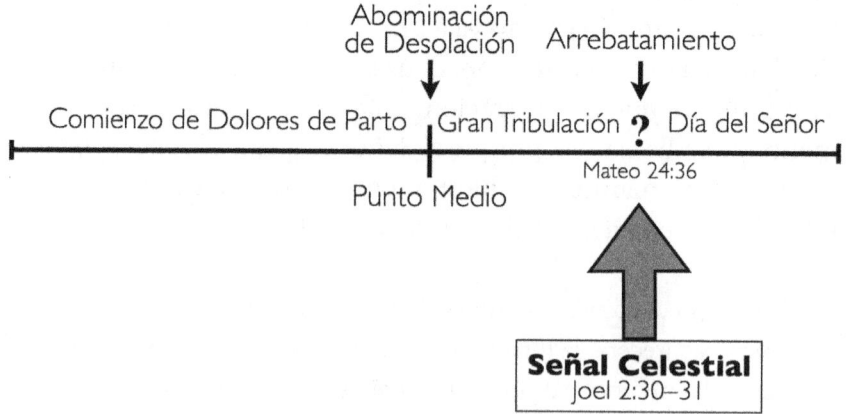

A la declaración explícita de Joel que esta sacudida celestial señalará el día del Señor, Jesús agrega otro trozo de información. Mateo 24:29 empieza con "*Inmediatamente después* de la tribulación de esos días". ¿Cuáles días? Los de gran tribulación (v. 21). Cuando Dios acorte los días de la gran tribulación (v. 22), los disturbios celestiales comenzarán sin demora.

Una pregunta queda en cuanto a la naturaleza de estos disturbios celestiales. Han habido varias especulaciones, desde un literalismo extremo que dice que la luna realmente se cambiará en sangre y el sol literalmente se apagará al extremo opuesto que reclama que el lenguaje es sólo figurado, simbolizando el poder de Dios. Ambos puntos de vista faltan de equilibrio. La interpretación literal está desperfecta porque Joel no dice que la luna efectivamente se cambiará en sangre. Él dice que la luna se cambiará al "*color* de sangre". Asimismo, Jesús no afirma que la luna desaparecerá. El dice que "la luna no dará su *luz*". Además, si el sol se quemara, la humanidad moriría inmediatamente. Es lo mismo tocando a las estrellas cayendo del cielo, las cuales consumirían la tierra en su trayectoria. Estas imágenes celestiales no están mostradas de propósito para una interpretación literal en extremo. Es el lenguaje fenomenológico, es decir, de nuestra perspectiva humana. Por eso ¿qué será la naturaleza precisa de estos eventos celestiales? Es probable que las estrellas descendentes se refieran a los meteoritos. Y además, la luna cambiándose al color de sangre y el sol oscureciéndose resultará de un desastre cataclísmico en la tierra, posiblemente volcanes (o peor, un solo volcán enorme). En todo caso, no será un solo evento celestial, sino los eventos múltiples funcionando juntos como un presagio de estragos, señalando el día del Señor como inconfundible.

El otro extremo interpretivo, la espiritualización, tampoco es defendible porque niega la realización material de estos eventos, simbolizándolos solamente como un "concepto" del poder de Dios. Seguramente los disturbios en los cielos dan a entender el poder de Dios, pero será poder materializado en un auténtico evento histórico. Esto es evidente en los escritos de Lucas.

> Y habrá señales en el sol, en la luna y en las estrellas, y sobre la tierra, angustia entre las naciones, perplejas a causa del rugido del mar y de las olas, desfalleciendo los hombres por el temor y la expectación de las cosas que vendrán sobre el mundo; porque las potencias de los cielos serán sacudidas. Y entonces verán al Hijo del Hombre que viene en una nube con poder y gran gloria. Cuando estas cosas empiecen a suceder, erguíos y levantad la cabeza, porque se acerca vuestra redención. (Lucas 21:25-28)

Lucas destaca que habrá reacciones opuestas al evento de los disturbios celestiales por dos tipos de gente. Los impíos estarán en "angustia, perplejas...desfalleciendo por el temor y la expectación de las cosas que vendrán sobre el mundo". Los piadosos, sin embargo, están exhortados a "erguíos y levantad la cabeza, porque se acerca vuestra redención". El espiritualizar del fenómeno celestial no sirve porque estos dos grupos serán sensibles a los *eventos reales*, no meramente a un concepto.

Lucas también desarrolla el cuadro del compuesto celestial por agregar un elemento terrenal. Él hace constar que Jesús decía, "...y sobre la tierra, angustia entre las naciones, perplejas a causa del rugido del mar y de las olas". Las naciones no se preocupan sobre las olas no más de tres metros de alto, por tanto esto sugiere un impacto global. Las olas de tamaño espantoso pueden ser causadas por meteoritos penetrando los mares (a veces creando tsunamis). Interesantemente, el término griego para "el rugido... de las olas" (*salos*) puede significar "terremoto (o, temblor)". Para que un tsunami cause que el mundo esté en un apuro, tendría que ser el resultado de un temblor gigantesco o un grupo de temblores en la región. Así, más precisamente, podríamos hacer referencia al comienzo de la ira de Dios durante el día del Señor como ser los disturbios "terrenales y celestiales".

El sexto sello señala la ira inminente

Esto nos lleva a nuestro final (y más descriptivo) pasaje celestial como se ve en el sexto sello del Apocalipsis.

> Vi cuando el Cordero abrió el sexto sello, y hubo un gran terremoto, y el sol se puso negro como cilicio hecho de cerda, y la luna toda se volvió como sangre, y las estrellas del cielo cayeron a la tierra, como la higuera deja caer sus higos verdes al ser sacudida por un fuerte viento. Y el cielo desapareció como un pergamino que se enrolla, y todo monte e isla fueron removidos de su lugar. Y los reyes de la tierra y los grandes, los comandantes, los ricos, los poderosos, y todo siervo y todo libre, se escondieron en las cuevas y entre las peñas de los montes; y decían a los montes y a las peñas: Caed sobre nosotros y escondednos de la presencia del que está sentado en el trono y de la ira del Cordero, porque ha llegado el gran día de la ira de ellos, ¿y quién podrá sostenerse? (Apocalipsis 6:12-17)

Cuando se abra el sexto sello, un temblor inmenso tendrá lugar y añadirá un aspecto terrenal a estas señales inconfundibles y visibles. Probablemente este temblor esté palpable universalmente y presaguará la venida inmediata de Yahweh para juzgar la tierra. Tal vez sea la causa de lo que aparece ser los tsunamis globales en la narración de Lucas (21:25-27). Puede que este mismo temblor sea mencionado por el profeta Isaías también:

> Y sucederá que el que huya del ruido del terror, caerá en el foso, y el salga del foso, será atrapado en el lazo; porque las ventanas de arriba están abiertas, y los cimientos de la tierra se estremecen. Se hace pedazos la tierra, en gran manera se agrieta, con violencia tiembla la tierra. Se tambalea, oscila la tierra como un ebrio, se balancea como una choza, pues pesa sobre ella su transgresión, y caerá, y no volverá a levantarse. (Isaías 24:18-20; cfr. vv. 21-23)

Juan emplea imágenes ominosas para describir el sexto sello. "El sol se puso negro como cilicio hecho de cerda, y la luna toda se volvió como sangre" (Apocalipsis 6:12). El cilicio era un material burdo (e incómodo por decir lo menos) y se hizo del pelo de cabras negras, simbolizando sobriedad y lamentación. ¿Por qué estarán los impíos lamentando? ¡Por sus propias vidas! La luna cambiará al color amenazante de sangre roja. Es probable que el mismo evento causando que se oscurezca el sol sea el que hará que la luna resulte oscurecida también. Las luces en los cielos se van a apagar, así preparando el escenario para que la radiante gloria divina ilumine la faz de la tierra.

Otro elemento celestial que está presagiado en nuestro pasaje del Apocalipsis es el caer de los cuerpos celestiales. "Las estrellas del cielo cayeron a la tierra, como la higuera deja caer sus higos verdes al ser sacudida por un fuerte viento". Este lenguaje podría indicar una lluvia inaudita de meteoritos. Estará acompañada por el cielo que "desapareció como un pergamino que se enrolla, y todo monte e isla fueron removidos de su lugar". También, este lenguaje puede describir el cielo que se separa y se enrolla como "el cielo se separó" y entonces enrollado (y ahora no se ve [*apochorizo*]).[20]

Esta imagen excepcional de los cielos separándose o desapareciéndose probablemente sirva el propósito de revelar a los impíos la presencia de Dios en el cielo, porque en la próxima frase los impíos gritan a los montes y a las peñas: "Caed sobre nosotros y escondednos de la presencia [la faz] del que está sentado en el trono y de la ira del Cordero". El término para "faz" es *prosopon*, lo que puede significar una faz literal o la presencia personal de alguien. Esta "presencia" combinada con la convulsión alrededor de ellos causará que traten de huir de Dios. Por eso, durante el sexto sello, Dios abrirá el cielo para revelar a la vista de los impíos la presencia de Cristo en su llegada poderosa y brillante del cielo. Este evento es clasicamente apocalíptico. El cielo será, en algún sentido, removido. Sería uno de los elementos más impactantes en esta obertura celestial. Esto preparará el camino para el descenso de Jesús para recoger a su pueblo a sí mismo (Mateo 24:30; cfr. 1 Tesalonicenses 4:16-17; Hechos 1:11; Apocalipsis 1:7).

En el último evento, "todo monte e isla fueron removidos de su lugar". Si los meteoritos golpean la tierra no es sorprendente que el impacto, compuesto por un gran terremoto, afectará las masas continentales tales como montañas e islas. Es discutible si las montañas e islas estarán movidas o realmente *removidas* de sus lugares. El término para "movida" es *kineo*, que contiene un abanico de matices. Por mi parte, me siento más inclinado de interpretar esto como devastación de las islas y montañas, pero no hasta la aniquilación. Es solamente en el juicio culminante de la séptima copa que encontramos un terremoto más intenso descrito (cfr. Apocalipsis 16:18-20). Con referencia a la sacudida del sexto sello, Juan narra la reacción de los impíos:

> Y los reyes de la tierra, los grandes, los comandantes, los ricos, los poderosos, y todo siervo y todo libre, se escondieron en las cuevas y entre las peñas de los montes; y decían a los montes y a las peñas: Caed sobre nosotros y escondednos de la presencia del que está sentado en el trono y de la ira del Cordero, porque ha llegado el gran día de la ira de ellos, ¿y quién podrá sostenerse? (Apocalipsis 6:15-17)

Esta reacción trae a la memoria el relato de Lucas acerca de cómo los impíos responderá: "Desfalleciendo los hombres por el temor y la expectación de las cosas que vendrán sobre el mundo, porque las potencias de los cielos serán sacudidas" (Lucas 21:26). El sexto sello alude a Isaías, también.

> Métete en la roca, y escóndete en el polvo del terror del Señor y del esplendor de su majestad. La mirada altiva del hombre será abatida, y humillada la soberbia de los hombres; el Señor solo será exaltado en aquel día. (Isaías 2:10-11; cfr. vv. 19-21)

Esta sacudida afectará todas las clases sociales, y no habrá tratamiento preferencial para nadie. Posición social no salvará a nadie de la ira de Dios al fin de su vida. Los impíos no interpretarán al sexto sello como una aberración cósmica en la naturaleza. Lo verán como un anuncio de *la retribución divina*. En los versículos 15-17, los impíos tratan de esconderse—aun pidiendo que estén matados—para que escapen la ira (*orge*) inminente de Dios. La reacción humana a esta teofanía escatológica corre parejas con nuestros primeros padres durante la teofanía original del día del Señor: "se escondieron de la presencia del Señor Dios entre los árboles del huerto" (Génesis 3:8). La reacción de los impíos al sonido de la venida de Yahweh siempre ha sido de correr y esconderse de su cara justa. Ocurrió en el huerto de Edén, y se repetirá otra vez, globalmente.

Si Dios le llame a vivir en la última generación de la iglesia para encontrarse con la gran tribulación del anticristo, ¿qué será su reacción a este disturbio celestial de cataclismo que hará que tiemblen los cielos? "¿Desfallecerá por el terror y la expectación de las cosas que [vienen] sobre el mundo?" O, como espero yo, ¿será fiel y seguro en toda confianza para "[erguirse] y levantar la cabeza, porque se acerca vuestra redención?" (Lucas 21:28)

Por comparar Escritura con Escritura, hemos podido establecer un cuadro multifacético de este evento celestial. La uniformidad entre Joel, Jesús, y el libro del Apocalipsis demuestra que este evento señala la proximidad del día del Señor. Esto engendrará dos reacciones opuestas: terror para los impíos y triunfo para los piadosos. Sólo cuando esta condición celestial ocurra, será inminente el arrebatamiento en realidad. ¡Y no antes! A continuación vamos a considerar el arrebatamiento del pueblo de Dios.

COMPUESTA DEL EVENTO DE LOS DISTURBIOS CELESTIALES

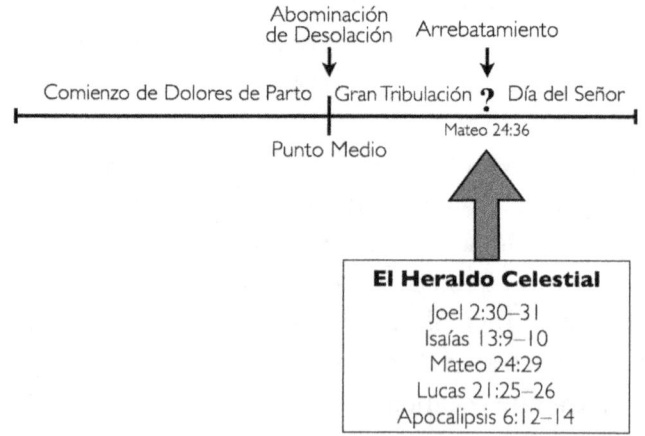

La señal Sekiná y Jesús llegando en las nubes

Hasta Mateo 24:27, Jesús no ha contestado la doble pregunta de los discípulos acerca de la señal de su venida y el fin de la edad (cfr. Mateo 24:3). Jesús profetizó acerca de los dolores preliminares del parto tocante al mundo en general, y Él advirtió a sus discípulos que grandes sufrimientos para el pueblo de Dios precederían su retorno. Ahora, en el versículo 27, Él está listo de revelar la señal específica de su venida: "Porque así como el relámpago sale del oriente y resplandece hasta occidente, así será la venida del Hijo del Hombre". Este versículo comienza con "Porque" (gar), lo que da la razón que los discípulos no deben de creer a otros cuando digan, "¡Mirad, aquí está el Cristo!" o "¡Allí está!" (cfr. Mateo 24:23-26). Las imágenes de relámpagos denotan su gloria Sekiná, la gloria radiante de su divina presencia (cfr. "Sus relámpagos iluminaron el mundo; la tierra vio y se estremeció" Salmo 97:4). Cuando suceda eso, no habrá necesidad de señalarlo porque será inequívoco. La analogía direccional de relámpagos brillantes saltando del este al oeste a través de los cielos indica la visibilidad universal del evento. La señal de la gloria Sekiná autenticará el Mesías genuino, contrastándolo con falsos pretendientes mesiánicos.

En cuanto a Jesús explicando la señal, Él pronunció en tono amenazador el proverbio, "Dónde esté el cadáver, allí se juntarán los buitres" (Mateo 24:28). Este versículo se relaciona tanto con lo que vino antes en el texto como con lo que viene después de el. Es un versículo estructural clave en que distingue dos épocas de la historia humana, expresando el principio que donde la corrupción moral exista, se requiere el juicio divino. Cuando la copa de la depravación del mundo alcance llenar hasta el borde, el juicio escatológico de Dios empezará. Esto concuerda con la estructura de la narrativa de Mateo 24 porque todo que precede el versículo 28 describe la corrupción moral, y todo siguiéndolo describe el juicio divino. En resumen, el proverbio sirve como un aviso que el juicio del día del Señor comenzará cuando Cristo retorne. Puede que sea un punto adicional a este proverbio, también. La gente no echará de menos la presencia del Hijo del

Hombre cuando Él venga más que los buitres faltarán en ver la presencia de cadáveres. Su regreso no pasará inadvertida. Será obvio.

En algún momento durante la oscuridad escalofriante en los cielos, los temblores sísmicos globales y los mares tempestuosos, el Señor atravesará en toda su magnificencia teofánica de la gloria Sekiná.

> "Entonces aparecerá en el cielo la señal del Hijo del Hombre; entonces todas las tribus de la tierra harán duelo, y verán al Hijo del Hombre que viene sobre las nubes del cielo con poder y gran gloria". (Mateo 24:30)

Esta parousia gloriosa verifica la presencia de Cristo, al contrario de las señales falsas originándose de cristos inauténticos. Para acentuar la señal brillante, la gloria Sekiná se revela sobre un fondo de disturbios celestiales oscuros (otros versículos que mencionan la aparición de Cristo son: 1 Timoteo 6:14; 2 Timoteo 4:8; Tito 2:13; Hechos 2:20; 1 Juan 2:28, 3:2; Colosenses 3:4; 1 Pedro 5:4; y Apocalipsis 1:7). El término griego para "cielo" (*ouranos*) en este contexto se refiere al cielo azul en lugar de la morada de Dios, porque pinta el descenso de Jesús con las nubes. Que las naciones ("tribus") de la tierra lo verán indica que éste no es un evento localizado, sino una aparición global (cfr. Apocalipsis 1:7). Las naciones no se arrepentirán. Ellos lamentarán, sabiendo que Jesús está por venir como juez. Las nubes son vehículos de trasportación. En la antigüedad, ellas eran una distinción que pertenecía a la deidad—Jesús es el viajero divino sobre las nubes del cielo. Su aparición en su retorno será la *por excelencia* de teofanías, porque será la revelación definitiva y global que trae esta presente edad a su fin. Será el cumplimiento de la promesa dada a la ascensión de Cristo.

> Después de haber dicho estas cosas, fue elevado mientras ellos miraban, y una nube le recibió y le ocultó de sus ojos. Y estando mirando fijamente al cielo mientras él ascendía, aconteció que se presentaron junto a ellos dos varones en vestidu-

ras blancas, que les dijeron: Varones, galileos, ¿por qué estáis mirando al cielo? Este mismo Jesús que ha sido tomado de vosotros al cielo, vendrá de la misma manera, tal como le habréis visto ir al cielo. (Hechos 1:9-11)

El regreso de Cristo en su segunda venida contrastará con los eventos de su primera venida en otra manera también:

1. En la primera venida de Cristo, la señal celestial anunció un evento que estaba *tranquilo* (Mateo 2:2, 7, 9-10).

2. En la segunda venida de Cristo, la señal celestial anunciará un evento que traerá *cataclismo* (Joel 2:30; Mateo 24:29).

Otro contraste es la señal Sekiná de Cristo:

1. En la primera venida de Cristo, la gloria de Jesús estaba *ocultada* en humillación: "Y esto os servirá de señal: hallaréis a un niño envuelto en pañales y acostado en un pesebre" (Lucas 2:12).

2. En la segunda venida de Cristo, la gloria de Jesús estará *revelada* en exultación: "Porque así como el relámpago sale del oriente y resplandece hasta el occidente, así será la venida el Hijo del Hombre" (Mateo 24:27; cfr. v.30).

LA SEÑAL DE LA PAROUSIA

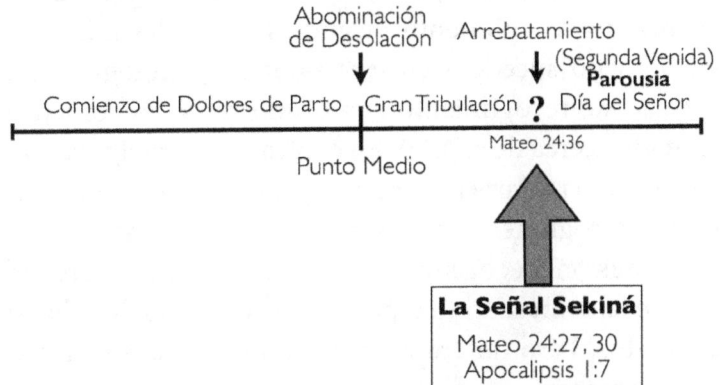

'Reunirán a sus escogidos'

El evento del disturbio celestial señalará al mundo entero el inminente día del Señor. Esto será seguido por la señal de la manifestación gloriosa de la venida de Cristo cuando Él descienda por el cielo. En aquel momento, la gran tribulación será acortada cuando los ángeles de Jesús reúnan sus escogidos".

> Y él enviará a sus ángeles con una gran trompeta y reunirán a sus escogidos de los cuatro vientos, desde un extremo de los cielos hasta el otro. (Mateo 24:31)

En la ascensión de Cristo, Él esparció a sus testigos escogidos a los rincones de la tierra. "Pero recibiréis poder cuando el Espíritu Santo venga sobre vosotros y me seréis testigos en Jerusalén, en toda Judea y Samaria, hasta los fines de la tierra (Hechos 1:8). En su segunda venida, Jesús recogerá a su presencia el fruto del labor asignado a sus discípulos, los redimidos del Señor, desde las cuatro vientos de los cielos.

La postura pre-ira afirma que elevento de "[reunir] a sus escogidos" en el versículo 31 es una referencia al arrebatamiento, el cual incluye la resurrección también. No todos están de acuerdo, sin embargo, incluso los intérpretes pretribulacionistas y preteristas. La teología pretribulacional coloca el arrebatamiento antes de la gran tribulación. Ellos interpretan esta concurrencia como la reunión física de judíos de regreso a la tierra de Israel cuando Jesús vuelva. Es cierto que la perspectiva pre-ira sostiene que habrá un recogimiento de judíos de vuelta a la tierra de Israel, pero no sucederá en este punto. La teología preterista interpreta este recogimiento como un evento ya comenzado o completado acerca de a.D. 70. En contraste al pretribulacionismo y preterismo, la postura pre-ira mantiene que el peso de evidencia apoya este recogimiento como ser el arrebatamiento.

La expresión "recoger a sus escogidos" es una expresión implícita que falta un sentido específico, es decir, no lleva los aspectos concretos. Pero no era el propósito de Jesús en su discurso en el monte de los Olivos de ensanchar sobre este evento. Sus discípulos estaban pidiendo la identificación *de la señal misma*, no lo que sucedería después de la señal. Más tarde, consideraré cuatro razones por qué el versículo 31 se refiere al rapto. Pero primero, necesitamos andar por el pasaje bíblico más explícito sobre el arrebatamiento como dado por el apóstol Pablo en su primera epístola a los tesalonicenses. Esto informará nuestro entendimiento del evento de recogimiento en Mateo 24:31. Este enfoque tiene sentido porque Pablo aprovecha del discurso de Jesús en el monte de los Olivos para su propia enseñanza en las epístolas tesalonicenses (véase el apéndice "Paralelos entre Jesús y Pablo").

Corrigiendo las preocupaciones de los tesalonicenses

> Pero no queremos, hermanos, que ignoréis acerca de los que duermen, para que no os entristezcáis como lo hacen los demás que no tienen esperanza. Porque si creemos que Jesús murió y resucitó, así también Dios traerá con Él a los que durmieron en Jesús. Por lo cual os decimos esto por la palabra del Señor: que nosotros los que estemos vivos y que permanezcamos hasta la venida del Señor, no precederemos a los que durmieron. Pues el Señor mismo descenderá del cielo con voz de mando, con voz de arcángel y con la trompeta de Dios, y los muertos en Cristo se levantarán primero. Entonces nosotros, los que estemos vivos y que permanezcamos, seremos arrebatados juntamente con ellos en las nubes al encuentro del Señor en el aire, y así estaremos con el Señor siempre. Por tanto, confortaos unos a otros con estas palabras. (1 Tesalonicenses 4:13-18)

Las cartas del apóstol Pablo están totalmente llenas de enseñanzas sobre la venida del Señor. La mayoría son pasajes breves dispersados por sus trece cartas con una sección ocasional más grande. Es de notar que él escribió dos cartas con el propósito exclusivo de contestar los asuntos escatológicos a los tesalonicense (y a nosotros). Tesalónica se ubicaba en la antigua Macedonia, la cual hoy día se llama Tesalóniki, Grecia. Pablo visitó esa ciudad en su segunda jornada misionera y allí sembró a una iglesia que era mayormente gentil. Ambas de sus epístolas a esta iglesia posiblemente fueran sus primeras, escritas cerca A.D. 50-51. Quiero considerar la enseñanza de Pablo sobre el pasaje clásico del arrebatamiento en 1 Tesalonicenses 4:13-18. Aunque éste es un pasaje popular respecto al rapto, deberíamos tener presente el asunto histórico que le preocupaba a Pablo: los creyentes tesalonicenses estaban acongojando sin esperanza, justo como hacían los paganos.

Asuntos de la escatología correcta

Después de salir de Tesalónica, Pablo recibió noticias de Timoteo sobre la situación de la iglesia (1 Tesalonicenses 3:6). Presumiblemente, Timoteo le relató que algunos miembros habían muerto, así causando angustia dentro de la iglesia en cuanto al destino de ellos, ya que no estarían vivos cuando el Señor viniera. Pablo entonces responde para tranquilizar estos creyentes nuevos que estarán reunidos con sus difuntos seres queridos en la parousia. El comienza su noticia tranquilizadora por escribir,

> Pero no queremos, hermanos, que ignoréis acerca de los que duermen, para que no os entristezcáis como lo hacen los demás que no tienen esperanza. (1 Tesalonicenses 4:13)

Este versículo es lo más importante en esta epístola porque nos informa que el propósito de Pablo al escribir a los tesalonicenses apesadumbrados era de responder a su ignorancia de la relación entre la resurrección y la parousia de Cristo. Si Pablo puede lograr la meta de corregir esta ignorancia, él cree que los tesalonicenses deberían estar confortados en su angustia porque su manera de acongojarse no concuerda con la esperanza cristiana.

La ignorancia de los tesalonicenses mueve a Pablo a enfatizar que sus difuntos no están en una situación desventajosa. No solamente serán los supervivientes que experimentarán rescate a la venida de Cristo, sino los muertos en Cristo también. Sus seres queridos no solamente participarán en el regreso de Cristo, sino ellos tendrán el privilegio de volver con Cristo (como almas incorpóreas); de este modo, los muertos en Cristo tendrán la bendición de participar en el primer propósito divino de Dios en la parousia de Cristo—la resurrección. En aquel tiempo, habrá una reunión de los muertos en Cristo y los vivos en Cristo que habían sobrevivido. Por lo tanto necesitan dejar de afligirse como lo hacen sus vecinos paganos que no poseen esta esperanza viva y segura. Pablo escribe,

> Porque si creemos que Jesús murió y resucitó, así también Dios traerá con él a los que durmieron en Jesús. (1 Tesalonicenses 4:14)

Este versículo contiene una declaración difícil ("si—así también"). Pablo no dice que *si* no creemos que Jesús murió y se levantó de nuevo, *así también* Dios no causará que su pueblo esté traído con Jesús. En lugar de eso, el sentido de la condición es que puesto que creemos en la verdad de la resurrección de Jesús, lo *sigue teológicamente* que deberíamos creer en la resurrección de creyentes también. El enseña a los creyentes corintios esta misma verdad: "Y Dios, que resucitó al Señor, también nos resucitará a nosotros mediante su poder" (1 Corintios 6:14; cfr. 2 Corintios 4:14). Al retorno de Jesús, el Padre causará a todos los creyentes difuntos, que existen como almas incorpóreas, de acompañarlo a Jesús desde el cielo. La última declaración de 1 Tesalonicenses 4:14, "…Dios traerá con Él a los que durmieron en Jesús", se desarrolla en vv. 16-17, donde la destinación del cielo al aire que rodea la tierra se hace explícita.

Pablo sobre la resurrección y el arrebatamiento

> Por lo cual os decimos esto por la palabra del Señor: que nosotros los que estemos vivos y que permanezcamos hasta la venida del Señor, no precederemos a los que durmieron. Pues

> el Señor mismo descenderá del cielo con voz de mando, con voz de arcángel y con la trompeta de Dios, y los muertos en Cristo se levantarán primero. Entonces nosotros, los que estemos vivos y que permanezcamos, seremos arrebatados juntamente con ellos en las nubes al encuentro del Señor en el aire, y así estaremos con el Señor siempre. Por tanto, confortaos unos a otros con estas palabras. (1 Tesalonicenses 4:15-18)

En el versículo 15, Pablo empieza a ampliar el propósito inicial de Dios para el regreso de Jesús, la relación entre los que han de ser resucitados pronto y los creyentes que estén con vida. Pablo nota la fuente de su enseñanza autoritativa: "por la palabra del Señor". Esta "palabra" se refiere al contenido en vv. 16-18 (el versículo 15 es el resumen anticipador de Pablo). En el Antiguo Testamento, la expresión "palabra del Señor" habría anunciado un oráculo profético, pero en el Nuevo Testamento, esta expresión denota el evangelio mismo o la enseñanza de Jesús durante su ministerio. En nuestro pasaje, es casi cierto que Pablo se apropia del discurso de Jesús en el monte de Olivos a causa de los muchos paralelos que Él emplea.

La segunda parte del versículo 15 usa la frase: "...nosotros, los que estemos *vivos*", pero entonces lo clarifica inmediatamente por agregar "los que...*permanezcamos* hasta la venida del Señor". El junta las dos frases otra vez en el versículo 17. El término griego es *hoi perileipomenoi* ("los que permanezcan"). Cuando se aplica a los humanos, como está aquí, indica supervivencia. Además, este término en el uso bíblico, judío y secular, puede significar no sólo sobrevivencia, sino de sobrevivr de alguna tragedia en la que otros murieron.[21] Pablo probablemente use este término para aludir a la enseñanza de Jesús sobre la gran tribulación. De paso, el término "dormido" en el mundo antiguo a menudo se empleaba como un eufemismo por la muerte, pero es más probable que Pablo lo dé esa connotación mientras esperando la resurrección futura de creyentes.

Además, Pablo comparte a continuación que los que sobrevivan ("que permanezcan" *hasta* la venida del Señor") estarán vivos cuando la parousia comience. Esto demuestra que no hay lapso de tiempo entre la venida del Señor y el arrebatamiento; el arrebatamiento es un evento inicial de la parousia de Cristo. Así es que Pablo prevé la última generación de la iglesia sobreviviendo bajo circunstancias extremadamente difíciles hasta la parousia misma. En su segunda epístola, Pablo habla nuevamente de pasar apuros como algo normativo para creyentes justo antes de que el Señor vuelva.

> Porque después de todo, es justo delante de Dios retribuir con aflicción a los que os afligen, y daros alivio a vosotros que sois afligidos, y también a nosotros, cuando el Señor Jesús sea revelado desde el cielo con sus poderosos ángeles en llama de fuego. (2 Tesalonicenses 1:6-7)

Esto es compatible con mi discusión anteriormente acerca de cómo Jesús describe un remanente superviviente que experimenta la persecución hasta al momento de su venida, una persecución que será acortada finalmente por aquella venida (Mateo 24:15, 21-22, 29-31).

La última parte de 1 Tesalonicenses 4:15 declara que el remanente vivo de creyentes "no precederemos a los que durmieron". Esto implica que la escatología defectuosa (esto es, poca instruida) de los tesalonicenses era la creencia que los vivientes llevarían ventaja a los difuntos hermanos en la parousia de Cristo. Pablo, sin embargo, enfatiza que no sólo *no* pasarán los vivos delante de los muertos en Cristo, sino que estos últimos recibirán sus cuerpos glorificados *antes* de que los vivos en Cristo reciban los suyos. Así pues, Pablo da consuelo a los tesalonicenses por enseñar que sus seres queridos desfallecidos en Cristo participarán en la parousia, ¡aun de manera prominente!

Demos un paso hacia atrás para reafirmar dónde estemos en este punto del razonamiento de Pablo. En el versículo 13, él declara el problema: Los tesalonicenses se están acongojados sin esperanza ("pero no queremos, hermanos, que ignoréis acerca de los que duermen, para que no os entristezcáis como lo hacen los demás que no tienen esperanza"). En el versículo 14, él provee su punto principal para consolación ("...creemos que...Dios traerá con él a los que durmieron en Jesús"). En el versículo 15 él comienza a sostener el punto principal con un resumen de la palabra del Señor ("...nosotros los que estemos vivos y que permanezcamos hasta la venida del Señor, no precederemos a los que durmieron"). Ahora, en los vv. 16-17, Pablo nos detalla más explicaciones de la palabra de Dios acerca del punto principal:

> Pues el Señor mismo descenderá del cielo con voz de mando, con voz de arcángel y con la trompeta de Dios, y los muertos en Cristo se levantarán primero. Entonces nosotros, los que estemos vivos y que permanezcamos, seremos arrebatados juntamente con ellos en las nubes al encuentro al Señor en el aire, y así estaremos con el Señor siempre. (1 Tesalonicenses 4:16-17)

Estos dos versículos han dado a la iglesia la enseñanza popular del arrebatamiento que ha generado muchos sermones, canciones, novelas, videos y el cine. Mi propósito en este libro es de dar una interpretación cuidadosa de la intención de Pablo por no permitir que el texto dijera ni más ni menos que hace en realidad.

Primero, el pasaje subraya que es el Señor *mismo* quien descenderá del cielo a las nubes. El Novio viene personalmente para su novia. Esto es en cumplimiento de la profecía angélica en la ascensión de Cristo en la cual se decía que Él volvería al aire arriba con las nubes teofánicas (Hechos 1:9-11).

Luego, Pablo nos enseña que habrá una tríada de sonidos gloriosos y retumbantes que acompañarán el descenso de Cristo: "con [*grito*] de mando, con *voz* de arcángel y con la *trompeta* de Dios" (énfasis añadido). Lamentablemente, las versiones LBLA y RV-1960 traducir los dos primeros sonidos con "voz", pero "la voz de mando" no es el mismo sustantivo griego que se encuentra en "la voz de arcángel". Habría sido mejor como "el *grito* de mando" así claramente diferenciando entre cada uno de lose tres sonidos, como se ve en las versiones inglesas NET y NASB. ¡Esto no será una "llegada en secreto" de Jesús! Algunos intérpretes han considerado esta tríada como un sólo sonido descrito como ser tres significados diferentes. Pero la mayoría lo ha interpretado correctamente de una manera más natural como tres sones distintos, con cada uno sirviendo una función diferente.

El primer sonido es un mando gritado, lo cual sugiere que vendrá del Señor mismo para "despertar" a los muertos en Cristo. Durante su ministerio terrenal, Jesús mandó a un muerto que estuviera vivo de manera semejante: "[Jesús] gritó con fuerte voz: '¡Lázaro, ven fuera!'" (Juan 11:43). El mandato de Jesús que volvió a crear la vida en Lázaro prefigura la resurrección macrocósmica de los santos. En el segundo sonido, Pablo nota "La voz de arcángel". No somos dados el nombre de este ser angelical de alto rango, y es difícil de saber qué rol esta voz tendrá. A lo mejor sirva para dar instrucciones a la multitud de los ejércitos celestiales que recojan a los santos ya que los arcángeles tienen dominio sobre los ángeles y son multitudes de estos últimos que vendrán con Cristo en su regreso (Mateo 24:31; 2 Tesalonicenses 1:7; Lucas 9:26). El tercer sonido es "la trompeta de Dios". Los trompetazos servían para propósitos diferentes en el Israel antiguo. Fueron usadas para asambleas, adviertas, batallas, liturgias y ceremonias de coronación (p. ej. Números 10:2-10). Una trompeta importante de Dios sonó en Sinaí (p.ej. Éxodo 19:16, 20:18). En nuestro contexto inmediato, la trompeta se relaciona a la resurrección y el recogimiento de todo el pueblo de Dios.

Necesitamos tener mucho cuidado aquí puesto que la Biblia menciona trompetas escatológicas diferentes que sonarán. No deberíamos ser rápidos para asumir que todo trompetazo sea lo mismo. El pasaje dice que es la "trompeta de Dios" que enfatiza la naturaleza posesiva, dándola una acción decretadora. Hay dos pasajes paralelos que tienen la misma trompeta presente.

> Y él enviará a sus ángeles con una gran trompeta y reunirán a sus escogidos de los cuatro vientos, desde un extremo de los cielos hasta el otro. (Mateo 24:31)

Jesús lo llama un "trompetazo fuerte". Sabemos que se refiere a la misma ocasión del trompetazo de 1 Tesalonicenses 4:16 porque Él también enseña que será sonado a su descenso cuando comience la parousia, con ambos pasajes mencionando un recogimiento universal del pueblo de Dios. El segundo pasaje paralelo declara,

> He aquí, os digo un misterio: no todos dormiremos, pero todos seremos transformados en un momento, en un abrir y cerrar de ojos, a la trompeta final; pues la trompeta sonará y los muertos resucitarán incorruptibles, y nosotros seremos transformados. (1 Corintios 15:51-52)

Este pasaje se ubica en el contexto del tratamiento más descriptivo de la resurrección que Pablo nos da. Después de discutir acerca de la resurrección, él cambia su atención a ellos que aún estarán vivos en la parousia de Cristo. El dice que su enseñanza es un "misterio". Pablo no significa que es un misterio en el sentido de dejar sus lectores en la oscuridad de incertidumbre y ansiedad. Muy al contrario, él dice que esta revelación no ha sido divulgada todavía por Dios. ¿Qué es esta nueva revelación? Pablo enseña que Dios ha ordenado que la última generación de la iglesia, los que viven hasta la parousia, no tendrá que experimentar la muerte ("no todos dormiremos"). Justo como los muertos serán cambiados con cuerpos resucitados e imperecederos, los vivos también experimentarán este cambio sin haberse muerto. Pablo dice que esto tendrá lugar a la "trompeta final", la que señalará la resurrección y la transformación de los que estén vivos.[22]

La tríada de sonidos gloriosos anuncia los propósitos de la parousia de Dios. El primer propósito es "despertar" a los muertos en Cristo. Pero estos recién resucitados no estarán llevados al aire todavía, como veremos en el versículo 17. Según parece Dios usará a los resucitados en la tierra como testimonio al mundo para proclamar su poder sobre la muerte. Este propósito no será sin precedente, porque Dios manifestó su poder de un modo parecido durante su primera venida al tiempo de la muerte de Cristo: "Y los sepulcros se abrieron, y los cuerpos de muchos santos que habían dormido resucitaron; y saliendo de los sepulcros, después de la resurrección de Jesús, entraron en la santa ciudad y se aparecieron a muchos" (Mateo 27:52-53). En el retorno de Cristo, ¿hasta cuándo quedarán en la tierra los nuevamente resucitados antes del arrebatamiento? No se nos dice exactamente, pero el texto sugiere un período breve.

Luego, el versículo 17 declara,

> Entonces nosotros, los que estemos vivos y que permanezcamos, seremos arrebatados juntamente con ellos en las nubes al encuentro del Señor en el aire, y así estaremos con el Señor siempre.

Los muertos en Cristo recibirán sus cuerpos nuevos primero, seguido por los que estén vivos y permanezcan en la parousia de Cristo. Entonces, al mismo momento, los dos grupos serán arrebatados desde la tierra a las nubes para encontrarse con el Señor en el aire. Las nubes son un rasgo común de las teofanías que acompañan la presencia divina. Es en aquellas nubes que encontramos y experimentamos la presencia de Dios en su Hijo. Se asume a menudo que los vivos recibirán sus cuerpos nuevos *mientras están siendo arrebatados* al cielo atmosférico. Pero el texto no respalda esto. Presumiblemente, los vivos en sus cuerpos nuevamente transformados se juntarán *en la tierra* con los recién resucitados como un testimonio al mundo. Entonces poco después de ese encuentro, serán arrebatados. No debería ser asumido que los muertos en Cristo serán arrebatados antes de los vivos en Cristo. Los muertos en Cristo reciben sus cuerpos transformados antes de que los vivos reciban los suyos, pero ambos grupos, los resucitados y el remanente, estarán *juntos* en la tierra antes de que sean arrebatados a la vez. La mayoría de las versiones bíblicas indican este cuadro, pero el texto griego está explícito: *hama* ("juntos" o "a la vez"), *syn* ("con"), *autois* ("ellos"), *harpagesometha* ("arrebatado fuera"). Joseph Plevnik resume esta representación:

El primer hecho en la venida del Señor del cielo es lo de devolver la vida a los fieles difuntos; sólo entonces, una vez que hayan estado reunidos con los vivos, todos se toman arriba en las nubes para encontrarse con el Señor. Estos puntos ["primero", "entonces", "juntamente con"]…insisten en esta secuencia de hechos. Los fieles sobrevivientes no tienen ventaja a los fallecidos: estos últimos son resucitados, se juntan con los vivos (ya transformados), y están juntos con ellos, recibidos por las nubes.[23]

La Resurrección y el Arrebatamiento

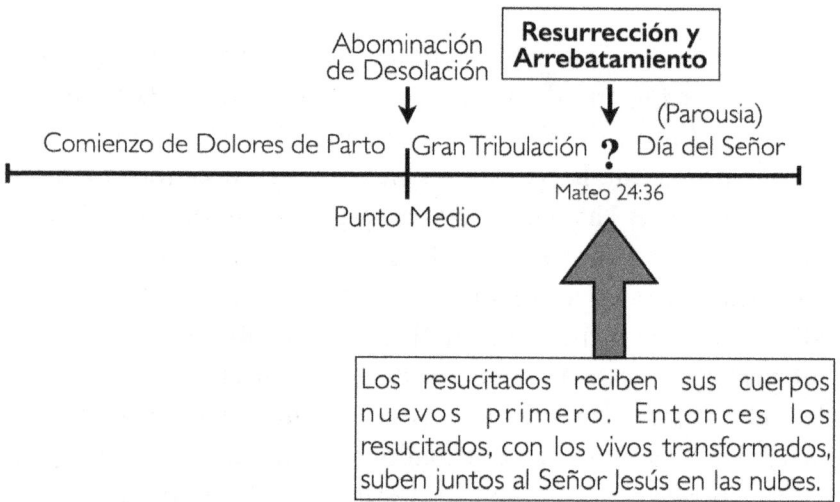

Harpazō: llevando a los santos a Jesús

Quiero hacer unos pocos comentarios sobre la palabra griega *harpazo* que está debajo del concepto teológico del arrebatamiento. Otras palabras que se relacionan con "arrebatamiento" son: quitar, recoger, remover, llevarse, trasladar. Además, hay modificantes útiles que sirven para refinar una descripción (p.ej. "de repente", "bruscamente").

En esencia, la palabra "arrebatamiento" significa un traslado brusco (hacia arriba). Es la palabra empleada en 1 Tes. 4:17 que nos da la expresión "seremos arrebatados". Aquí está donde conseguimos entendimiento del concepto del arrebatamiento, el que es una palabra cuyo significado se deriva del latín *rapio*. En la iglesia primitiva, una de las primeras traducciones de la Biblia salió en el latín, y el traductor escogió *rapio* como el verbo apropiado para traducir *harpazo*. También, tengamos presente que la palabra española "rapto" del latín "raptus" se emplea a menudo y lleva el mismo sentido legítimo de harpazo.

Aunque algunas versiones solamente llevan conceptos de la palabra arrebatamiento, las traducciones españolas principales (LBLA, Reina-Valera 1960, NVI) han incorporado el término legítimo "arrebatamiento" en el texto bíblico, porque cabe perfectamente con la acción explícita que se encuentra en *harpazo*.

El término *harpazo* se encuentra catorce veces en el Nuevo Testamento.[24] Por supuesto, el término se ve en los contextos aparte del arrebatamiento. El versículo 17 no es el único lugar en la Biblia donde el concepto ocurre. Hay otros seis ejemplos bíblicos de un arrebatamiento:

1. Jesús fue arrebatado (*harpazo*) en su ascensión (Apocalipsis 12:5).

2. Pablo fue arrebatado (*harpazo*) temporalmente al cielo (2 Corintios 12:2, 4).

3. Felipe fue arrebatado (*harpazo*) a Azoto (Hechos 8:39-40, un "rapto horizontal").

4. Los dos testigos serán arrebatados (*anabaino*) al cielo (Apocalipsis 11:11-12). Aunque no usando el término *harpazo*, otra palabra adecuada, *anabaino*, se usa, significando "de estar en moción hacia arriba, de ir para arriba, ascender".

Usualmente no pensamos en el Antiguo Testamento como contener ejemplos de un arrebatamiento, pero hay dos ocasiones:

5. Enoc fue arrebatado (Génesis 5:24). El término hebreo *laqah* en este versículo significa "quitar a uno". En este contexto, Enoc fue removido de la tierra (cfr. Hebreos 11:5).[25]

6. Elías fue arrebatado (2 Reyes 2:1). El término hebreo *'lh* quiere decir "causar que uno suba" (cfr. 2 Reyes 2:9-11).[26]

¿A dónde van los creyentes después del rapto?

La última parte del versículo 17 lleva una promesa tranquilizadora: "...y así estaremos con el Señor siempre". ¿Dónde pasaremos la eternidad? En este pasaje, no se nos dice específicamente. El propósito de Pablo es acentuar que estaremos *con* el Señor. Pero sí se nos dice que le encontraremos en las nubes. Desde las nubes, ¿dónde está nuestra destinación? ¿A dónde irán los creyentes después de estar unidos con Cristo en el aire? ¿Se quedarán en el aire? ¿Irán directamente al cielo para siempre? ¿Se descenderán inmediatamente a la tierra? O, ¿hay otra respuesta?

Yo creo que estaremos en la plenitud de comunión y adoración con nuestro Señor en la tierra *al fin y al cabo*. El punto focal del cielo será la Nueva Jerusalén, la cual descenderá y se establecerá en la tierra (véase Apocalipsis 21:1–22:5). Pero la pregunta queda: ¿Dónde morará el pueblo de Dios entre el tiempo del arrebatamiento y el incorporándose de la Nueva Jerusalén en la tierra? Hay cuatro pasajes que nos contestan por revelar que en primer lugar el Señor acompañará a su pueblo temporalmente a la morada celestial (a la presencia del Padre) antes de que hagamos nuestro descenso a nuestro hogar eterno en la tierra. Pablo escribe de este tiempo:

> Sabiendo que aquel que resucitó al Señor Jesús, a nosotros también nos resucitará con Jesús, y nos presentará juntamente con vosotros [en la presencia del Padre]. (2 Corintios 4:14)

Antes de su salida, Jesús prometió,

> En la casa de mi padre hay muchas moradas; si no fuera así, os lo hubiera dicho; porque voy a preparar un lugar para vosotros. Y si me voy y preparo un lugar para vosotros, vendré otra vez y os tomaré conmigo; para que donde yo estoy, allí estéis también vosotros. (Juan 14:2-3)

Por último, el libro del Apocalipsis dice,

> Y uno de los ancianos habló diciéndome: estos que están vestidos con vestiduras blancas ¿quiénes son y de dónde han venido? Y yo le respondí: Señor mío, tú lo sabes. Y él me dijo: Estos son los que vienen de la gran tribulación, y han lavado sus vestiduras y las han emblanquecido en la sangre del Cordero. Por eso están delante del trono de Dios, y le sirven día y noche en su templo; y el que está sentado en el trono extenderá su tabernáculo sobre ellos. (Apocalipsis 7:13-15)

Hay un cuarto pasaje provechoso, aunque sólo implicando que somos llevados ante el trono del Padre. Isaías dice,

> Tus muertos vivirán, sus cadáveres se levantarán. ¡Moradores del polvo, despertad y dad gritos de júbilo!, porque tu rocío es como el rocío del alba, y la tierra dará a luz a los espíritus. Ven, pueblo mío, entra en sus aposentos, y cierra tras ti tus puertas; escóndete por corto tiempo, hasta que pase la indignación. Porque he aquí, el Señor va a salir de su lugar para castigar la iniquidad de los habitantes de la tierra contra El, y la tierra pondrá de manifiesto su sangre derramada y no ocupará más a sus asesinados. (Isaías 26:19-21)

Estos pasajes muestran el Señor acompañando a los creyentes a la presencia del Padre. El Señor entonces impondrá su ira escatológica sobre los impíos en la tierra. Pero la iglesia no se quedará en el cielo porque la Nueva Jerusalén finalmente descenderá a la tierra tanto para el milenio como la eternidad.

Destino de los Arrebatados

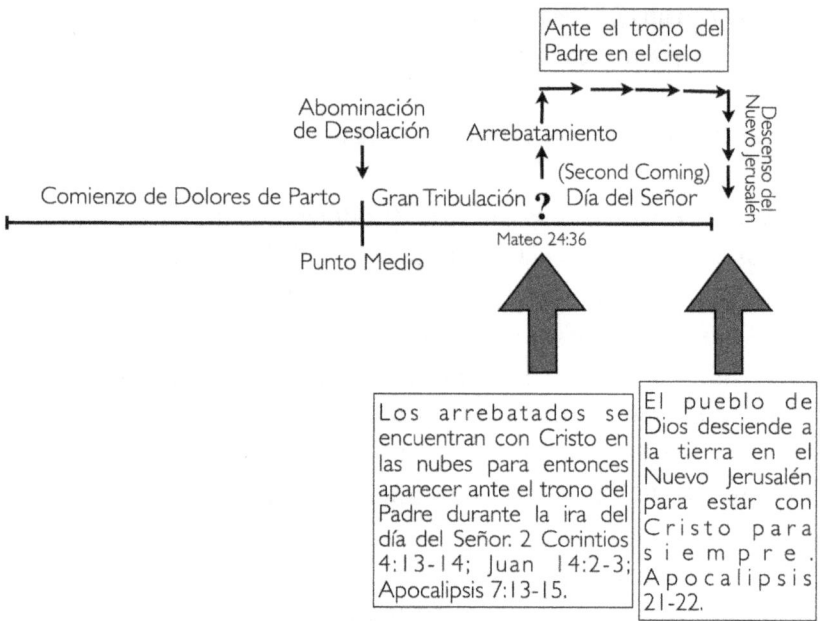

Una palabra final sobre la esperanza bíblica

En 1 Tesalonicenses 4:13, Pablo exhorta a los tesalonicenses a que no se estén entristeciendo sin esperanza. De un modo parecido él concluye con la exhortación: "Por tanto, confortaos unos a otros con estas palabras" (1 Tesalonicenses 4:18). Este ánimo supera a la iglesia local en Tesalónica y alcanza la iglesia universal, y por esa razón este pasaje se lee comúnmente durante funerales en todas partes. Pero puede aplicarse sólo a creyentes, porque la esperanza bíblica no es la misma que la del mundo. El mundo usa "esperanza" en el sentido de probabilidad, posibilidad, suerte u optimismo. Mas la esperanza bíblica es segura. Una vez oí un escritor cristiano comentar sobre la esperanza bíblica, diciendo al estilo familiar, "¡es tan segura como si fuera ya depositada al banco!". No está simplemente las palabras de Pablo que dan esperanza, porque es "la palabra del Señor". Y no es una sola exhortación, porque Pablo nos dice que alentémonos "los unos a los otros", con la intención de que sea un recordatorio frecuente entre los miembros de la iglesia, un aliento mutuo.

Los cristianos poseen la paz bíblica, la cual se basa únicamente en la fidelidad de Dios concerniente a sus promesas. El mundo no la ofrece tal paz, ni puede, porque no la tiene para ofrecer. Alabado sea Dios que la muerte no es el fin de todas las cosas. Esto resultaría en desesperación, sin esperanza y sin gozo. Con gratitud, nuestra paz terrenal se basa en la realidad que "estaremos con el Señor siempre".

Cuatro razones para el arrebatamiento en Mateo 24:31

Habiendo examinado detalladamente la enseñanza de Pablo sobre la resurrección y el arrebatamiento, esto nos trae nuevamente a la enseñanza de Jesús sobre el recogimiento de los escogidos.

> Y el enviará a sus ángeles con una gran trompeta y reunirán a sus escogidos de los cuatro vientos, desde un extremo del cielo hasta el otro. (Mateo 24:31)

¿Es cierto que la frase "reunirán a sus escogidos" se refiere al arrebatamiento? Esta es una pregunta de línea divisoria. Es importante porque, si es así, entonces la iglesia se encarará con la gran tribulación del anticristo. Jesús advierte en tono amenazador, "Ved que os lo he dicho de antemano" (Mateo 24:25). El no dice meramente, "Ved, que os lo he dicho"; él dice, "Ved, que os lo he dicho *de antemano*". Es menester que el estudiante de profecía entienda no solamente que sí Jesús volverá, sino también que conozca las *condiciones* en la tierra antes de su regreso, especialmente tocando a la persecución del anticristo. Así pues, esto es un asunto vital para nuestro estudio. Vamos a considerar cuatro razones claves por qué Mateo 24:31 habla del arrebatamiento.

El Recogimiento de los Elegidos en el Arrebatamiento

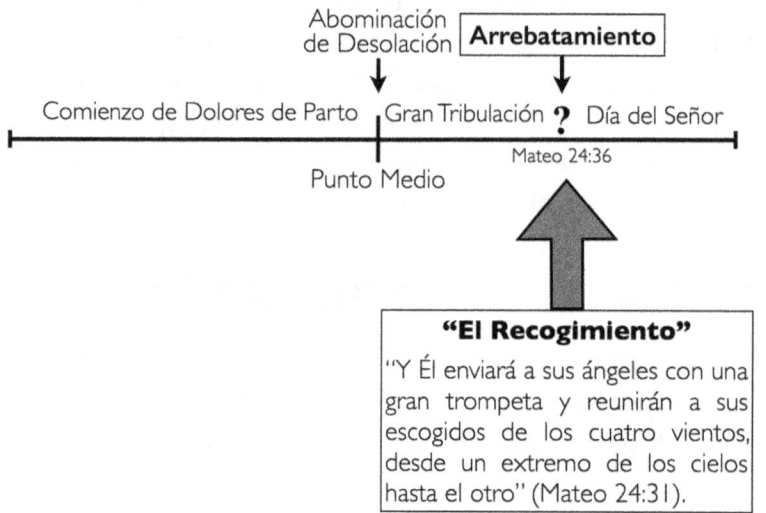

Razón 1: Jesús usa lenguaje del 'arrebatamiento'

Una objeción común que Mateo 24:31 contiene una referencia al rapto se basa en que Jesús nunca empleó el lenguaje del rapto en este capítulo. Pero esta es una creencia equivocada. En 2 Tesalonicenses 2:1, Pablo escribe,

> Pero con respecto a la venida de nuestro Señor Jesucristo y a *nuestra reunión* [*episynagoge*] con El, os rogamos hermanos… (énfasis añadida)

En este versículo, hasta los pretribulacionistas están de acuerdo en que Pablo se refiere a su enseñanza del arrebatamiento en 1 Tesalonicenses 4:17 por elegir el término *episynagoge*, significando una "asamblea o recogimiento". ¿Por qué está significante el uso de este término por Pablo? Porque Jesús emplea el mismo término en Mateo 24:31:

Y El enviará a sus ángeles con una gran trompeta y reunirán [*episynago*] a sus escogidos de los cuatro vientos, desde un extremo de los cielos hasta el otro.

Jesús elige la forma activa de esta misma palabra, *episynago*. Por supuesto, esto no es un término técnico para el arrebatamiento porque se puede usarlo en otros contextos. Sin embargo, el punto es que es engañoso e inconsequente de sostener que Pablo puede referirse al arrebatamiento con este término, pero Jesús que no. La aplicación de Pablo de *episynago* lo hace infundado de insistir que Jesús no pueda usarlo de esta misma manera, ¡especialmente ya que Pablo apropia su enseñanza de Jesús! Hace sentido perfecto que, en referencia al arrebatamiento, Pablo usa la propia terminología de Jesús (véase el apéndice 2, "Paralelos entre Jesús y Pablo").

Además de *episynago*, hay otro término para "arrebatamiento" que Jesús usa en Mateo 24. Un buen número de pretribulacionistas sostienen que Jesús nunca enseñó el arrebatamiento antes de su propia resurrección; dicen que era solamente después de ella que empezó a enseñar esta verdad que pertenece únicamente a la iglesia. Esto se equivoca profundamente por varias razones. Es absurdo imaginar que Jesús no puede introducir alguna revelación nueva (no revelada en el Antiguo Testamento). ¡Su ministerio enseñante se trataba exclusivamente de la revelación nueva! Es "razonamiento circular" para declarar esencialmente, "Jesús no enseñaba el rapto antes de su resurrección porque El no enseñaba el rapto antes de su resurrección". Y sin embargo, muchos de estos mismos pretribulacionistas están inconsecuentemente de acuerdo que Jesús enseñó el arrebatamiento en su discurso de despedida justo tres días después del discurso en el monte de los Olivos, el que se dio antes de su resurrección también. Ellos no pueden tenerlo en dos sentidos, afirmando que Jesús nunca enseñó el arrebatamiento antes de su resurrección mientras sosteniendo que Él sí lo enseñó antes de su resurrección. Deben optar por el uno o el otro, no los dos a la vez.

El punto aquí es lo siguiente: en el discurso de despedida de Jesús, Juan registra una enseñanza sobre el arrebatamiento por el Señor.

> No se turbe vuestro corazón; creed en Dios, creed también en mi. En la casa de mi Padre hay muchas moradas; si no fuera así, os lo hubiera dicho; porque voy a preparar un lugar para vosotros. Y si me voy y preparo un lugar para vosotros, vendré otra vez y os tomaré [*paralambano*] conmigo; para que donde yo estoy, allí estéis también vosotros. (Juan 14:1-3)

Los pretribulacionistas están de acuerdo que la expresión "os tomaré conmigo" se refiere al rapto. La teología pre-ira lo cree también. Así, ¿cómo se relaciona la enseñanza de Jesús aquí a su discurso en el monte anteriormente? El término griego detrás de "tomar" es *paralambano*, el cual tiene una connotación positiva usada a menudo en un sentido íntimo de tomar en asociación cercana, de tomar a sí mismo, o de tomar consigo. En Mateo 24:40-41, Jesús emplea este mismo término en una ilustración agrícola que representa el recogimiento de los escogidos en su parousia.

> Entonces estarán dos en el campo; uno será llevado [*paralambano*] y el otro será dejado. Dos mujeres estarán moliendo en el molino; una será llevada [*paralambano*] y la otra será dejada. (Mateo 24:40-41)

Este hecho mina la afirmación pretribulacional que Jesús no puede estar usando el lenguaje del arrebatamiento en Mateo 24. Es incongruente sostener que Jesús está permitido de usar el lenguaje del rapto en su discurso de despedida un solo día antes de su crucifixión, ¡pero no es permitido de hacer lo mismo tres días más temprano en su discurso de Olivete![27]

Razón 2: Jesús usa a Daniel sobre la resurrección

En el punto previo, yo sostuve que Jesús usa la terminología del "arrebatamiento" en su discurso del monte de los Olivos, al contrario de la afirmación de los pretribulacionistas. Otro desacuerdo que ellos avanzan es la ausencia de cualquier mención de una resurrección en Mateo 24. No obstante, un estudio más cuidadoso de la enseñanza de Jesús rn dicho capítulo muestra que Él es, de hecho, refiriéndose a la resurrección. Un pasaje no tiene que usar la palabra "resurrección" explícitamente a fin de significar la resurrección. Por ejemplo, los pretribulacionistas se acuerdan de que Juan 14:3 presupone que la resurrección debe ocurrir antes de que Jesús vuelva para recibir a su pueblo, aun cuando no haya mención de la resurrección misma: "Y si me voy y preparo un lugar para vosotros, vendré otra vez y os tomaré conmigo; para que donde yo estoy, allí estéis también vosotros". Asimismo, en Mateo 24:31, el recogimiento de los escogidos se relaciona a la resurrección. ¿Cómo sabemos que es así?

El libro de Daniel era la fuente principal de la cual Jesús formó su discurso en el monte: "…cuando veáis la abominación de la desolación, de que se habló por medio del profeta Daniel, colocada en el lugar santo…" (Mateo 24:15). Cuando empleamos el principio de interpretación de comparar la Escritura con Escritura, descubrimos que Jesús tiene la intención de que el recogimiento en Mateo 24:31 tiene que ver con la resurrección mencionada en el libro de Daniel.

En apoyo de este entendimiento, vemos que Daniel 11:36–12:3 contiene una secuencia de cuatro eventos claves que corresponden a la misma secuencia en Mateo 24, como la siguiente yuxtaposición ilustra:

Daniel 11:36 – 12:3 es paralelo a Mateo 24:15-31

La Abominación de Desolación

Daniel: El rey hará lo que le plazca, se enaltecerá y se engrandecerá sobre todo dios, y contra el Dios de los dioses dirá cosas horrendas; él prosperará hasta que se haya acabado la indignación, porque lo que está decretado se cumplirá…Y plantará las tiendas de su pabellón entre los mares y el monte glorioso y santo; pero llegará a su fin y no habrá quien le ayude (Daniel 11:36, 45).

> **Discurso Olivete:** "Por tanto, cuando veáis la abominación de la desolación, de que se habló por medio del profeta Daniel, colocada en el lugar santo" (Mateo 24:15).

La Gran Tribulación

> **Daniel:** Será un tiempo de angustia cual nunca hubo desde que existen las naciones hasta entonces (Daniel 12:1).

> **Discurso Olivete:** "porque habrá entonces una gran tribulación, tal como no ha acontecido desde el principio del mundo hasta ahora, ni acontecerá jamás" (Mateo 24:21).

Rescate de los Elegidos Vivientes

> **Daniel:** en ese tiempo tu pueblo será librado, todos los que se encuentren escritos en el libro (Daniel 12:1).

> **Discurso Olivete:** "Y si aquellos días no fueran acortados, nadie se salvaría; pero por causa de los escogidos, aquellos serán acortados" (Mateo 24:22).

Resurrección

> **Daniel:** muchos de los que duermen en el polvo de la tierra despertarán (Daniel 12:2).

> **Discurso Olivete:** "y reunirán a sus escogidos de los cuatro vientos, desde un extremo de los cielos hasta el otro" (Mateo 24:31).

Este último versículo de Daniel 12:2 es considerado de ser la referencia más explícita en el Antiguo Testamento de la resurrección: "...los que duermen en el polvo de la tierra despertarán". Ya que Jesús dice explícitamente que Él cita a Daniel, y dado que la secuencia de estos cuatro eventos corresponde a Mateo 24, la conclusión natural es que Jesús tiene la plena intención de que los recogidos, "de los cuatro vientos, desde un extremo de los cielos hasta el otro" se refieren a la resurrección del pueblo de Dios. Cuando los discípulos sentados en el monte de los Olivos oyeron a Jesús referirse al pasaje más explícito sobre la resurrección en el Antiguo Testamento, sin duda alguna, ellos habrían asociado "reunirán a sus escogidos" con la resurrección.

Razón 3: Jesús y Pablo sobre el comienzo de la parousia

Los pretribulacionistas sostienen que Jesús y Pablo hablan de dos aspectos separados de la parousia (es decir, una venida de "dos etapas"). Ellos insisten en que Pablo escribe del *principio* de la parousia como ser un arrebatamiento "secreto e inminente", mientras Jesús enfoca en la batalla de Armagedón, con ambas etapas separadas por siete años. Esta interpretación pretribulacional se equivoca. Sostrendré yo que el foco tanto de Jesús como de Pablo es sobre el mismo período de la parousia—el comienzo.

PRINCIPIO DE LA SEGUNDA VENIDA (PAROUSIA)

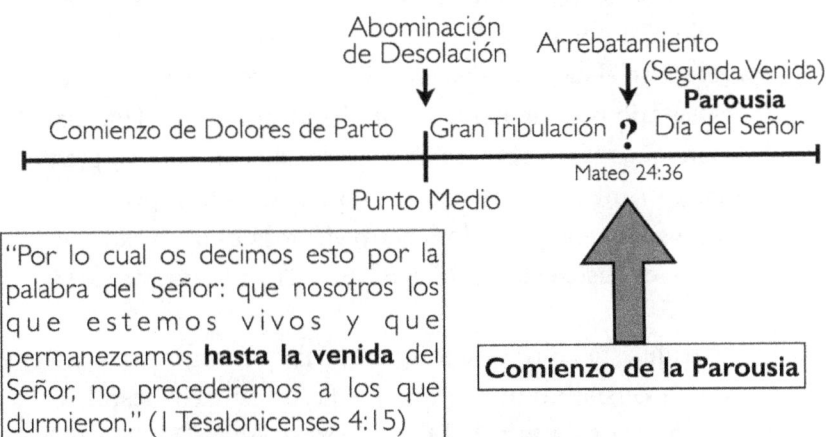

Nadie está en desacuerdo que Pablo esté exponiendo sobre el aspecto inicial de la parousia, enseñando que la resurrección y el rapto sucederán inmediatamente cuando Cristo regrese. Pablo escribe,

> Por lo cual os decimos esto por la palabra del Señor: que nosotros los que estemos vivos y que permanezcamos *hasta* la venida del Señor, no precederemos a los que durmieron. (1 Tesalonicenses 4:15, énfasis añadido)

Observe que Pablo escribe "hasta" la venida (*parousia*) del Señor, la que habla del comienzo de la segunda venida de Cristo. Pero ¿Qué de Jesús? ¿Habla Jesús del principio de la segunda venida también? O ¿habla de la batalla de Armagedón? Jesús comparte,

> Porque así como el relámpago sale del oriente y resplandece hasta el occidente, *así será la venida [parousia] del Hijo del Hombre*. Donde esté el cadáver, allí se juntarán los buitres. Pero inmediatamente después de la tribulación de esos días, el sol se oscurecerá, la luna no dará su luz, las estrellas caerán del cielo y las potencias de los cielos serán sacudidas. *Entonces aparecerá* en el cielo *la señal* del Hijo del Hombre, y entonces todas las tribus de la tierra harán duelo, y verán al Hijo del Hombre que viene sobre las nubes del cielo con poder y gran gloria. Y El enviará a sus ángeles con una gran trompeta y reunirán a sus escogidos de los cuatro vientos desde un extremo de los cielos hasta el otro. (Mateo 24:27-31, énfasis añadido)

De este pasaje está claro que Jesús describe el comienzo o incepción de la parousia, no una etapa que ha de ocurrir después.

Primero, Jesús da la señal de su parousia (v. 27), la que es el relámpago, la gloria Sekiná. El enseña que esta señal brillante dará un reventón por los cielos cuando la luz natural se ponga en tinieblas y "las potencias de los cielos serán sacudidas" (vv. 30-31). Fue la pregunta de los discípulos que provocó este discurso: "Dinos, ¿cuándo sucederá esto, y cuál será la señal de tu venida y de la consumación de este siglo (edad)?" (Mateo 24:3). Se dan las señales para anunciar algo; por eso, una señal para el comienzo de la parousia es precisamente lo que Jesús da en reacción a la pregunta de sus discípulos.

Segundo, las parábolas y similitudes de Jesús hablan explícitamente del comienzo de su retorno, no Armagedón (Mateo 24:32-51). Sus avisos en cuanto a la vigilancia serían hechos incomprensibles si fueran aplicados al fin de la ira del día del Señor.

Tercero, Jesús declara que la parousia comenzará "inmediatamente después" de la gran tribulación (v. 29). La persecución del pueblo de Dios por el anticristo será acortada por la ocurrencia simultánea tanto de los disturbios celestiales como de la señal del regreso de Cristo, y alcance su punto culminante en el recogimiento de sus escogidos.

Por lo tanto, esta noción que Pablo y Jesús enseñan etapas o aspectos inconexos de la segunda venida no es apoyado por el contexto bíblico. En cambio, los dos están consecuentes en tratar con la primera etapa de la parousia. Jesús comenta brevemente, mientras Pablo da más explicaciones acerca del evento.[28]

MATEO 24:30 NO HABLA DE ARMAGEDÓN

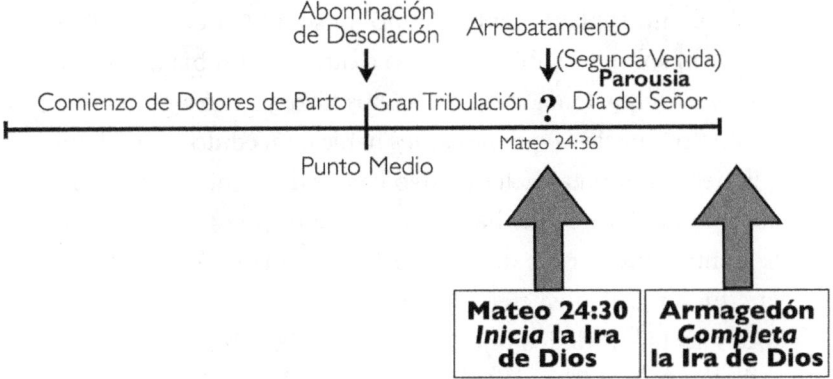

Razón 4: Recogido 'fuera de la gran tribulación'

Hemos visto que elementos en el discurso del monte de los Olivos de Jesús corresponden secuencialmente al Apocalipsis 6. Esto no debería ser sorprendente puesto que Jesús es la fuente de ambos. Hay siete sellos en el rollo que deben estar abiertos antes de que los contenidos de la ira de Dios puedan ser desencadenados por las trompetas y las copas.

El Apocalipsis 6 describe los seis sellos que se abren secuencialmente *sin interrupción*. Pero antes de que el séptimo sello se abra en el Apocalipsis 8:1, hay una pausa notable en el Apocalipsis 7. Este intervalo entre el sexto y séptimo sellos describe dos grupos de gente que están rescatados: 144.000 judíos que son sellados en la tierra, protegiéndolos de la ira inminente después de que el séptimo sello esté abierto; y un sin número de personas en el cielo que constan de creyentes de cada nación, tribu, pueblo, y lenguaje. Nuestra atención estará en la multitud innumerable en el cielo, pero primero quiero hacer unos comentarios acerca de los 144.000 judíos en la tierra.

El remanente judío protegido

> Después de esto, vi a cuatro ángeles de pie en los cuatro extremos de la tierra, deteniendo los cuatro vientos de la tierra, para que no soplara viento alguno, ni sobre la tierra ni sobre el mar ni sobre ningún árbol. Y vi a otro ángel subía de donde sale el sol y que tenía el sello del Dios vivo; y gritó a gran voz a los cuatro ángeles a quienes se les había concedido hacer daño a la tierra y al mar, diciendo: No hagáis daño, ni a la tierra ni al mar ni a los árboles, hasta que hayamos puesto un sello en la frente a los siervos de nuestro Dios. Y oí el número de los que fueron sellados: ciento cuarenta y cuatro mil sellados de todas las tribus de los hijos de Israel: de la tribu Judá, fueron sellados doce mil; de la tribu de Rubén, doce mil; de la tribu de Gad, doce mil; de la tribu de Aser, doce mil; de la tribu de Neftalí, doce mil; de la tribu de Manasés, doce mil; de la tribu

de Simeón, doce mil; de la tribu de Leví, doce mil; de la tribu de Isacar, doce mil; de la tribu de Zabulón, doce mil; de la tribu de José, doce mil, y de la tribu de Benjamín fueron sellados doce mil. (Apocalipsis 7:1-8)

El primer versículo señala la ira amenazante de Dios: "...vi cuatro ángeles de pie en los cuatro extremos de la tierra, deteniendo los cuatro vientos de la tierra, para que no soplara viento alguno, ni sobre la tierra ni sobre el mar ni sobre ningún árbol". Las palabras que Juan emplea son notablemente semejantes a ellas de Jesús en el monte de los Olivos: "[Sus ángeles]...reunirán sus escogidos de los cuatro vientos, desde un extremo de los cielos hasta el otro" (Mateo 24:31). Antes que su ira empiece, Dios protegerá soberanamente a un grupo de 144.000 judíos por haberlo marcado con su sello: "No hagáis daño, ni a la tierra ni al mar ni a los árboles hasta que hayamos puesto un sello en la frente a los siervos de nuestro Dios" (Apocalipsis 7:3). Esto indica que la ira del día del Señor no ha comenzado todavía. De ser sellado funciona como protección contra la ira de Dios.

Muchos intérpretes identifican a los 144.000 como la iglesia. El pasaje, sin embargo, identifica explícitamente estos 144.000 como judíos de tribus específicas. Es erróneo de hallar algún simbolismo misterioso en este grupo y entonces concluir que no habla de judíos literales. Esto se desvía de una lectura natural del texto. Por eso, sin una significación simbólica más profunda para este pasaje, yo lo interpreto en el sentido literal.[29]

Una observación final es la naturaleza de estos 144.000 judíos. No solamente son de las tribus de Israel, sino son llamados "siervos de nuestro Dios" también. El término para siervo es *doulos*, lo cual en este contexto espiritual quiere decir un esclavo de Dios, únicamente comprometido y controlado por Él para servir sus propósitos.

El pretribulacionismo ha asumido que los 144.000 serán "evangelistas" judíos que causarán un avivamiento mundial. Pero su presuposición es problemática porque hay ni siquiera una indirecta que los 144.000 judíos son evangelistas. Es una asunción defectuosa basada en su sistema pretribulacional. Además, no hay evidencia de un avivamiento durante la gran tribulación o durante la ira del día del Señor. Seguramente habrá avivamiento durante la gran tribulación en el sentido de renovación para aquellos que *ya son* creyentes (el remanente). La persecución fortalecerá y renovará su fe y amor para con Dios. En cuanto a la Escritura indicando un avivamiento mundial durante la ira de día del Señor, yo no lo veo. En cambio, leemos que los impíos rehusarán arrepentirse. Esto será un tiempo caracterizado por dureza de corazón, idolatría, e ira (Apocalipsis 9:20-21; 16:9, 11). Por supuesto, habrá un remanente creedor de judíos y gentiles que entra y puebla el milenio (p.ej. Romanos 11; Mateo 25:31-46; Isaías 56), pero deberíamos evitar el pensamiento que los no creyentes estarán dados una "segunda oportunidad" durante el día del Señor. *Ahora* es el día de salvación (2 Corintios 6:2). Cualquier arrepentimiento por gentiles y judíos durante la ira del día del Señor ocurrirá por la excepción misericordiosa de Dios; no será por regla general.

La multitud innumerable arrebatada

Después de esto miré, y vi una gran multitud, que nadie podía contar, de todas las naciones, tribus, pueblos y lenguas, de pie delante del trono y delante del Cordero, vestidos con vestiduras blancas y con palmas en las manos. Y clamaban a gran voz, diciendo: La salvación pertenece a nuestro Dios que está sentado en el trono, y al Cordero. Y todos los ángeles estaban de pie alrededor del trono y alrededor de los ancianos y de los cuatro seres vivientes, y cayeron sobre sus rostros delante del trono, y adoraron a Dios, diciendo: ¡Amén! La bendición, la gloria, la sabiduría, la acción de gracias, el honor, el poder y la fortaleza sean a nuestro Dios por los siglos de los siglos. Amén. Y uno de los ancianos habló diciéndome: Estos que están vestidos con vestiduras blancas, ¿quiénes son y de dónde han venido? Y yo le respondí: Señor mío, tú lo sabes. Y él me dijo: Estos son los que vienen de la gran tribulación, y han lavado sus vestiduras y las han emblanquecido en la sangre del Cordero. Por esto están delante del trono de Dios, y le sirven día y noche en su templo, y el que está sentado en el trono extenderá su tabernáculo sobre ellos. Ya no tendrán hambre ni sed, ni el sol los abatirá, ni calor alguno, pues el Cordero en medio del trono los pastoreará y los guiará a manantiales de aguas de vida, y Dios enjugará toda lágrima de sus ojos. (Apocalipsis 7:9-17)

A diferencia del primer grupo, el cual se ve en la tierra, este grupo se describe como haberse estado entregado al cielo. Juan ve "una gran multitud que nadie podía contar, de todas las naciones, tribus, pueblos y lenguas". Ellas están representadas como tener cuerpos recién resucitados y están alabando a Dios por su liberación y resurrección, "vestidos de vestiduras blancas y con palmas en las manos" y de haber "lavado sus vestiduras y las han emblanquecido en la sangre del Cordero". Seguramente, los mártires del quinto sello también deberían estar vistos entre el pueblo de Dios en este escenario. "...se les dio a cada uno una vestidura blanca, y se les dijo que descansaran un poco más de tiempo" (Apocalipsis 6:11). La descripción "todas las naciones, tribus, pueblos y lenguas" (7:9) y sus vestiduras "[emblanquecidas] en la sangre del Cordero" (7:14) dan fe de la representación verbal de la iglesia y de todo el pueblo de Dios mencionado en el Apocalipsis 5:9: "Digno eres de tomar el libro y de abrir sus sellos, porque tú fuiste inmolado, y con tu sangre compraste para Dios una *gente* de toda tribu, lengua, pueblo y nación" (cfr. 5:10 con 1:5-6).[30]

Esta gran multitud de creyentes que aparece en el cielo lo confunde a Juan, moviéndole a preguntar, ¿quiénes son y de dónde han venido? (Apocalipsis 7:13; cfr. vv. 16-17). Se le dice a Juan, "Estos son los que vienen de la gran tribulación" (Apoca-lipsis 7:14). Esto paralela la enseñanza de Jesús que los escogidos serán recogidos fuera de la gran tribulación en su regreso. "Y si aquellos días [de la gran tribulación] no fueran acortados, nadie se salvaría; pero por causa de los escogidos, aquellos días serán acortados...Y él enviará a sus ángeles con una gran trompeta y reunirán a sus escogidos de los cuatro vientos, desde un extremo de los cielos hasta el otro" (Mateo 24:22, 31; cfr. vv. 29-30). Este recogimiento del pueblo de Dios se encuentra en el evangelio según Lucas también: "Cuando estas cosas empiecen a suceder, erguíos y levantad la cabeza, porque se acerca vuestra redención" (Lucas 21:28).

Esta multitud innumerable puede ser ninguna otra que el pueblo de Dios, ya resucitado y arrebatado. Es perfectamente apropiado de ver todos los creyentes removidos fuera de la gran tribulación con cuerpos glorificados al cielo en aquel momento, porque sucede justo antes de que el séptimo sello se rompa, desencadenando la ira del día del Señor (Apocalipsis 8:1). Dios es fiel en prometer a los creyentes que no tendrán que experimentar su ira (1 Tesalonicenses 5:9). Si usted es un hijo de Dios, puede tener confianza en estar incluido en esta "gran multitud que nadie podía contar...de pie delante del trono y delante del Cordero" (Apocalipsis 7:9).

Además, los dos relatos del discurso de Olivete y del Apocalipsis 6-7 muestran que este recogimiento del pueblo de Dios tiene lugar justo después de los disturbios celestiales (Mateo 24:29-31; Lucas 21:25-28; Apocalipsis 6:12-17). En otras palabras, podemos decir que el quinto sello promete la ira; el sexto sello presagia la ira; un intervalo en Apocalipsis 7 protege de la ira; y el séptimo sello pronuncia la ira.

Progresión hacia la ira de Dios	
Sello 5	Se promete la ira de Dios
Sello 6	Se presagia la ira de Dios
Interludio	Se protege de la ira de Dios
Sello 7	Se pronuncia la ira de Dios

Los paralelos entre Mateo 24 y Apocalipsis 6-7 son ilustrados en la siguiente tabla.

Mateo 24	Paralelos	Apocalipsis 6-7
4-5	Anticristo/cristos falsos	Primer sello (6:1-2)
6-7	Guerras	Segundo sello (6:3-4)
7	Hambres	Tercer sello (6:5-6)
9, 21-22	Martirio (gran tribulación)	Cuarto sello (6:7-8)
9, 21-22	Resultado del martirio (gran tribulación)	Quinto sello (6:9-11)
29	Disturbios celestiales	Sexto sello (6:12-17)
30-31	Santos arrebatados	Interludio (7:9-17)
14, 30, 37-41	Ira del día del Señor	Séptimo sello (trompetas, copas)

Yo he dado cuatro razones que soportan Mateo 24:31 como refiriéndose al arrebatamiento.[31] El mismo lenguaje que describe el regreso de Jesús se encuentra, no sólo en Mateo 24, sino también en la enseñanza de Pablo en 2 Tesalonicenses 2:1 y en el discurso en el aposento alto en Juan 14:1-3. Jesús también extrae de Daniel 12:2 la verdad más explícito sobre la resurrección en el Antiguo Testamento. Y además, el foco tanto de Jesús como de Pablo tiene que ver con el comienzo de la segunda venida. La razón final que sugerí muestra que Jesús y el libro del Apocalipsis hablan del mismo contexto y de la misma secuencia del pueblo de Dios que "vienen [fuera] de la gran tribulación" (Apocalipsis 7:14). A mi juicio, cada razón es convincente, y en conjunto forman una defensa impenetrable.

En la segunda mitad de su enseñanza acerca de su segunda venida en el discurso del monte de los Olivos, Jesús empieza a advertir en contra de fechar los eventos proféticos.

> Y de la higuera aprended la parábola: cuando su rama ya se pone tierna y hecha las hojas, sabéis que el verano está cerca. Así también vosotros, cuando veáis todas estas cosas, sabed que El está cerca, a las puertas. En verdad os digo que no pasará esta generación hasta que todo esto suceda. El cielo y la tierra pasarán, mas mis palabras no pasarán. Pero de aquel día y hora nadie sabe, ni siquiera los ángeles del cielo, ni el Hijo, sino sólo el Padre. (Mateo 24:32-36)

En palabras perfectamente entendidas, Jesús dice que podemos tener confianza que conoceremos la temporada de su retorno "cuando veáis todas estas cosas". En otras palabras, sólo cuando estas condiciones estén satisfechas estará Jesús "cerca, a las puertas". No obstante, no sabremos el día ni la hora. Fechando el retorno de Jesús es un ejercicio inútil. *Por consiguiente, deberíamos estar contentos que sabremos la temporada no más.*

La enseñanza que queda en el discurso en el monte exhorta a los creyentes a que tengamos vigilancia espiritual a la luz de la venida demorada de Cristo, para que no vuelva durante un tiempo en nuestras vidas cuando estemos satisfechos de nosotros mismos. Jesús usa símiles y parábolas para ilustrar la necesidad para vigilancia espiritual (Mateo 24:32-25:30). El discurso concluye con una descripción del juicio de las ovejas y cabritos (Mateo 25:31-46).

Conclusión

En la Parte 2, yo escribí del grupo único de eventos celestiales que amonestará al mundo de la ira inminente de Dios, además de ser una señal a la iglesia de su inminente liberación mientras sufriendo durante la persecución del anticristo. Entonces, yo consideraba las enseñanzas concernientes al arrebatamiento, y concluí con cuatro razones que el recogimiento en Mateo 24:31 tiene que ver con el arrebatamiento. En la Parte 3, consideraremos el próximo evento después del arrebatamiento – la ira del día del Señor. Examinaremos el día del Señor que Jesús conocía de los profetas seleccionados del Antiguo Testamento y la enseñanza importante de Pablo sobre la ira escatológica de Dios. Yo terminaré con la descripción gráfica del juicio del día del Señor como se ve en el libro del Apocalipsis.

La Postura Pre-ira en su Conjunto

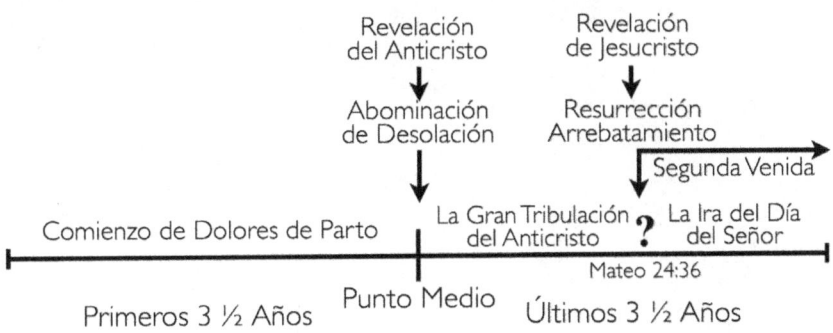

PARTE 3.
La ira del día del Señor

Parte 3.
La ira del día del Señor

En nuestra tercera y última parte, describiré la ira del día del Señor. Será el período escatológico de juicio – ardiente, espantoso, ineludible, sangriento, y destructivo. En fin, el juicio de Yahweh será decisivo. Primero, yo consideraré el significado de teofanías bíblicas y la expresión "el día del Señor". Entonces, haré comentarios sobre el día del Señor que Jesús conocía de los profetas judíos de antaño. Después, me concentraré en la enseñanza principal de Pablo acerca del día del Señor, concluyendo con la presentación del libro del Apocalipsis con respecto a los juicios de trompetas, de copas, y de Armagedón.

Teofanías

A lo largo de la historia Dios se ha revelado a sí mismo por la creación, el Espíritu, ángeles, profetas, sueños, visiones, conciencias, y últimamente por Cristo Jesús, su propio Hijo encarnado. Dios es soberano, y cuando quiere comunicar su voluntad, Él puede escoger cualquier modo que quiera, hasta un burro (Números 22:21-35). Pero un día habrá una revelación divina en la cual nuestro Señor aparece en las nubes para otorgar los cuerpos glorificados y rescatar a su pueblo. Aquel día será una manifestación alegre para los que pertenecen a Dios, pero un juicio horrendo que hará que se detengan los latidos del corazón de aquellos que no le conozcan a Jesús.

En el huerto de Edén, Adán y Eva fueron los primeros humanos de dar fe del castigo de Dios. Él los ofreció de buena gana el paraíso y la comunión íntima, pero la fidelidad de ellos no duraba. Nuestros primeros padres pecaron por haber comido del árbol del conocimiento del bien y del mal. Poco después, se nos dice que Dios "se paseaba en el huerto al fresco del día". (Gén. 3:8). Esta descripción parece comunicar que Dios andaba con poca preocupación en la plena satisfacción de su nueva creación aun mientras Él sabía que nuestros primeros padres habían acabado de pecar, haciendo que toda la raza humana cayera en pecaminosidad y en la separación espiritual de Él. ¿No lo contó Dios a Adán que si él desobedeciera, "ciertamente morir[ía]"?

En décadas recientes, un número creciente de eruditos antiguotestamentarios han examinado este texto con más cuidado, y ahora han venido a creer que la traducción "[paseándose] en el huerto al fresco del día" no es la mejor traducción, aunque la mayoría de las versiones tradicionales tienen algo parecido. Un ejemplo de esta mayoría es: "y oyeron al Señor Dios que se paseaba en el huerto al fresco del día; y el hombre y su mujer se escondieron de la presencia del Señor entre los árboles del huerto" (Génesis 3:8). Sin embargo, la traducción tradicional de este texto y otras traducciones probablemente no sea la mejor selección a causa del contexto de juicio. Hemos recibido nuevo entendimiento de este pasaje basado en percepciones de los lenguajes antiguos del Cercano Oriente. Una traducción mejor sería, "sekiná-juicio del día" o "indignación manifestada en el viento fero de la tormenta".[32] Esas traducciones parecen tener un sentido mejor porque este pasaje de Génesis se encuentra en el género de un *oráculo de juicio* que consiste de elementos tales como el quebrantar de los mandatos de Dios, el sonido del Señor Dios acercándose, la desobediencia vergonzosa manifestándose en el huir y el esconderse de Dios, y el Señor por consiguiente anunciando castigo sobre ellos.

Esto se llama una *teofanía* por los teólogos, y en este caso, una teofanía de juicio. Las teofanías (del vocablo griego compuesto de "dios" y "aparecer") son eventos en la Biblia que representan a Dios manifestándose visualmente o de modo audible. Una teofanía no quiere decir que alguien pueda ver el espíritu o el ser esencial de Dios; no se puede (1 Juan 4:12). Más bien, las teofanías son ocurrencias sobrenaturales tal como la Sekiná (la gloria de la presencia divina), un ángel del Señor, o sus palabras habladas. Las teofanías revelan *y* ocultan. Dios ha revelado su gloria en brillantez como un relámpago y a menudo la ocultó por las nubes oscurecidas. Si Dios revelara todo su ser, cualquiera perecería inmediatamente de haberse estado expuesto a su santidad pura (Éxodo 33:20). Por lo tanto, en su libro sobre las teofanías bíblicas, Jeffrey J. Niehaus ofrece la traducción siguiente de Génesis 3:8, que destaca los elementos teofánicos.

> Entonces el hombre y su mujer oyeron el trueno de Yahweh Dios pasando de acá para allá en el huerto en el viento de la tormenta, y se escondieron de Yahweh Dios entre los árboles del huerto. (Génesis 3:8)

Niehaus observa, "Tal fue la primera teofanía que evoca Sinaí—la primera teofanía de tormenta cuando Dios apareció como Juez de su pueblo culpable".[33] La versión inglesa NET también comenta en la próxima nota sobre este versículo, diciendo que si este juicio teofánico se traduzca correctamente, entonces:

> No se ve Dios paseando tranquilamente en la tarde por el huerto, sino como venir en un ventarrón poderoso para confrontar el hombre y mujer con su rebelión. En este caso, "sonido del Señor" pueda referirse al rugido ensordecedor de Dios, el cual típicamente acompaña su aparición en la tormenta para librar batalla o ejecutar juicio. (cfr. Salmo 29)

¿Qué tiene que ver esto con el día del Señor? El juicio de Dios de Adán y Eva en el huerto es un día prototípico del Señor, que nos da contexto para episodios teofánicos posteriores. Un célebre teólogo ha hablado de este evento microcósmico como la "primal parousia" (primera presencia).³⁴ Considerando este día prototípico del Señor, podemos comenzar a apreciar una continuidad bíblica del programa teofánico de Dios, una que se extiende atrás hasta el huerto de Edén, y un día será manifestándose completa y escatológicamente en una escala global.

TEOFANÍAS 'SOPORTALIBROS'

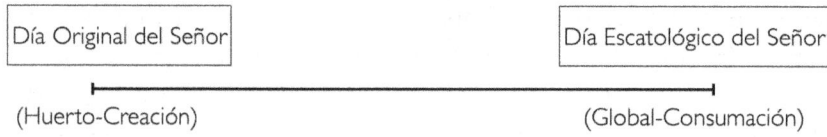

Un paralelo se encuentra también entre la condición del pecado humano de nuestros primeros padres que deseaban ser independientes de Dios y la pecaminosidad de las naciones que buscan la autonomía que por último se rebelará contra la teofanía escatológica global durante la segunda venida del Señor. El apóstol Pablo reconocía esta condición cuando escribió: "Por tanto, tal como el pecado entró en el mundo por un hombre, y la muerte por el pecado, así también la muerte se extendió a todos los hombres, porque todos pecaron" (Romanos 5:12). El describe cómo culmina este pecado fundamental: "porque cambiaron la voluntad de Dios por la mentira, y adoraron y sirvieron a la criatura en lugar del Creador" (Romanos 1:25). ¿Cómo podemos escapar de esta condición humana de pecado y sus consecuencias eternas? Hay un solo evangelio de esperanza para la liberación del pecado y "la ira venidera" (1 Tesalonicenses 1:10). Eso es la esperanza de justificación, perdón y paz con el Creador (Romanos 5:1). Tenemos que volver la espalda al pecado y poner nuestra confianza en la provisión de Dios que se encuentra solamente en la muerte sacrificial de Jesús en la cruz, porque sólo eso quita nuestro mercecido castigo por el pecado y nos cuenta como justos ante nuestro santo Creador (Efesios 1-2).

Las teofanías se ven no sólo en el huerto de Edén y al retorno de Cristo, sino se encuentran esparcidas por toda la Biblia. En efecto, aunque la venida del Señor será la por excelencia de teofanías (Mateo 24:30; 1 Tesalonicenses 4:16; 2 Tesalonicenses 1:7; Tito 2:13; Apocalipsis 1:7), aquí está un muestreo de otras teofanías que han ocurrido en momentos decisivos en la historia redentora de Israel: Jacob luchando con Dios (Génesis 32:22-32), Moisés y la zarza ardiendo (Éxodo 3), el éxodo (Éxodo 13:21-22), Dios en Sinaí (Éxodo 19), las noticias del nacimiento de Sansón (Jueces 13), y llamando vivamente a los profetas al ministerio (Isaías 6; Ezequiel 1). Los ángeles y figuras en forma humana se han aparecido en la historia bíblica también, y es correcto de entender que muchas veces estos casos han abarcado apariciones de Cristo antes de su encarnación (técnicamente, se llaman "cristofanías").[35] El Nuevo Testamento se puntúa igualmente con teofanías en momentos redentores claves: la teofanía única y última de la encarnación de Jesús (Juan 1:14), el bautismo de Jesús (Marcos 1:9-11), la transfiguración (Mateo 17:1-8), la conversión de Pablo (Hechos 9), Pentecostés (Hechos 2) y la morada de Jesús en Sión con su pueblo para siempre (Isaías 2:3; Joel 3:17; Zacarías 14:16-21; Apocalipsis 21:1-4).

Estas teofanías reflejan el propósito redentor de Dios de morar con su pueblo. Tal vez esto sea el fundamental y unificador principio teológico en la Biblia. En la creación observamos a Dios buscando comunión con Adán y Eva. Posteriormente, la historia del Antiguo Testamento se trata de una búsqueda amable por parte de Dios para poder morar con su pueblo Israel en el tabernáculo y templo. En el Nuevo Testamento Dios viene en carne para morar: "Y el Verbo [Jesús] se hizo carne [entró en la humanidad], y habitó entre nosotros [para morar con su pueblo]" (Juan 1:14). En la edad de la iglesia, Jesús ya ha mandado al Espíritu Santo para morar con su pueblo (Juan 16:7). El colmo espectacular del propósito de Dios de morar personal y visiblemente con ellos es proclamado inmediatamente al fin del libro del Apocalipsis cuando descienda la Nueva Jerusalén teofánica.

> Entonces oí una gran voz que decía desde el trono: He aquí, el tabernáculo de Dios está entre los hombres, y Él habitará entre ellos y ellos serán su pueblo, y Dios mismo estará entre ellos. (Apocalipsis 21:3)

En la Biblia el cuadro consecuente y ansiado del Dios que busca morar con su pueblo debería darnos tranquilidad, porque Dios no está indiferente en nuestras pruebas, tentaciones y temores. El está por nosotros. El nos ama y morará con nosotros de una manera absolutamente maravillosa un día.

Del huerto al mundo
GÉNESIS-HUERTO
Paraíso
Comunión quebrantada
Primer día del Señor
Vestiduras temporales
APOCALIPSIS-MUNDO
Vestiduras eternas
Día escatológico del Señor
Comunión restaurada
Paraíso recreado

La expresión 'el día del Señor'

Algunas explicaciones nos pondrán al corriente de la terminología y el concepto del día del Señor. El nombre personal de Dios es Yahweh (YHWH), el cual del hebreo se traduce "Señor" en la expresión "el día del Señor" (mayúsculas chicas). En términos sencillos, cuando empleo la expresión del Antiguo Testamento "el día del SEÑOR" (LBLA), aquí uno puede presumir que "SEÑOR" se refiere al nombre de Dios, "Yahweh". La versión Reina-Valera 1960 tiene "el día de Jehová" en minúsculas.

El término hebreo para "día" en esta expresión es *yom*. En nuestro contexto, este término da por sentado un alcance mucho más grande y con las mayores consecuencias que meramente un día literal de veinticuatro horas. *Yom* contiene como una docena de significados diferentes en el Antiguo Testamento, por eso el contexto juega un papel importante. Es cierto que sí se refiere a un día literal de veinticuatro horas cuando está asociado con un número (p.ej., "tres días") u otros calificadores tales como "hoy día", "cada día", "todos los días", "todo el día", "día de reposo", etcétera. En contraste, los profetas a menudo usaban "día" para indicar el tiempo particular cuando Dios de repente entraría dramáticamente en la historia en gloria y juicio, pidiendo cuentas a los impíos. Ellos describen este período escatológico como decisivo, aunque complejo, desplegándose con el tiempo. El libro del Apocalipsis revela que el juicio de la quinta trompeta sola durará por cinco meses (Apocalipsis 9:5, 10) y la séptima trompeta se desplegará por un número indeterminado de días (Apocalipsis 10:7).

El "día del Señor" no es la única expresión bíblica que se refiere al juicio escatológico de Dios sobre los impíos. Los Antiguo y Nuevo Testamentos usan como veinte expresiones similares.[36]

- el día del sacrificio del Señor (Sofonías 1:8)
- el día de la ira del Señor (Sofonías 1:18)
- en aquellos días (Joel 3:1)
- el día (1 Tesalonicenses 5:4)
- el gran día (Judas 6)
- aquel día (Isaías 2:11)
- el día del castigo (Isaías 10:3)
- el día de su ardiente ira (Isaías 13:13)
- el día de venganza (Isaías 34:8)
- viene el día del Señor (Zacarías 14:1)
- un día único (Zacarías 14:7)

- la siega (Mateo 13:39)
- la venida del Hijo del Hombre (Mateo 24:37)
- los días del Hijo del Hombre (Lucas 17:26)
- el día de la ira (Romanos 2:5)
- el día de Cristo (Filipenses 1:10)
- el día final (Juan 12:48)
- el día del juicio (2 Pedro 2:9)
- el día de Dios (2 Pedro 3:12)
- el gran día de Dios (Apocalipsis 16:14)

Es por eso que debemos tener cuidado que no pensemos estrechamente que si un pasaje no contiene la expresión precisa "día del Señor", entonces no puede aplicarse al concepto del juicio escatológico de Dios.[37] Como visto arriba, los profetas y escribas bíblicos tenían la flexibilidad de expresión literaria. Para consecuencia, sin embargo, yo he usado en su mayoría la expresión "día del Señor", mientras dándome cuenta de que la Biblia emplea expresiones diversas. Es posible que estas expresiones denoten el día del Señor en su totalidad o alguna etapa dentro de aquel período, tales como el principio, la consumación (fin), u otros elementos, dependiendo de sus contextos respectivos. En otras palabras, todo pasaje en cuanto al día del Señor contribuye al cuadro mayor. Por ejemplo, Joel 2:30-31 y Apocalipsis 6:17 usan expresiones que enfocan sobre la ira *inminente* de Dios, a diferencia del Apocalipsis 16:14 que contiene una expresión que nos llama la atención al juicio *culminante* más tarde: la batalla de Aramagedón.

Hay un par de otras nociones acerca del día del Señor que requieren una calificación breve. Mi propósito es de describir un cuadro bíblico de juicio escatológico; no obstante, necesitamos ser atentos a que los profetas bíblicos podrían hablar también de un día histórico del juicio del Señor en sus propios tiempos (p.ej., Joel 1:15, 2:1, 11; Amós 5:18; Ezequiel 13:5; Lamentaciones 1:12, 2:1). Los juicios históricos del día del Señor más destacados fueron la caída del reino del norte en 722 a.C., el fin de Nínive en 612 a.C., la caída de Jerusalén y Judá del reino del sur en 586 a.C., y el fin del imperio babilónico en 538 a.C. Los profetas empleaban estos juicios a menudo como una pauta o un presagio para el juicio escatológico de más grande alcance, instando a la gente a que se arrepientan de su idolatría y confíen en los pactos de Dios.

En la literatura profética, hay también el fenómeno que se llama "escorzar" o "telescopar". Un profeta podría hablar de dos eventos sucesivamente, con ambos al parecer cumplidos en conjunción el uno con el otro, mientras los indicadores contuextuales y la revelación profética en el Nuevo Testamento indican que dichos eventos efectivamente han de ser cumplidos en épocas separadas. Por ejemplo, vamos a ver abajo que el profeta Joel describe el juicio catastrófico del día del Señor en sus propios tiempos. Pero después de contarnos de eso, él saca inmediatamente de este mismo lenguaje para recordarnos del día escatológico del Señor.

Justo como hay juicios durante el día del Señor que se han metido en la historia antiguotestamentaria y anticipan el "día" escatológico final, así también hay los santos del Nuevo Testamento que viven en una tensión semejante. Durante el ministerio de Jesús, encontramos un juicio del día del Señor, no sobre ningún grupo de gente, sino en la muerte climáctica de Cristo en la cruz, donde Él sufrió la tremenda ira incalificable de Dios en lugar de nosotros, los pecadores. Este "día del Señor" no trajo la nueva creación completa, así cumpliendo todas las cosas, pero sí vivimos por la fe que la nueva creación será completada algún día. La sangre de Cristo derramada en la cruz exenta a la iglesia de experimentar la ira escatológica. Al mismo tiempo, los impíos sí experimentarán la ira de Dios, vertiendo su propia sangre por su propio pecado.

En pocas palabras, podemos decir que Jesús sufrió un día del Señor en beneficio de su pueblo durante su primera venida para que nosotros no tuviéramos que sufrir el día del Señor durante su segunda venida. En el alcance más grande del castigo eterno, Jesús lo aguantó la ira de Dios en amor perfecto en la cruz para que los suyos no tuvieran que sufrir la perdición eterna. Eso es el evangelio: Alguien debe pagar la penalidad para nuestro pecado.

¿Se lo pagó en la cruz *por* Cristo? o, ¿pagará usted mismo eternamente *aparte de* Cristo? No hay una tercera opción. La santidad y la justicia de Dios deben ser satisfechas y sostenidas.

Hay algunos elementos asociados con el juicio de crucifixión que sirven de pauta para el juicio escatológico cuando Cristo regrese.

Imágenes del día del Señor en la crucifixión
La ira de Dios cayó sobre su Hijo (Isa. 53:5)
Resurrección (Mateo 27:52-53)
Terremoto (Mateo 27:54)
La luz del sol fallada y oscuridad (Lucas 23:44-45))

Toda esta discusión de juicio en cuanto al día del Señor puede dar la impresión que el juicio será el único rasgo distintivo de este "día". Sin embargo, los mismos profetas que hablaron del juicio escatológico sobre los impíos también profetizaron que este "día" abarcaría la esperanza futura, la redención, y las bendiciones milenarias para los justos (p. ej. Isaías 27:40-66; Miqueas 4:6.8; Abdías 15-17; Jeremías 30:8-9; Sofonías 3:9-20; Zacarías 14). En lo personal, mi énfasis concerniente al aspecto de juicio durante este "día" para los propósitos de la postura pre-ira no tiene la intención de minimizar la importancia de las bendiciones milenarias y la meta gloriosa de Dios de morar con su pueblo. Para ello, yo dirijo al lector a otra parte para alguna literatura provechosa que se concentra en las bendiciones del día del Señor en su reino milenario.[38]

TIPOS DEL DÍA DEL SEÑOR

El día del Señor que conocía Jesús

Debería caer de su peso que no había ningún Nuevo Testamento durante la presencia de Jesús en la tierra. Las Escrituras que Jesús conocía eran las hebreas (el "Antiguo Testamento"), también conocidas como la Biblia Hebrea (Tanakh).[39] Los profetas judíos de antaño que Jesús conocía presentaban un cuadro notablemente vívido de la ira escatológica de Dios.

Los profetas eran ministros privilegiados que alababan calurosamente los atributos de la santidad y fidelidad de Dios, y llamaban a Israel a que volviera a la fidelidad del pacto con su Dios. Cuando Israel no se arrepintió, Dios vindicó su santidad por juzgar a la nación rebelde. Una y otra vez los profetas recordaron a los israelitas de su selección entre el reino de Dios y los reinos humanos – el primero caracterizando la obediencia y la otra terquedad. Los profetas hablaban de la derrota eventual de los reinos humanos y su reemplazo por el reino de paz donde el pueblo de Dios, habiendo sido pactado con Dios, se regocijará en comunión con su Creador para siempre. Pero antes de que se recree el reino de paz, los reinos humanos estarán purificados por la ira de Dios. Este es el mensaje consecuente y constante de los profetas, que nos proveen con un cuadro dolorosamente conmovedor. Miremos cinco de estos profetas—Joel, Isaías, Abdías, Sofonías, y Amós—los cuales nos ayudarán a pintar este cuadro de la ira escatológica de Yahweh.

Joel sobre la ira del día del Señor

La Biblia nos da mínima información biográfica acerca de este profeta. Pero se sugiere que él era del reino del sur de Judá, posiblemente hasta Jerusalén. El mensaje principal en el libro de Joel es el día del Señor, tanto histórico como escatológico. En Joel 1-2:11, una plaga de langostas contemporáneas había invadido a Israel, y Joel lo usó de prefigurar la invasión dentro de poco por los asirios y babilonios. También, la empleó para presagiar el incomparable día escatológico del Señor (2:28-3:21). Por consiguiente, Joel lo llama al pueblo de Israel a que vuelva al Señor por arrepentirse de haber descuidado la ley de Dios (2:12-27). Las imágenes teofánicas tanto sobrias como vívidas hablan por sí mismas.

> Tocad trompeta en Sión, y sonad alarma en mi santo monte. Tiemblan todos los habitantes de la tierra, porque viene el día del Señor, porque está cercano, día de tinieblas y lobreguez, día nublado y de densa oscuridad. Como la aurora sobre los montes, se extiende un pueblo grande y poderoso, nunca ha habido nada semejante a él, ni tampoco lo habrá después por años de muchas generaciones. Delante de él consume el fuego, y detrás de él abrasa la llama. Como el huerto de Edén es la tierra delante de él; y detrás de él, un desierto desolado, y de él nada escapa. Como aspecto de caballos es su aspecto, y como corceles de guerra, así corren. Como estrépito de carros saltan sobre las cumbres de los montes, como el crepitar de llama de fuego que consume la hojarasca, como pueblo poderoso dispuesto para la batalla. Ante él tiemblan los pueblos, palidecen todos los rostros. Como valientes corren, como soldados escalan la muralla; cada uno marcha por su camino, y no se desvían de sus sendas. No se aprietan uno contra otro, cada cual marcha por su calzada; y cuando irrumpen por las defensas, no rompen las filas. Se lanzan sobre la ciudad, corren por la muralla, suben a las casas, entran por las ventanas como ladrones. Ante ellos tiembla la tierra, se estremecen los cielos, el sol y la luna se oscurecen, y las estrellas pierden su resplandor. El Señor da su voz delante de su ejército, porque es inmenso su campamento, porque poderoso es el que ejecuta su palabra. Grande y terrible es en verdad el día del Señor. ¿Y quién podrá soportarlo? (Joel 2:1-11)

Y sin embargo el profeta aún retiene la esperanza, instándolos a que tengan la contrición que resulta en arrepentimiento del corazón.

> Aun ahora – declara el Señor—volved a mí de todo corazón, con ayuno, llanto y lamento. Rasgad nuestro corazón y no

> vuestros vestidos, volved ahora al Señor vuestro Dios, porque Él es compasivo y clemente, lento para la ira, abundante en misericordia, y se arrepiente de infligir el mal. (Joel 2:12-13)

Ya hemos hecho comentarios sobre el pasaje de Joel acerca del disturbio celestial en la Parte 2, pero en consideración a lo completo, lo mencionaré de nuevo.

> Y haré prodigios en el cielo y en la tierra: sangre, fuego y columnas de humo. El sol se convertirá en tinieblas, y la luna en sangre, antes que venga el día del Señor, grande y terrible. (Joel 2:30-31; cfr. 3:14-15)

Por último, Joel enseña que la ira tempestuosa del día del Señor no estará limitada a Israel impenitente. Las naciones impías del mundo sufrirán juicio ardiente también. Este castigo se describe en las metáforas agrícolas gráficas:

> Porque he aquí que en aquellos días y en aquel tiempo, cuando yo restaure el bienestar de Judá y Jerusalén, reuniré a todas las naciones, y las haré bajar al valle de Josafat. Y allí entraré en juicio con ellas a favor de mi pueblo y mi heredad, Israel, a quien ellas esparcieron entre las naciones, y repartieron mi tierra...Despiértense y suban las naciones al valle de Josafat, porque allí me sentaré a juzgar a todas las naciones de alrededor. Meted la hoz, que la mies está madura; venid, pisad, que el lagar está lleno; las tinajas rebozan, porque grande es su maldad. Multitudes, multitudes en el valle de la decisión. Porque cerca está el día del Señor en el valle de la decisión. El sol y la luna se oscurecen, y las estrellas pierden su resplandor. El Señor ruge desde Sión y desde Jerusalén da su voz, y tiemblan los cielos y la tierra. Pero el Señor es refugio para su pueblo y fortaleza para los hijos de Israel. (Joel 3:1-2, 12-16)

El libro de Joel cierra con la profecía del establecimiento del reino de Dios, el que es la meta última del día del Señor (3:17-21). El

Señor reinará y morará en Sión.

Para resumir, la descripción de Joel del día del Señor la revela de ser caracterizada por lo siguiente:

- Señales celestiales siniestras
- Oscuridad terrible
- Miedo y temblando
- Juicio divino decisivo
- Presencia de un ejército divino, poderoso y numeroso
- Terror sin precedentes
- Fuego destruyendo todo por delante
- Calamidad inesperada
- Sobrevivencia limitada

Isaías sobre la ira del día del Señor

Isaías profetizaba durante los días precarios en el reino del sur de Judá. Sus temas mayores, para citar unos pocos, incluyen descripciones del Señor como guerrero, redentor, y un soberano santo. El advirtió del juicio próximo si la gente no se volviera a Dios en la fe y obediencia. Aquí tenemos una de sus declaraciones que nos hace reflexionar.

> Métete en la roca, y escóndete en el polvo del terror del Señor y del esplendor de su majestad. La mirada altiva del hombre será abatida, y humillada la soberbia de los hombres; el Señor solo será exaltado en aquel día. Porque el día del Señor de los ejércitos vendrá contra todo el que es soberbio y altivo, contra todo el que se ha ensalzado, y será abatido. Y esto será contra todos los cedros del Líbano altos y erguidos, contra todas las encinas de Basán, contra todos los montes encumbrados, contra todos los collados elevados, contra toda torre alta, contra toda muralla fortificada, contra todas las naves de Tarsis y contra toda obra de arte preciada. Será humillado el orgullo del hombre y abatida la altivez de los hombres; el Señor solo será exaltado en aquel día, y los ídolos desaparecerán

por completo. Se meterán los hombres en las cuevas de las rocas y en las hendiduras de la tierra, ante el terror del Señor y ante el esplendor de su majestad, cuando se levante para hacer temblar la tierra. Aquel día el hombre arrojará a los topos y a los murciélagos, sus ídolos de plata y sus ídolos de oro que se había hecho para adorarlos; y se meterá en las cavernas de las rocas y en las hendiduras de las peñas, ante el terror del Señor y ante el esplendor de su majestad, cuando Él se levante para hacer temblar la tierra. Dejad de considerar al hombre, cuyo soplo de vida está en su nariz; pues ¿en qué ha de ser él estimado? (Isaías 2:10-22)

Este pasaje indica que, en aquel día, los impíos no se arrepentirán cuando vean el esplendor royal del Señor. En cambio, aquellos huirán de Él. Esta clase de miedo no lleva a sabiduría, sino que expone la idolatría tonta. El Señor solo será exaltado en aquel día, resultando en la humillación humana. Los presuntos logros más grandes del mundo serán celebrados nunca más. El Señor derribará las torres escatológicas de Babel, trayéndolas a sus rodillas orgullosas. Los individuos que se exaltan a sí mismos, que adoran el poder, dinero, diversión y otros ídolos tendrán la altivez "abativa". La reacción de los impíos contrasta con la de Isaías en cuanto a ser testigos de la gloria del Señor unos capítulos más adelante cuando a Él se le dio el privilegio raro de ver el Señor en esplendor glorioso en su magnífica sala del trono. En el capítulo 6, él describe su visión del Señor de los ejércitos mientras los serafines alababan solemnemente: "Santo, santo, santo es el Señor". Isaías reconoce su indignidad y se arrepiente de su pecado de criatura para purificarse para su ministerio profético.

En el próximo pasaje, Isaías describe la angustia extrema y el presentimiento de los impíos ante el juicio malísimo que está por caerse sobre ellos. Su debilidad y desesperación estará inimaginable.

Gemid, porque cerca está el día del Señor, vendrá como destrucción del Todopoderoso. Por tanto todas las manos se debilitarán, el corazón de todo hombre desfallecerá, y se aterrarán, dolores y angustias se apoderarán de ellos, como mujer de parto se retorcerán; se mirarán el uno al otro con asombro, rostros en llamas serán sus rostros. He aquí, el día del Señor viene, cruel, con furia y ardiente ira, para convertir en desolación la tierra y exterminar de ella a sus pecadores. Pues las estrellas del cielo y sus constelaciones no destellarán su luz; se oscurecerá el sol al salir, y la luna no irradiará su luz. Castigaré al mundo por su maldad y a los impíos por su iniquidad, también pondré fin a la arrogancia de los soberbios, y abatiré la altivez de los despiadados. Haré al mortal más escaso que el oro puro, y a la humanidad más que el oro de Ofir. Por tanto, haré estremecer los cielos, y la tierra será removida de su lugar ante la furia del Señor de los ejércitos, en el día de su ardiente ira. (Isaías 13:6-13)

Este pasaje es aplicable al juicio cercano sobre Judá por los babilonios en 605-586 a.C. (véase 13:1); pero también presagia la teofanía escatológica. Isaías 13 es un buen ejemplo de cómo los profetas a menudo combinaban lo histórico con lo escatológico. Es decir, tipicamente no separaban lo escatológico con claros indicadores temporales, por eso tenemos que ver otros elementos para darnos pistas. En el capítulo 13, dentro de este oráculo de Babilonia, podemos discernir qué partes de el se refieren al mayor juicio escatológico a causa de la terminología universal, tal como "tierra" y "mundo". Además, las señales celestiales en este pasaje son extraordinariamente similar a otros pasajes que obviamente están en sus propios contextos escatológicos (cfr. Joel 2:30-31; Mateo 24:29; Apocalipsis 6:12-13). Este pasaje describe una guerra santa que está compuesta por una catástrofe universal, es decir, una campaña unilateral por el Guerrero Soberano. Será la ira sin disminución, que resula en pecadores aterrorizados y matados. La supervivencia será "más raro que el oro puro".

De un modo parecido, Isaías saca del tema de Joel acerca de los disturbios celestiales siendo asociados con el día del Señor. No solamente hay un cumplimiento literal en la oscuridad temporal, pero hay simbolismo en esta profecía también. El concepto de la oscuridad es conveniente dado que muchos dioses paganos fueron identificados con cuerpos celestiales que emiten o reflejan la luz, incluso la luna, estrellas, y el sol. Aun en el día de hoy, el materialismo naturalístico sostiene que los cuerpos celestiales determinan su propio destino—habiendo venido a existir, no por un Creador, sino por su propio poder autosuficiente. Con respecto a esto, será irónico cuando Dios oscurezca las luces celestiales para manifestar su propia brillantez soberana (cfr. Romanos 1:18-32).

La certeza de este día debería inducirnos a examinarnos por cualquier enlace mundano que nos estorba de rendir una plena entrega al Señor del universo. Nunca deberíamos estar demasiado seguros de nosotros mismos, sino siempre pidiendo al Señor que nos muestre el pecado nuestro. Para leer más acerca de las profecías de Isaías concerniente al futuro juicio y triunfo de Dios sobre la tierra, le remito al lector a Isaías 24-27, lo cual se conoce como el "Apocalipsis Pequeño" de Isaías.

En resumen, él enfatiza los elementos siguientes del día del Señor:

- Los orgullosos abatidos en humillación
- Los impíos tratando de huirse del juicio de Dios
- El Señor solo se exalta
- El valor falso de los ídolos expuesto
- La tontería de confiar en estructuras humanas
- Terror y desesperación total
- La furia de Dios sin disminución
- Los pecadores castigados
- La oscuridad celestial
- La supervivencia poca probable

Abdías sobre la ira del día del Señor

Abdías es el libro más corto del Antiguo Testamento. Libros cortos tienen un impacto poderoso, a menudo enfatizando un solo asunto. Abdías no es una excepción, porque él da una advertencia de peso a las naciones acerca del juicio escatológico de Dios.

> Porque se acerca el día del Señor sobre todas las naciones. Como tú has hecho, te será hecho, tus acciones recaerán sobre tu cabeza. (Abdías 1:15)

Abdías recuerda a Edóm que, por causa de su tratamiento antagónico de su vecino Israel (el que también es su hermano ancestral, Jacob), lo será recompensado. Abdías nos enseña que la injusticia puede correr, pero no puede esconderse—habrá la justicia divina. La maldad contra al pueblo de Dios requiere un ajuste de cuentas delante del Juez divino. Abdías encapsula su mensaje primario en un solo versículo: "Como tú has hecho, te será hecho; tus acciones recaerán sobre tu cabeza". Pero, Abdías no termina allí. Dios ha prometido de establecer su reino, e Israel será dado la vida nueva. Pero el reino de Dios no será limitado a Israel solo. Será internacional de alcance (vv. 16-21).

En resumen, Abdías enseña:

- Recompensa desde las naciones
- Vindicación para un Dios santo y su pueblo
- Bendiciones del reino

Sofonías sobre la ira del día del Señor

Este profeta nos provee con una compacta y sin embargo vívida declaración del día del Señor. Sofonías profetizaba a Judá en el séptimo siglo a.C., condenando los pecados salientes tales como las costumbres paganas, idolatría, pereza y orgullo. Lea en serio su representación del día del Señor como Dios lo reveló al profeta.

> Palabra del Señor que vino a Sofonías, hijo de Cusi, hijo de Gedalías, hijo de Amarías, hijo de Ezequías, en los días de Josías, hijo de Amón, rey de Judá: Eliminaré por completo todo de la faz de la tierra—declara el Señor. Eliminaré hombres y

> animales, eliminaré las aves del cielo y los peces del mar, y haré tropezar a los impíos; extirparé al hombre de la faz de la tierra – declara el Señor…Cercano está el gran día del Señor, cercano y muy próximo. El clamor del día del Señor es amargo, allí gritará el guerrero. Día de ira aquel día, día de congoja y de angustia, día de destrucción y desolación, día de tinieblas y lobreguez, día nublado y de densa oscuridad, día de trompeta y grito de guerra contra las ciudades fortificadas y contra los torreones de las esquinas. Traeré angustia sobre los hombres, y andarán como ciegos, porque han pecado contra el Señor; su sangre será derramada como polvo, y su carne como estiércol. Ni su plata ni su oro podrán librarlos en el día de la ira del Señor, cuando por el fuego de su celo toda la tierra sea consumida, porque El hará una destrucción total y terrible de todos los habitantes de la tierra. (Sofonías 1:1-3, 14-18)

Más que todos los demás profetas, Sofonías destaca la universalidad del juicio de Dios. "Eliminaré por completo todo de la faz de la tierra—declara el Señor" (1:2; cfr. 3:8). Yahweh no es meramente alguna deidad tribal. El reina globalmente. Sofonías caracteriza este tiempo como la ira ardiente, devastación, oscuridad, y derramamiento de sangre tanto para las bestias como para los seres humanos. El Guerrero Divino se mete decisivamente en la historia humana. Los impíos no tienen ninguna posibilidad excepto de someterse a su voluntad soberana. Un autor describe la intervención escatológica de Sofonías como la "colisión de la divina con la humana".[40] Las inversiones materiales serán impotentes e inútiles para libertar a los rebeldes en el día del juicio airado del Señor.

En vista de este cuadro de ira terrible, Sofonías insta al arrepentimiento y a la devoción apasionada al Señor.

> …antes que entre en vigencia el decreto (como tamo pasa el día), antes que venga sobre vosotros el ardor de la ira del Señor, antes que venga sobre vosotros el día de la ira del Señor. Buscad al Señor, vosotros todos, humildes de la tierra que

habéis cumplido sus preceptos, buscad la justicia, buscad la humildad. Quizá seréis protegidos el día de la ira del Señor. (Sofonías 2:2-3)

El profeta cierra con esperanza para un remanente fiel que Dios restaurará (Sofonías 3:9-20). Sólo los humildes morarán con Dios. Por eso, Dios nos llama al arrepentimiento y al examen de conciencia, exhortándonos a que no confiemos en las estructuras humanas, sino en nuestra entrega a las de su reino.

En resumen, Sofonías caracteriza el día del Señor en la siguiente manera:

- Ira ardiente
- Devastación y oscuridad
- Derramamiento de sangre de criaturas vivientes y la humanidad
- Sumisión al juicio soberano de Dios
- Impotencia de riquezas en abundancia

Amós sobre la ira del día del Señor

Amós profetizaba a mediados del siglo octavo a.C., mayormente en contra del reino del norte de Israel, el cual llegó a ser el engaño de sí mismo en gratificación personal e idolatría (Amós 2:6-9:10). El entregaba la predicación impactante de oráculos de la justicia divina categórica. Lamentablemente, sus oyentes amaban su pecado más que su Dios, quien amaba su pacto con ellos. El reino del norte de Israel experimentaba la paz y prosperidad, las que suministraron una matriz para el descuido de la ley de Dios y el servir de ídolos. Ellos se engañaron por pensar que podrían estar bendecidos por Dios con su ritualismo religioso externo mientras desatendiendo sus demandas justas. Pero Dios tendría nada de eso.

> Aborrezco, desprecio vuestras fiestas, tampoco me agradan vuestras asambleas solemnes. Aunque me ofrezcáis holocaus-

tos y vuestras ofrendas de grano, no los aceptaré; ni miraré a las ofrendas de paz de vuestros animales cebados. (Amós 5:21-22)

Amós denunció a Israel aun más por oprimir a los pobres y practicando el soborno. Los engaños de Israel los llevaban a asunciones cínicas que el día del Señor estaría un tiempo de bendiciones anticipadas para ellos. El los desafió en términos no calificados que será un período de juicio, no de jubilación para los impenitentes.

¡Ay de los que ansían el día del Señor! ¿De qué os servirá el día del Señor? Será tinieblas, y no luz; como cuando uno huye de un león, y se encuentra con un oso, o va a casa, apoya la mano en la pared, y lo muerde una culebra. ¿No será tinieblas el día del Señor, y no luz, oscuridad, y no resplandor? (Amós 5:18-20)

La profecía de Amós se cumplió en 722 a.C. con el caído del reino del norte, pero sirve como un tipo del día escatológico del Señor. El mensaje de Amós es una lección palpable que queda sobresaliente y necesitada por nuestra generación hoy en día. El reino del norte había fomentado una escatología popular que asumía que, desde que ellos eran los escogidos, el gran día del Señor sería para "aquellas naciones impías". Pero Amós les asegura que los enemigos de Dios no son solamente las naciones que oponen a Israel, sino las que le oponen a Dios mismo—incluso Israel rebelde. El reino del norte había imaginado que ellos podían tener una posición privilegiada mientras durmiéndose sobre sus laureles de ser el pueblo del pacto de Dios. Abusaron de la santidad de Dios, pensando que podían apaciguar a Dios en su ritualismo religioso.

Por lo tanto, sería un error que juzgamos de prisa su tontería ilusoria. Somos obligados a pedirnos si tuviéramos cariños mundanos que nos llevarían a engañarnos a nosotros mismos de una manera similar. ¿Estamos confundiendo alguna externalidad religiosa del pasado o presente (tal como la oración del pecador, bautismo, confirmación, diezmando, o cualquier otro hecho) con una unión genuina con Cristo? Por medio de oración sostenida, deberíamos pedirlo a Dios a que nos revelara la condición de nuestras almas ante Él. El Señor se acerca a los que lo buscan con corazón puro. El probar nuestra salvación (no asumiéndola) es un mandato bíblico:

> **Jesús:** No todo el que me dice: "Señor, Señor", entrará en el reino de los cielos, sino el que hace la voluntad de mi Padre que está en los cielos. (Mateo 7:21; cfr. vv. 24-27)
>
> **Pablo:** ¿O no sabéis que los injustos no heredarán el reino de Dios? No os dejéis engañar. (1 Corintios 6:9)
>
> **Santiago:** ¿De qué sirve, hermanos míos, si alguno dice que tiene fe, pero no tiene obras? ¿Acaso puede esa fe salvarle? (Santiago 2:14)
>
> **Pedro:** ...sed tanto más diligente para ser firme vuestro llamado y elección. (2 Pedro 1:10)
>
> **Juan:** El que guarda sus mandamientos permanece en Él y Dios en el. Y en esto sabemos que Él permanece en nosotros: por el Espíritu que nos ha dado. (1 Juan 3:24)

En resumen, Amós amonesta:

- Que sean poseedores de fe, no meramente profesores
- La ignorancia moral no admite disculpas en el día de juicio

Joel, Isaías, Abdías, Sofonías y Amós son cinco profetas que presentan un cuadro presagiador de la ira escatológica de Dios. Sin embargo, ellos no están la última palabra de que se trata con el día del Señor. La revelación progresiva dada en el Nuevo Testamento completará nuestro cuadro.

Jesús sobre el rapto y la ira—uno tras otro

Hay una pauta bíblica de Dios que coloca un rescate sobrenatural de su pueblo justo antes de que Él ejecute el juicio divino sobre los impíos. Esto nos hace pensar en aquella ocasión cuando las plagas de Dios contra Egipto culminaron en la liberación de Israel de las manos del ejército de Faraón, él que pronto fue destruido por último en el Mar Rojo.

Esta pauta se continúa en el contexto del día escatológico del Señor cuando Pablo da a los creyentes una promesa alentadora: "Porque no nos ha destinado Dios para ira, sino para obtener salvación por medio de nuestro Señor Jesucristo" (1 Tesalonicenses 5:9). El término para "salvación" en este versículo es *soteria*. Tiene dos significados bien conocidos: (1) la salvación en el sentido de la liberación física, y (2) la salvación en el sentido de que no es física, sino espiritual. Aquí mismo, tiene que ver con el primer significado, puesto que esta promesa está en el contexto del arrebatamiento y el día del Señor. Así pues, para los creyentes, el día del Señor no "os [sorprenderá] como ladrón" (1 Tesalonicenses 5:4).

Esta pauta de liberación o rescate antes de la ira escatológica de Dios se ve especialmente en la enseñanza de Jesús donde Él enfatiza la naturaleza sucesiva de "uno tras otro" de liberación y juicio.

> Y dijo a los discípulos: Vendrán días cuando ansiaréis ver uno de los días del Hijo del Hombre, y no lo veréis. Y os dirán: "¡Mirad allí! ¡Mirad aquí!" No vayáis, ni corráis tras ellos. Porque como el relámpago al fulgurar resplandece desde un extremo del cielo hasta el otro extremo del cielo, así será el Hijo del Hombre en su día. Pero primero es necesario que Él padezca mucho y sea rechazado por esta generación. Tal como ocurrió en los días de Noé, así será también en los días del Hijo del Hombre. Comían, bebían, se casaban y se daban en casamiento, *hasta el día en que Noé entró en el arca* y vino el diluvio y los destruyó a todos. (Lucas 17:22-27, énfasis añadido; cfr. Mateo 24:37-41)

En este pasaje, hay por lo menos tres verdades importantes respecto al retorno de Cristo:

Primero, la señal de su segunda venida será como un relámpago que iluminará el cielo. En la Parte 2, tratamos esto en nuestro estudio del discurso en el monte de los Olivos (Mateo 24:3, 27, 30). Esto será su gloria Sekiná que anuncia su presencia divina al mundo entero.

Segundo, Jesús asemeja a los impíos en el tiempo del diluvio a los incrédulos en el tiempo de su segunda venida. Jesús dice que la gente andaba como siempre: comían, bebían, se casaban y se daban en casamiento. El no hace referencia a la glotonería, la embriaguez y la inmoralidad. Es cierto que los habitantes del mundo antediluviano eran atrozmente aborrecedores de Dios y amadores de sí mismos (Génesis 6:11-13), y se puede asumir con confianza que se dedicaban a la glotonería, la embriaguez y la inmoralidad (2 Pedro 2:5). Pero eso no es lo que Jesús destaca aquí. El enfatiza que no había ningún problema en especial, por lo menos, no para ellos. Andaban con sus actividades cotidianas, indiferentes e inconscientes de la ira venidera de Dios. En fin, el pueblo en los días de Noé no estaba preparado cuando vino el diluvio. Así será en los días cuando Cristo venga. La gente estará ocupada en sus actividades de cada día, dando gusto a sí mismos. Pablo es consecuente con esta verdad, enseñando que al comienzo del día del Señor los no creyentes estarán diciendo, "'paz y seguridad', entonces la destrucción vendrá sobre ellos repentinamente, como dolores de parto a una mujer que está encinta, y no escaparán" (1 Tesalonicenses 5:3).

El tercer punto que Jesús hace es que esta despreocupación ocurría "hasta el día" en que entró Noé en el arca. El mismo día que entraron, comenzó el diluvio – no dos, ni cinco, ni siete días más tarde. La inundación comenzó el mismísimo día que Noé y su familia entraron y cerraron la puerta del arca (véase Génesis 7:1-18). Se lo dijo a Noé que tuvo siete días para acorralar todos los animales porque el Señor dijo "dentro de siete días haré llover sobre la tierra" (Génesis 7:4). Al fin de los siete días, "se rompieron todas las fuentes del gran abismo, y las compuertas del cielo fueron abiertas" (Génesis 7:11). Esto sucedió "[E]n ese mismo día entró Noé en el arca" (Génesis 7:13). No habrá intervalo de días, semanas, o meses entre la liberación de los justos y el desencadenar de la ira de Dios en su regreso. Será el uno tras el otro.

Para asegurarse de que Él no esté entendido mal acerca de esta verdad, Jesús enfatiza este punto por citar el episodio de Lot y Sodoma.

> Fue lo mismo que ocurrió en los días de Lot: comían, bebían, compraban, vendían, plantaban, construían; pero *el día* en que Lot salió de Sodoma, llovió fuego y azufre del cielo y los destruyó a todos. *Lo mismo acontecerá el día* en que el Hijo del Hombre sea revelado. *En ese día*, el que esté en la azotea y tenga sus bienes en casa, no descienda a llevárselos; y de igual modo, el que esté en el campo no vuelva atrás. Acordaos de la mujer de Lot. Todo el que procure preservar su vida, la perderá; y todo el que la pierda, la conservará. Os digo que en aquella noche estarán dos en una cama; uno será tomado y el otro será dejado. Estarán dos mujeres moliendo en el mismo lugar; una será tomada y la otra será dejada. (Lucas 17:28-35, énfasis añadido)

En los días de Lot, justo como en los días de Noé, la gente andaba con sus cotidianos: "comiendo, tomando, comprando, vendiendo, plantando y construyendo". Estaban inconscientes y no preparados para el juicio inminente de Dios. Ese juicio empezó en el mismo día de la liberación de Lot. "...el día en que Lot *salió* de Sodoma, llovió fuego y azufre del cielo y los destruyó a todos" (cfr. Génesis 19:23-28). De la misma manera, "será lo mismo en el día en que el Hijo del Hombre sea revelado".

Pablo hace este punto similar en 2 Tesalonicenses 1:7: "y daros alivio a vosotros que sois afligidos, y también a nosotros, cuando el Señor Jesús sea revelado desde el cielo con sus poderosos ángeles". Él instruye que la iglesia experimentará aflicción hasta el día inicial de la revelación de Cristo. Sabemos de su enseñanza previa en su primera epístola a los tesalonicenses que esta liberación es el arrebatamiento (1 Tesalonicenses 4:15-18). En 2 Tesalonicenses 1:10, él enseña que la exclusión de no creyentes de la presencia del Señor comenzará "cuando Él venga para ser glorificado en sus santos en aquel día y para ser admirado entre todos los que han creído". Así, para creyentes vivos en aquel tiempo "que han creído...nuestro testimonio" (v. 10), ese día comenzará el descanso eterno; pero para los no creyentes que "no obedecen al evangelio" (v. 8), comenzará el malestar eterno. En otras palabras, no habrá ninguna demora entre el arrebatamiento de los justos y el inicio del juicio del día del Señor sobre los impíos. La venida del Señor será un evento doble a la vez.

Esta verdad del "mismo día" contiene implicaciones importantes porque cuando la Escritura enseña que habrá eventos que tienen lugar antes del día del Señor, entonces por necesidad estos eventos siguientes—el evento celestial (Joel 2:30-31), la venida de Elías (Malaquías 4:5), y la apostasía y la revelación del anticristo (2 Tesalonicenses 2:1-4) – tendrán lugar antes del arrebatamiento.

Arrebatamiento y Día del Señor:
Eventos Uno Tras Otro

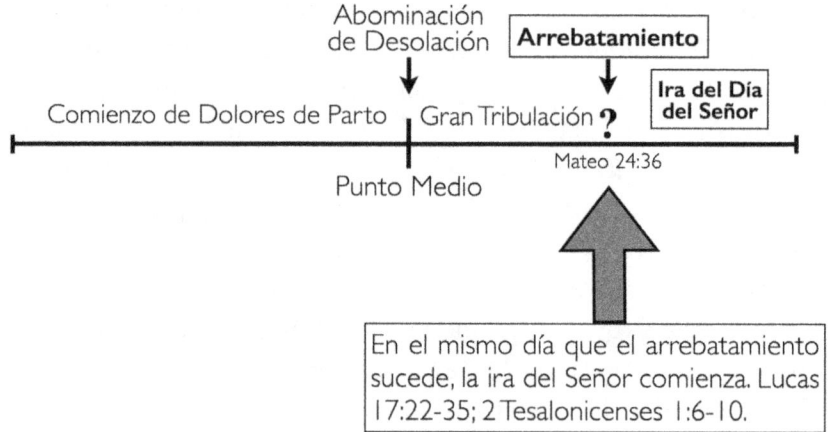

Pablo sobre la ira del día del Señor

En su primera epístola a los tesalonicenses, el apóstol Pablo nos proveyó con una de las enseñanzas bíblicas más importantes sobre la ira del día del Señpor.

> Ahora bien, hermanos, con respecto a los tiempos y a las épocas, no tenéis necesidad de que se os escriba nada. Pues vosotros mismos sabéis perfectamente que el día del Señor vendrá así como un ladrón en la noche; que cuando estén diciendo: Paz y seguridad, entonces la destrucción vendrá sobre ellos repentinamente, como dolores del parto a una mujer que está encinta, y no escaparán. Mas vosotros, hermanos, no estáis en tinieblas, para que el día os sorprenda como ladrón, porque todos vosotros sois hijos de luz e hijos del día, No somos de la noche ni de las tinieblas. Por tanto, no durmamos como los demás, sino estemos alerta y seamos sobrios. Porque los que duermen, de noche duermen, y los que se emborrachan, de noche se emborrachan. Pero puesto que nosotros somos del día, seamos sobrios, habiéndonos puesto la coraza de la fe y del amor, y por yelmo la esperanza de la salvación. Porque no nos ha destinado Dios para ira, sino para obtener salvación por medio de nuestro Señor Jesucristo, que murió por nosotros, para que ya sea que estemos despiertos o dormidos, vivamos juntamente con Él. Por tanto, alentaos los unos a los otros, y edificaos el uno al otro, tal como lo estáis haciendo.
> (1 Tesalonicenses 5:1-11)

En 1 Tesalonicenses 4:13-18, Pablo respondió al pesar sin esperanza de los tesalonicenses por corregir un punto importante en su escatología. Pero esto no es el único elemento de su escatología que los causa de pensar equivocadamente. Los tesalonicenses se estaban sintiendo algo agitado que pudieran experimentar el juicio divino. Por eso, en 1 Tesalonicenses 5:1-11, Pablo los alienta de la promesa y soberanía de Dios.

Pablo introduce 1 Tesalonicenses 5:1-11 con la frase griega

peri de ("ahora sobre el tema"). Esta frase sugiere que había una pregunta de los tesalonicenses que indicaba confusión adicional en su escatología defectuosa. *Peri de* no quiere decir que Pablo ahora introduce un asunto que no tiene nada que ver con su discusión anterior en el capítulo 4 sobre la parousia. Su significado técnico no es "lo que viene antes de esta frase griega es desconectada de lo que sigue después de ella". Esta frase significa sencillamente que Pablo comienza a cambiar a otra perspectiva o tema que sí se puede relacionar con lo que vino antes. Solamente el contexto puede informarnos en cuanto a la naturaleza del cambio, no la frase misma. En este contexto, vamos a ver que Pablo no habla de dos temas completamente distintos. En lugar de eso, él continúa su discusión del regreso del Señor, indicando sus efectos sobre los piadosos y los impíos.

En el pasaje previo sobre el arrebatamiento, Pablo alienta a los creyentes tesalonicenses con respecto al destino de sus seres queridos muertos. Ahora él exhorta a estos mismos cristianos acerca de su *propia* posición en Cristo a la luz de su parousia, enseñándolos a que tengan la vigilancia espiritual.

Con referencia a los no creyentes, él explica que no podrán escapar el retorno de repente del Señor. Ellos experimentarán su ira escatológica.

Otra razón por que sabemos que Pablo continúa su instrucción sobre la parousia en 1 Tesalonicenses 5:1-11 se da por Douglas J. Moo:

> [O]bserve como Pablo habla de "tiempos y fechas" en el versículo 1 sin concretar el tiempo o la fecha de *qué*. La omisión de cualquier evento específico aquí podría indicar que el tema previo ya estuviera pensado. (énfasis añadido)[41]

Así que deberíamos tener presente que el cambio de capítulos del cuarto al quinto nos puede llevar a conclusiones erróneas, para que no pensemos que Pablo inicia algún tema completamente nuevo en el capítulo 5.[42]

Repentino como un ladrón

> Ahora bien, hermanos, con respecto a los tiempos y a las épocas, no tenéis necesidad de que se os escriba nada. Pues vosotros mismos sabéis perfectamente que el día del Señor vendrá así como un ladrón en la noche. (1 Tesalonicenses 5:1-2)

Por la era nuevotestamentaria, los dos términos que se traducen "tiempos" y "épocas" (*chronos* y *kairos*) ya habían llegado a ser sinónimos, por eso no deberíamos ver en ello cualesquiera distinciones temporales entre los dos. Esto es un rasgo literario que se llama "hendiadys", que se refiere al uso de dos palabras para expresar una sóla idea para énfasis. Tenemos expresiones similares en español contemporáneo – por ejemplo, "sano y salvo" (cfr. Daniel 2:21; Hechos 1:7).

La declaración de Pablo en 1 Tesalonicenses 5:1 "…no tenéis necesidad de que se os escriba nada" indica dos cosas: (1) una pregunta había surgido acerca de los tiempos y las épocas del regreso de Cristo, y (2) los tesalonicenses habían sido instruidos previamente sobre este asunto (p.ej., 2 Tesalonicenses 2:5). A primera vista, puede que sea pensado que Pablo esté desairando su pregunta acerca del momento de la venida del Señor, como si estuvieran pidiendo, "Pablo, ¿en qué día volverá Jesús?", con Pablo respondiendo, "Yo no puedo contarle puesto que Él regresará como un ladrón". Esto es una lectura descuidada del contexto. Los tesalonicenses no piden algún momento específico (con año, día, hora) del calendario. Más bien, la respuesta de Pablo revela que hablan de un cuándo *condicional*. En otras palabras, Pablo enseña que Jesús vendrá cuando existiera una condición particular en el mundo. Volveré a este punto en un momento.

Pablo explica por qué no necesita escribirlos acerca de los tiempos y las épocas: "Pues vosotros mismos sabéis perfectamente que el día del Señor vendrá así como un ladrón en la noche" (1 Tesalonicenses 5:2). Parece que Pablo usó este símil de ladrón cuando plantaba la iglesia en Tesalónica, pero ellos no agarraron todas las implicaciones. El símil de ladrón se usa frecuentemente en el Nuevo Testamento y fue acuñado por Cristo en su discurso en el monte de los Olivos (véase Mateo 24:43; Lucas 12:39-40; cfr. 2 Pedro 3:10; Apocalipsis 3:3, 16:15). ¿En qué manera deberíamos entender correctamente el propósito de este símil? El pretribulacionismo introduce erróneamente en esta figura del ladrón el sistema teológico de la inminencia. Pero esta imágen no tiene nada que ver con una necesidad de que los eventos profetizados deben suceder antes del retorno de Cristo. Asimismo, es un error de ver en la imagen del ladrón la noción de incertidumbre puesto que Pablo declara, "Mas vosotros, hermanos, no estáis en tinieblas, para que el día os sorprenda como ladrón" (1 Tesalonicenses 5:4). En lugar de eso, la imagen comunica una advertencia para *preparación espiritual*. Para Pablo lo importante es que si uno no esté listo espiritualmente para la venida de Cristo, se le vendrá de repente, y con consecuencias negativas. La obediencia elimina la posibilidad que nuestro Señor regresará como ladrón a los que estén vigilantes. Pertenecemos a Cristo; por eso hemos de vivir con una actitud de expectación— es decir con la vigilancia espiritual. Pablo desarrolla este tema por utilizar las imágenes de ladrón.

> ...cuando estén diciendo: Paz y seguridad, entonces la destrucción vendrá sobre ellos repentinamente, como dolores de parto a una mujer que está encinta, y no escaparán. Mas vosotros, hermanos, no estáis en tinieblas, para que el día os sorprenda como ladrón. (1 Tesalonicenses 5:3-4)

En el versículo 3, Pablo enseña que la destrucción repentina de los impíos es el resultado del regreso del Señor como ladrón. El resume la percepción de los no creyentes cuando dicen "paz y seguridad". Durante la gran tribulación del anticristo, el mundo experimentará paz y seguridad para los que estén leales a este siervo malévolo de Satanás. Con respecto a esto, Pablo profetiza una paz condicional y la seguridad que precederá al día del Señor. Esta paz y seguridad, no obstante, serán ilusorios – una seguridad falsa para los incrédulos, porque a la larga la calamidad imprevista caerá sobre ellos justo como los dolores inesperados de parto vienen sobre una mujer embarazada (cfr. Mateo 24:37-39). La analogía de Pablo de los dolores de parto se toma de un pasaje sobre el día del Señor en Isaías:

> Gemid, porque cerca está el día del Señor; vendrá como destrucción del Todopoderoso. Por tanto todas las manos se debilitarán, el corazón de todo hombre desfallecerá, y se aterrarán; dolores y angustias se apoderarán de ellos, como mujer de parto se retorcerán; se mirarán el uno al otro con asombro, rostros en llamas serán sus rostros. He aquí, el día del Señor viene, cruel, con furia y ardiente ira, para convertir en desolación la tierra y exterminar de ella a sus pecadores. Pues las estrellas del cielo y sus constelaciones no destellarán su luz; se oscurecerá el sol al salir, y la luna no irradiará su luz. (Isaías 13:6-10. Véase, también, Isaías 26:17-21)

Debiéramos tener cuidado de no confundir el uso de Pablo de la analogía de los dolores de parto con el propósito de Jesús de emplear la misma fraseología en el discurso Olivete, ("...todo esto es solo el comienzo de dolores", Mateo 24:8). Pablo usa la frase en una aplicación completamente diferente. Jesús aplica la metáfora de los dolores de parto a los eventos particulares *antes* de la gran tribulación del anticristo, mientras Pablo lo aplica a la situación del comienzo de la ira de Dios *después* de la gran tribulación.[43]

Luego, dado que la destrucción vendrá de repente como los dolores de parto, Pablo dice que los impíos "no escaparán". Aquí vemos un paralelo con Lucas, que también usa este lenguaje de "escape" en el mismo contexto como el retorno del Señor.

> Estad alerta, no sea que vuestro corazón se cargue con disipación y embriaguez [cfr. 1 Tes. 5:6-8] y con las preocupaciones de la vida, y aquel día venga súbitamente sobre vosotros como un lazo; porque vendrá sobre todos los que habitan sobre la faz de toda la tierra [cfr. 1 Tes. 5:2-4]. Mas velad en todo tiempo [cfr. 1 Tes. 5:6], orando para que

tengáis fuerza para escapar de todas estas cosas que están por suceder [cfr. 1 Tes. 5:3, 8], y podáis estar en pie delante del Hijo del Hombre. (Lucas 21:34-36)

Al extender el paralelo, el lenguaje de "escape" mencionado por Lucas también se encuentra en el contexto de los disturbios celestiales, (21:25-28). Este paralelo se hace más fuerte cuando consideramos que tanto los disturbios celestiales como este mismo lenguaje de "escape" se encuentran durante el sexto sello como los impíos buscan escapar lo ineludible (Apocalipsis 6:12-17).

Una mención adicional debería ser Isaías 26:17-21, la que cita tanto los "dolores de parto" como el uso del lenguaje de "escape", seguido por una representación de la resurrección del pueblo de Dios escapando de su ira:

> Como la mujer encinta, al acercarse el momento de dar a luz, se retuerce y grita en sus dolores de parto, así éramos nosotros delante de ti, oh Señor. Estábamos encinta, nos retorcíamos en los dolores, dimos a luz, al parecer, sólo viento. No logramos liberación para la tierra, ni nacieron habitantes del mundo. Tus muertos vivirán, tus cadáveres se levantarán. ¡Moradores del polvo, despertad y dad gritos de júbilo!, porque tu rocío es como el rocío del alba, y la tierra dará a luz a los espíritus. Ven, pueblo mío, entra en tus aposentos, y cierra tras ti tus puertas; escóndete por corto tiempo, hasta que pase la indignación. Porque he aquí, el Señor va a salir de su lugar para castigar la iniquidad de los habitantes de la tierra contra Él, y la tierra pondrá de manifiesto su sangre derramada y no ocultará más a sus asesinados. (Isaías 26:17-21, cfr. Isaías 13:6-10; Joel 2:30-32; Amós 9:1 sigs.)

Etapas de Dolores de Parto

El volver al pasaje de Pablo en 1 Tesalonicenses 5:4, su noticia tranquilizadora a los tesalonicenses implica que estuvieran inquietos que no escaparan al día del Señor. Para alentarlos, Pablo contrasta a los impíos que no escaparán porque Cristo va a volver como ladrón para ellos, con los que son obedientes y vigilantes, y "no [están] en tinieblas para que el día os sorprenda" como haría un ladrón. (Esta promesa consoladora socaba la idea pretribulacional que Jesús volverá a regresar en secreto como un ladrón para arrebatar a su iglesia). La metáfora de oscuridad se refiere a estar aparte de Cristo y contra Dios. A la inversa, de no estar en tinieblas tiene que ver con la moralidad de un hijo de Dios; así por su naturaleza, los creyentes deberían estar vigilantes espiritualmente y preparados.

¡Esté vigilante!

> ...todos vosotros sois hijos de luz e hijos del día. No somos de la noche ni de las tinieblas. Por tanto, no durmamos como los demás, sino estemos alerta y seamos sobrios. Porque los que duerman, de noche duerman, y los que se emborrachan, de noche se emborrachan. Pero puesto que nosotros somos del día, seamos sobrios, habiéndonos puesto la coraza de la fe y del amor, y por yelmo la esperanza de la salvación. (1 Tesalonicenses 5:5-8)

Pablo explica por qué Jesús no va a retornar como ladrón en la noche para creyentes. Él ofrece más explicaciones acerca del contraste entre las dos naturalezas morales. El versículo 5 nos da la razón: ellos son hijos de luz y día. Esta metáfora de luz y de día habla de estar parte del pueblo de Dios. La referencia alude a las palabras de Jesús, "Mientras tenéis la luz, creed en la luz, para que seáis hijos de luz" (Juan 12:36). Pero el pertenecer a Dios no es meramente de estar estancado, porque Pablo explicará las implicaciones morales de poseer esta relación con Dios. Un hijo de Dios no puede pertenecer tanto al día como a la noche, ni a la luz y a las tinieblas a la vez. Así, él enfatiza nuevamente que los tesalonicenses no son "de la noche ni de las tinieblas".

En 1 Tesalonicenses 5:6, Pablo les recuerda a los tesalonicenses de la inferencia moral, es decir de los indicadores de pertenecer a Dios. Primero, no deben dormirse. El término "dormirse" en este texto es metafórico y caracteriza la falta de vida espiritual de los empedernidos, justo como "los demás" se refiere a sus vecinos paganos (cfr. 1 Tesalonicenses 4:13). Así, él exhorta a los creyentes a que vivan a la luz de la naturaleza que Dios los dio por quedarse espiritualmente "alerta y y sobrio" y por evitar el letargo étnico. Esta postura alerta y ecuánime estará imperativo como la venida del Señor se acerque, porque sirve un propósito vital. Durante la gran tribulación del anticristo, esta preparación estará esencial para vencer las tentaciones de persecución, enseñanzas falsas, y la pereza, para que el creyente pueda abrazar al Señor en su venida intachablemente en vez de tener vergüenza.

Por contraste con la naturaleza de la luz del día que caracteriza a los creyentes, Pablo da otra descripción a la naturaleza de los no cristianos. "…[L]os que duermen, de noche duermen, y los que se emborrachan de noche se emborrachan" (1 Tesalonicenses 5:7; cfr. Lucas 21:34). Pueda ser que Pablo use el término "emborracharse" como una sinécdoque, la que es una figura retórica en la cual se usa una parte para referirse al total o viceversa. Pablo se refiere literalmente al pecado de estar emborrachado, pero él probablemente se refiera también al complejo entero de vicios asociados con embriaguez en el pensamiento de la persona en lo antiguo—pereza, adulterio, chistes verdes, codicia, etc. En la antigüedad, estas cosas eran principalmente "pecados nocturnos". Es cierto que hoy en día podemos agregar la idolatría de entretenimiento y deportes de nuestra cultura en esta lista, así como la adicción al internet y cualesquiera otras diversiones que guardan el alma cristiano ocupado y distraído de la obra del reino.

En el versículo 8, el apóstol contrasta enfáticamente a los no creyentes con los creyentes, recordándolos nuevamente que ellos son del día y así han de mantener la sobriedad. ¿Cómo pueda esto realizarse? El los exhorta a que empleen la soga de tres cuerdas que él expresa en la representación militar de "poner la coraza de la fe y del amor, y por yelmo la esperanza de salvación". La implicación es que si tropezamos en estas tres virtudes cristianas, hay peligro de perder nuestra sobriedad. La "esperanza de salvación" en este contexto a la luz del versículo 9 probablemente se refiera, no a nuestra salvación en el sentido común, sino a la liberación del día venidero de la ira del Señor, la cual, en realidad, presupone la salvación espiritual (cfr. 1 Tesalonicenses 1:3). Por lo tanto, mientras más nos acercamos a la venida del Señor, más el diablo echará en nuestro sendero diario las distracciones y los pecados para desviar nuestra atención de estar esperando la parousia de Cristo. Consideremos bien la advertencia del apóstol. Podemos acercarnos a aquel día en confianza y tranquilidad si nos peguemos a la fe bíblica, amor y esperanza.

El decreto misericordioso de liberación de Dios

Porque no nos ha destinado Dios para ira, sino para obtener salvación por medio de nuestro Señor Jesucristo, que murió por nosotros, para que ya sea que estemos despiertos o dormidos, vivamos juntamente con Él. Por tanto, alentaos los unos a los otros, y edificaos el uno al otro, tal como lo estáis haciendo. (1 Tesalonicenses 5:9-11)

Pablo cambia de la diferencia entre el carácter de creyentes y no creyentes al destino de creyentes. Las exhortaciones santificadoras del versículo 8 están bien versadas en la verdad del versículo 9, enseñando que Dios no destina a los cristianos para ira. Por todas partes de las dos cartas tesalonicenses de Pablo, él llama la atención sobre la soberanía de Dios en la salvación. Los propósitos de Dios son los principales, expresados por su hecho amante de no haberse destinado a su pueblo para ira. Habrán tribulación y pruebas, sí, pero no la ira divina. La razón porque Pablo dice que podemos tener confianza en nuestra salvación es porque "no nos ha destinado Dios para ira". En este contexto, Pablo no habla de la ira eterna, sino de ira escatológica que será derramada sobre los impíos al regreso de Cristo.

Por último, se nos dice que el propósito de la muerte de Cristo es para que vivamos "juntamente con Él". Dios busca morar con su pueblo. Subrayando la verdad confortante de la condición del creyente, Pablo escribe, "ya sea que estemos despiertos o dormidos vivamos juntamente con Él" (cfr., 1 Tesalonicenses 4:13-18). En ese versículo, puede que sea mejor traducir "alerta" (gregoreo) como "despertado" en el sentido físico, volviendo a la declaración anteriormente de Pablo acerca de los que se encuentran vivos (es decir, "despertados") en la parousia de Jesús. Finalmente, en el versículo 11 hay una repetición de la misma exhortación de la sección previa: "Por tanto, confortaos unos a otros" (cfr. 1 Tesalonicenses 4:18).

En resumen, los tesalonicenses pidieron acerca de los tiempos y las épocas en cuanto al día del Señor. Pablo explicó que ese período se basa en una condición espiritual relacionada por el símil de un ladrón en la noche. El día del Señor tendrá lugar en un punto escatológico particular cuando los impíos dicen con toda confianza "paz y seguridad", porque entonces habrá destrucción de repente. Pero los creyentes vigilantes estarán listos. De la misma manera, 1 Tesalonicenses 5:1-11 no enseña que necesitamos estar listos y vigilantes porque el día del Señor es inminente; más bien, Pablo está alentándolos que no experimentarán la ira del día del Señor. Ellos necesitan estar desvelados y listos porque su confianza está *basada* en su condición redentora ordinada como el pueblo de Dios (1 Tesalonicenses 5:4-5, 8-10).[44]

Luego, cambiaremos a nuestra sección final de la Biblia que habla de la ira del día del Señor en el libro del Apocalipsis. Nos introducirá a los elementos sistemáticos del juicio que Dios ejecutará sobre el mundo.

El séptimo sello inicia la ira del Señor

Jesús es el único "digno" (en otras palabras, autorizado) de romper los sellos a fin de abrir el rollo y de reclamar su reinado terrenal por conquistar las naciones que constituyen el reino de las tinieblas. El romper del séptimo sello—el final—inicia la ira del día del Señor. El abrir del rollo introduce la primera fase de la ira de Dios en una serie de siete juicios de trompetas. Esto será seguido por la segunda fase, el final impresionante de la ira de Dios por medio de los juicios de las siete copas y Armagedón.[45]

> Cuando el Cordero abrió el séptimo sello, hubo silencio en el cielo como por media hora. Y vi a los siete ángeles que están de pie delante de Dios, y se les dieron siete trompetas. Otro ángel vino y se paró ante el altar con un incensario de oro, y se le dio mucho incienso para que lo añadiera a las oraciones de todos los santos sobre el altar de oro que estaba delante del trono. Y de la mano del ángel subió ante Dios el humo del incienso con las oraciones de los santos. Y el ángel tomó el incensario, lo llenó con el fuego del altar y lo arrojó a la tierra, y hubo truenos, ruidos, relámpagos y un terremoto. Entonces los siete ángeles que tenían las siete trompetas se prepararon para tocarlas. (Apocalipsis 8:1-6)

Antes de que se suene la primera trompeta de juicio, hay una escena solemne en el cielo cuando se abra el séptimo sello – una obertura silenciosa al día del Señor. Este es el único lugar en el libro del Apocalipsis en que se menciona dicho silencio. De la perspectiva pre-ira, esto tiene sentido. La resurrección y el arrebatamiento del pueblo de Dios acaban de ocurrir (Apocalipsis

7:9-17); ahora la ira del día del Señor está por ejecutarse. Este momento cósmico de silencio señala que la ira espantosa de Dios ya viene sobre el mundo. Este silencio encuentra un eco en el profeta Sofonías. "¡Calla delante del Señor Dios!, porque el día del Señor está cerca, porque el Señor ha preparado un sacrificio, ha consagrado a sus invitados," (Sofonías 1:7). Y Zacarías escribe, "Calle toda carne delante del Señor, porque Él se ha levantado de su santa morada" (Zacarías 2:13; cfr. Habacuc 2:20). Este silencio sirve la justicia judicial de Dios. Sus juicios son verdaderos, santos, e irreprochables—¡ninguna criatura puede cuestionarlos![46]

Siete trompetas atormentadoras traen la ira de Dios

En los tiempos del Antiguo Testamento, las trompetas simbolizaban la intervención de Dios en las vidas de su pueblo. En nuestro caso, a cada uno de los siete ángeles que están de pie ante Dios se le da una trompeta. Estos ángeles que "están de pie delante de Dios" son un orden especial de ángeles. En este contexto, las trompetas simbolizan un grito de combate de juicio. (A propósito, siete sacerdotes sonaron las siete trompetas en la caída de Jericó en Josué 6:4-9.) Se nos dice que otro ángel vino al altar con un incensario de oro. Al ángel se le dio mucho incienso "para que lo añadiera a las oraciones de todos los santos sobre el altar de oro que estaba delante del trono" (Apocalipsis 8:3). El incienso ofrecido junto con las oraciones sugiere que su propósito estaba de agradar a Dios para que respondiera. Dado este contexto preparatorio para juicio, estas oraciones que están pronto de estar contestadas probablemente incluyan las de los mártires del quinto sello: "¿Hasta cuándo, oh Señor santo y verdadero, esperarás para juzgar y vengar nuestra sangre?" (Apocalipsis 6:9-10).

Después de que las oraciones alcancen a Dios, se rompe el silencio como "el ángel tomó el incensario, lo llenó con el fuego del altar y lo arrojó a la tierra, y hubo truenos, ruidos, relámpagos, y un terremoto" (Apocalipsis 8:5). Estos son elementos estándares de la teofanía de juicio introduciendo los juicios resultantes de las trompetas. El incensario previamente servía para ofrecer incienso con las oraciones de los santos; ahora funciona para vengarlos. Las imágenes enérgicas de lanzar fuego sobre la tierra se repetirán en los juicios de las trompetas (Apocalipsis 8:7-8). Un terremoto grande ocurrió al sexto sello, y aquí vemos otro, con más en el camino. Estos terremotos se acordarán a los impíos de la soberanía de Dios sobre la tierra—o ¿debería yo decir "bajo la tierra"? Más tarde veremos este grupo teofánico similar en otras oportunidades (Apocalipsis 11:19; 16:18; también 4:5). En fin, el arrojar de fuego, truenos, rugiendo, relámpagos, y terremoto es la indicación inequívoca de Dios que ya está *su tiempo*. No hay más demora, no más de silencio. Los ángeles preparan para ejecutar los juicios de Dios.

> El primero angel tocó la trompeta, y vino granizo y fuego mezclados con sangre, y fueron arrojados a la tierra; y se quemó la tercera parte de la tierra, se quemó la tercera parte de los árboles y se quemó toda la hierba verde. (Apocalipsis 8:7)

El primer ángel suena su trompeta y el juicio de granizo, fuego, y sangre se arroja a la tierra y devasta la tercera parte de la vegetación. De un modo similar, Dios juzgó a Egipto con granizo y fuego (Éxodo 9:13-35). Aquí están "mezclados con sangre", un juicio que quema "la tercera parte" de la tierra. La tercera parte es un indicio distintivo para los juicios de las trompetas.

Hay que tomar la precaución de examinar estos juicios. Pueda que sea fácil de mirarlos implícitamente como eventos ilusorios más allá de nuestras experiencias y de este modo los interpreten como meramente simbólicos. Debemos resistir esta manera de considerar estas representaciones, porque están decretadas divinamente y por eso sucederán. Pedro enseña la certidumbre de los juicios de Dios que nos llaman al arrepentimiento.

> …el mundo de entonces fue destruido, siendo inundado con agua; pero los cielos y la tierra actuales están reservados por su palabra para el fuego, guardados para el día del juicio y de la destrucción de los impíos. Pero, amados, no ignoréis esto: que

para el Señor un día es como mil años, y mil años como un día. El Señor no se tarda en cumplir su promesa, según algunos entienden la tardanza, sino que es paciente para con nosotros, no queriendo que nadie perezca, sino que todos vengan al arrepentimiento. Pero el día del Señor vendrá como ladrón, en el cual los cielos pasarán con gran estruendo, y los elementos serán destruidos con fuego intenso, y la tierra y las obras que hay en ella serán quemadas. Puesto que todas estas cosas han de ser destruidas de esta manera, ¡qué clase de personas no debéis ser vosotros en santa conducta y en piedad…! (2 Pedro 3:6-11)

Luego, la segunda trompeta representa una gran montaña de fuego:

El segundo ángel tocó la trompeta, y algo como una gran montaña ardiendo en llamas fue arrojado al mar, y la tercera parte del mar se convirtió en sangre. Y murió la tercera parte de los seres que estaban en al mar y que tenían vida; y la tercera parte de los barcos fue destruida. (Apocalipsis 8:8-9)

Hay dos escenarios posibles en este juicio. Primero, pueda ser que la gran montaña ardiente describa un volcán. Podría ser un súper volcán, puesto que dice que matará una tercera parte de las criaturas del mar y destruirá una tercera parte de los barcos sobre las aguas del mar. Los súper volcanes se encuentran tanto en tierra como sobre el fondo del océano. Segundo, esto podría ser un meteorito grande. El texto dice que "algo *como* [hos] una gran montaña ardiendo". El símil indicaría que algo que se parece a una gran montaña ardiendo que fue "arrojada al mar". Esto puede referirse a la trayectoria de un meteorito. O un súper volcán o meteorito son las posibilidades creíbles.

Luego, la tercera trompeta describe una gran estrella ardiendo:

El tercer ángel tocó la trompeta, y cayó del cielo una gran estrella, ardiendo como una antorcha, y cayó sobre la tercera parte de los ríos y sobre los manantiales de las aguas y el nombre de la estrella es Ajenjo; y la tercera parte de las aguas se convirtió en ajenjo, y muchos hombres murieron por causa de las aguas, porque se habían vuelto amargas. (Apocalipsis 8:10-11)

El alcance de este juicio es sobre una tercera parte de la aguas del interior. Aquí tenemos una descripción gráfica de un meteorito ("estrella") abrazando en el cielo y finalmente chocando con la tierra y envenenando las aguas interiores. La probabilidad más grande es que este tercer juicio sea un meteorito. Si es así, esto implica que el juicio de la segunda trompeta tiene más posibilidades de ser un volcán que un meteorito.

La estrella se llama "Ajeno" (*Apsinthos*), una hierba de sabor amargo con valor medicinal para matar los gusanos intestinales. El efecto del meteorito es que causará una tercera parte de las aguas interiores de ser imbebible. Estando sin comida es una cosa, pero la falta de agua resulta en la muerte rápida e inevitablemente. Uno pensaría que los habitantes en esta tercera parte de la tierra no tomarán inmediatamente de ella. Pero la situación irá de mal en peor. Llegarán a ser desesperados, y "mucha gente" morirá tratando de hidratar sus cuerpos. Tal juicio es insondable para personas modernas que dan las conveniencias municipales por sentado. Hay una advertencia pragmática en esta profecía de juicio—arrepiéntase y adore al Creador quien sustenta a todo ser viviente.

Luego, la cuarta trompeta afecta a los cuerpos celestiales:

El cuarto ángel tocó la trompeta, y fue herida la tercera parte del sol, la tercera de la luna y la tercera de las estrellas, para que la tercera parte de ellos se oscureciera y el día no resplandeciera en su tercera parte, y asimismo la noche. (Apocalipsis 8:12)

El alcance de este juicio de la cuarta trompeta es el oscurecer de una tercera parte de las lumbreras celestiales, con esto estando en armonía con la pauta de la tercera parte de los tresprevios juicios de trompetas. El lenguaje sugiere que esto no será un eclipse, sino algo más siniestro. No será un evento de oscurecimiento gradual ya que el término griego que se usa para "herida" es *plesso*, que quiere decir "golpear con fuerza". Tampoco será esto una oscuridad parcial como "la tercera parte del sol" podría sugerir, porque la segunda mitad del versículo clarifica que será la oscuridad total *durante* la duración extendida de la tercera parte. Cuando esto ocurra, nadie será capaz de diferenciar entre el día y la noche; estarán indistinguibles, el uno del otro. Los juicios previos de trompetas trajeron el fuego, granizo, destrucción, y la muerte. El cuarto juicio de trompetas engendrará confusión y miedo horrible debido a la disrupción causada por la falta de cualquiera luz natural (cfr. Apocalipsis 16:10).

¿Ocurrirá la tercera parte de esta oscuridad sólo una vez, o por varios días, semanas, o meses? No podemos estar seguros puesto que el texto no nos cuenta. El oscurecer de los cuerpos celestiales es una característica frecuente del juicio escatológico de Dios. Acabamos de verlo en la oscuridad al sexto sello, donde funciona para anunciar el día inminente de la ira del día del Señor. En este juicio la oscuridad sirve como el elemento principal respecto al juicio de Dios.

Tres trompetas de '¡Ay!'

> Entonces miré, y oí volar a un águila en medio del cielo, que decía a gran voz: ¡Ay, ay, ay, de los que habitan en la tierra, a causa de los toques de trompeta que faltan, que los otros tres ángeles están para tocar! (Apocalipsis 8:13)

Cada uno de los cuatro primeros juicios de las trompetas se centra en algún aspecto de la naturaleza—la vegetación, el océano, las aguas del interior y los cuerpos celestiales, respectivamente. El castigo de los tres últimos juicios de la serie de trompetas intensifica específicamente contra los habitantes de la tierra—por eso vienen los triples ayes. Juan ve a un águila volando en el cielo y proclamando avisos de tristeza y angustia sobre los que habitan en la tierra. El término para "en medio del cielo" es *mesouranema*, que significa "un punto o región del cielo directamente encima de la tierra—alto en el cielo, al punto medio del cielo, directamente encima en el cielo".[47] Esto es reflejado en tres aspectos: (1) sobrenatural: a través de un águila mensajero; (2) visible: un punto en el cielo que no puede ser pasado por alto; y (3) audible: una "gran voz". Las cuatro primeras trompetas son la ira divina sin duda alguna. Pero los tres juicios de las trompetas que quedan aumentan el castigo progresivamente.

Quinta trompeta (el primer ¡Ay!)

El quinto ángel tocó la trompeta, y vi una estrella que había caída del cielo a la tierra, y se le dio la llave del pozo del abismo. Cuando abrió el pozo del abismo, subió humo del pozo como el humo de un gran horno, y el sol y el aire se oscurecieron por el humo del pozo. Y del humo salieron langostas sobre la tierra, y se les dio poder como tienen poder los escorpiones de la tierra. Se les dijo que no dañaran la hierba de la tierra, ni ninguna cosa verde, ni ningún árbol, sino sólo a los hombres que no tienen el sello de Dios en la frente. No se les permitió matar a nadie, sino atormentarlos por cinco meses; y su tormento era como el tormento de un escorpión cuando pica al hombre. En aquellos días los hombres buscarán la muerte y no la hallarán; y ansiarán morir y la muerte huirá de ellos. Y el aspecto de las langostas era semejante al de caballos dispuestos para la batalla, y sobre sus cabezas tenían como coronas que parecían de oro, y sus caras eran como rostros humanos. Tenían cabellos como cabello de mujer, y sus dientes eran como de leones. También tenían corazas como corazas de fierro; y el ruido de sus alas era como el estruendo de carros, de muchos caballos que se lanzan a la batalla. Tenían colas parecidas a escorpiones, y aguijones; y en sus colas está su poder para hacer daño a los hombres por cinco meses. Tienen sobre ellos por rey al ángel del abismo, cuyo nombre en hebreo es *abadón*, y en griego se llama *apolión*. (Apocalipsis 9:1-11)

La descripción bíblica de las quinta y sexta trompetas es más larga que la de las cuatro primeras trompetas, probablemente para que se destaquen la intensidad y los objetos de la ira. El juicio de la quinta trompeta es lo más inesperado, y pinta una invasión de langostas demoníacas que torturan a la humanidad por cinco meses. La narrativa se abre con Juan observando "una estrella que había caído del cielo a la tierra, y se le dio la llave del pozo del abismo". Las estrellas pueden simbolizar a los ángeles (p.ej., Apocalipsis 1:20). Además, el texto indica que una figura es visible puesto que dice, "[…al ángel] se le dio la llave". Yo asumo que éste es un ángel demoníaco ya que el concepto bíblico de los ángeles cayendo del cielo se refiere a los ángeles demoníacos caídos.[48] El "abismo" (es decir, el mundo de los muertos) designa el lugar profundo en la tierra para la morada de los muertos que están esperando el juicio (Salmo 63:9; Romanos 10:7). También sirve como una cárcel para espíritus malos seleccionados (Lucas 8:31; Mateo 8:29; Apocalipsis 9:2-11, 11:7, 17:8, 20:1-3; cfr. 2 Pedro 2:4; Judas 6; Enoc 10:4-6, 18:11-16). La llave que abre y cierra el pozo representa el tiempo y los propósitos soberanos de Dios en los cuales Él o permite a los seres malos de llevar a cabo sus actividades demoníacas o las encadena.

Luego, el ángel abre el pozo del abismo. Esto causa que el humo ascienda fuera de el. El humo denso se describe como si saliera de un horno grandote, oscureciendo el sol y el aire. El texto declara, "…del humo salieron langostas sobre la tierra". De este humo denso vienen las criaturas pavorosas (demoníacas) descritas como langostas. La expresión "…del humo…sobre la tierra" revela su carácter sobrenatural. No poseen poder de sí mismos, sino deben ser "[dado] poder como tienen poder los escorpiones de la tierra" (Apocalipsis 9:3). La comparación a los escorpiones se refiere a su habilidad para causar las picaduras horribles. ¡La ironía es que estos seres demoníacos que odian a Dios harán su voluntad por juzgar a los impíos!

El Apocalipsis 9:4 nos dice, "a ellas [las langostas demoníacas] se les dijo que no dañaran la hierba de la tierra, ni ninguna cosa verde, ni ningún árbol, sino sólo a los hombres que no tienen el sello de Dios en la frente". El pasaje no menciona a quien los dio directivas; sin embargo, el verbo *errethe* ("se les dijo") es en la voz pasiva, la que sugiere la directiva soberana de Dios. Además, estas criaturas extrañas tienen sobre ellos por rey al ángel del abismo, quien está sometido también al mando soberano de Dios (Apocalipsis 9:11).

En el primer juicio de las trompetas, el objeto de destrucción estuvo la vegetación. "…Se quemó la tercera parte de los árboles y se quemó toda la hierba verde". Interesantemente, el quinto juicio de las trompetas presupone que la vegetación volvió a crecer puesto que hay un mandato que no la dañara (v. 4). Las langostas demoníacas están ordenadas que hieran solamente la gente que no tenga el sello de Dios en la frente.

Los que sí tienen el sello de Dios son los 144.000 judíos físicos que están protegidos de la ira de Dios (cfr. Apocalipsis 7:1-3). En el versículo 5, las langostas no están permitidas a matar, sino sí tienen libertad de torturar a los habitantes de la tierra como "un escorpión". Este término para "tortura" (*basanismos*) es una de las palabras más fuerte en la Biblia para el dolor o sufrimiento. Hay también un límite a cuán largo pueden torturar (cinco meses), lo que podría sugerir que tal sufrimiento dure extraordinariamente más larga, es decir, más que los demás juicios. Así que, el día del Señor debe comenzar por lo menos cinco meses antes del fin del período de siete años. (Es de interés notar que este punto es problemático para la postura postribulacional que pone el día del Señor justamente al fin del período de siete años.) De estar picado una sóla vez estaría doloroso pero de sufrir múltiples veces sobre un período de cinco meses estaría insoportable. No es sorprendente que esta imposición severa de dolor causará a los impíos que ["busquen] la muerte, pero…no la hallarán; y ansiarán morir, y la muerte huirá de ellos" (Apocalipsis 9:6). Dios los estorbará sobrenaturalmente de matarse para evitar su castigo por su idolatría y rechazo del Creador.

La tortura que recibirán los impíos estará bastante mal, pero la aprensión de ella causará la angustia amarga. Juan describe las criaturas horribles involucradas en este juicio.

> Y el aspecto de las langostas era semejante al de los caballos dispuestos para la batalla, y sobre sus cabezas tenían como coronas que parecían de oro, y sus caras eran como rostros humanos. Tenían cabellos como cabellos de mujer, y sus dientes eran como de leones. También tenían corazas como corazas de hierro; y el ruido de sus alas era como el estruendo de carros, de muchos caballos que se lanzan a la batalla. Tenían colas parecidas a escorpiones, y aguijones; y en sus colas está su poder para hacer daño a los hombres por cinco meses. Tienen sobre ellos por rey al ángel del abismo, cuyo nombre en hebreo es *Abadón*, y en el griego se llama *Apolión*. (Apocalipsis 9:7-11)

Este pasaje contiene la concentración más alta de símiles en el libro del Apocalipsis (*hos, homoias* "como", "parecido"). La cabeza de la langosta se parece a un caballo, y las langostas se parecen a caballos equipados para librar batalla con miras a infligir dolor en sus blancos. Las "coronas" que parecían de oro en sus cabezas puedan simbolizar el conquistar y/o la autoridad, aunque una autoridad terrenal que al final terminará con su propio castigo. Las caras de las langostas parecen a las de los hombres (*prosopa anthropon*), lo que también podrían ser traducidas "caras de seres humanos". Una interpretación común es que estas criaturas demoníacas grotescas poseen algunos rasgos humanos. Si esto es así, es difícil de saber qué rasgos esos serán.

La próxima descripción de estas comparaciones de seres creados pinta "cabellos como cabellos de mujer, y sus dientes eran como de leones". Sus colas infligirán dolor, pero al parecer su cabello largo y dientes grandes refuerzan el pavor de ser atacado (por una referencia tipológica, véase Joel 1:6-7, 2:4-5). Luego, tienen corazas parecidas a hierro indicando la invencibilidad, y el sonido presagiado de sus alas es como lo de una multitud de carros traídos por caballo para librar batalla. El versículo 10 reafirma el versículo 5. "Tienen colas parecidas a escorpiones, y aguijones; y en sus colas está su poder para hacer daño a los hombres por cinco meses". Se nos dice específicamente aquí que afligirán al pueblo por los aguijones en sus colas.

Al final del quinto juicio de trompetas, estas criaturas parecidas a langostas "tienen sobre ellas por rey el ángel del abismo, cuyo nombre en hebreo es *Abadón,* y en griego se llama *Apolión*" (Apocalipsis 9:11). El nombre quiere decir "destructor". El único propósito de este rey angélico es lo de destruir a los vivientes. Hay varias opiniones en cuanto a su identidad: (1) el mismo a quien se le dio la llave del pozo del abismo; (2) un ángel caído que vive dentro del abismo y reina sobre todas las langostas demoníacas; (3) Satanás mismo; y (4) un arcángel demoníaco o "teniente" bajo Satanás. A pesar de la identidad de este ángel, estas criaturas parecidas a langostas estarán organizadas y regidas por una estrategia demoníaca de torturar a los impíos. No será arbitrario o caótico. Será planeado y taimado.

Sexta trompeta (el segundo ¡Ay!)

El primer ¡ay! ha pasado; he aquí, aún vienen dos ayes después de estas cosas. El sexto ángel tocó la trompeta, y oí una voz que salía de los cuatro cuernos del altar de oro que está delante de Dios, y decía al sexto ángel que tenía la trompeta: Suelta a los cuatro ángeles que están atados juntos al gran río Eufrates. Y fueron desatados los cuatro ángeles que habían sido preparados para la hora, el día, el mes y el año, para matar a la tercera parte de la humanidad. Y el número de los ejércitos de los jinetes era de doscientos millones; yo escuché su número. Y así es como vi en la visión los caballos y a los que los montaban: los jinetes tenían corazas color de fuego, de jacinto y de azufre, las cabezas de los caballos eran como cabezas de leones, y de sus bocas salía fuego, humo y azufre. La tercera parte de la humanidad fue muerta por estas tres plagas: por el fuego, el humo y el azufre que salían de sus bocas. Porque el poder de los caballos está en su boca y en sus colas; pues sus colas son semejantes a serpientes, tienen cabezas y con ellas hacen daño. Y el resto de la humanidad, los que no fueron muertos por estas plagas, no se arrepintieron de las obras de sus manos ni dejaron de adorar a los demonios y a los ídolos de oro, de plata, de bronce, de piedra y de madera, que no pueden ver ni oír ni andar; y no se arrepintieron de sus homicidios ni de sus hechicerías ni de su inmoralidad ni de sus robos. (Apocalipsis 9:12-21)

La quinta trompeta inauguró el primer ay, el cual se caracteriza por la tortura. La sexta trompeta representa el segundo ay que resulta en la muerte de la tercera parte de la humanidad. No habrá un intervalo de descanso para los impíos. A la sexta trompeta, Juan escuchó "una voz que salía de los cuatro cuernos del altar de oro que está delante de Dios, y decía al sexto ángel que tenía la trompeta: 'Suelta a los cuatro ángeles que están atados juntos al gran río Eufrates'". No se nos dijo cuya voz viene de los cuernos, pero el texto indica la autoridad soberana de Dios para ejecutar la liberación de los cuatro ángeles atados. Al mismo ángel que suena la trompeta se le da autoridad también para soltar a los cuatro ángeles. El pasaje no está claro que estén ángeles buenos o malos, pero "atados" sí conviene a los ángeles demoníacos (cfr. Apocalipsis 20:2). Además, los cuatro ángeles parecen ser los "generales" que comandan a los doscientos millónes de jinetes. Estos cuatro han estado atados juntos "al gran rio Eufrates". El rio fijaba el límite del este del antiguo imperio romano. La referencia al Eufrates connota juicio, particularmente sobre Israel antiguo, puesto que los ejércitos extranjeros lo cruzaban (cfr. Apocalipsis 16:12).

Estos cuatro ángeles estaban "preparados" para este tiempo para "matar una tercera parte de la humanidad". Dios no es arbitrario en la naturaleza de su juicio y el momento de su ejecución. Él es soberano sobre todo. Las cuatro designaciones de tiempo en orden ascendente (hora, día, mes y año) subrayan el control de Dios en su sabiduría absoluta para predeterminar un momento de intervención. Es casi inconcebible que haya un día cuando la tercera parte de la humanidad perecerá. Asumiendo nuestra población de hoy, el juicio de la sexta trompeta desarraigaría a dos billónes de habitantes impenitentes. ¡No es sorprendente que esto se llama el segundo hay! Para que no lo olvidemos, una vez Dios aniqiló a toda la humanidad, salvo por el remanente de la familia de Noé. Habrá una segunda vez en la historia humana cuando la depravación del mundo alcanzará la plena intensidad y Dios dirá, "¡Basta ya!" (cfr. 2 Pedro 3:6-7).

Luego, en Apocalipsis 9:16 el número de soldados a caballo son doscientos millónes. El pasaje no dice de dónde hayan venido vienen. Por lo visto están asociados con los cuatro ángeles que son sus líderes. Juan dice, "Yo escuché su número". Esto podría ser su manera de confirmar este número increíble. Estas tropas son probablemente demoníacas, no humanas, a causa de la pura totalidad de tantos militares, y además, con caballos sobrenaturales.

Si la inmensidad del número de tropas no es suficiente, la descripción de ellas con sus caballos en los versículos 17-19 completará este cuadro grotesco. El lector observará ciertos parecidos entre la caballería demoníaca mencionada aquí y las langostas demoníacas que se ven anteriormente en los versículos 7-10. En el griego, hay algún debate respecto a si sea los caballos o los jinetes que llevan las corazas de "color de fuego, de jacinto y de azufre", es decir, de rojo, azul y amarillo. Probablemente se trate de los jinetes, pero se podría referir a los dos. En todo caso, los colores sirven para inducir terror, como hacen las cabezas de los caballos que se miran como "cabezas de leones". Saliendo de sus bocas estarán "fuego, humo, y azufre", así indicando su naturaleza demoníaca. Fuego, humo y azufre son los instrumentos de Dios para matar la tercera parte de la humanidad. El poder de los caballos se encuentra en sus bocas, y sus colas son parecidas a "serpientes que tienen cabezas y con ellas hacen daño".

Durante la gran tribulación, la autoridad del cuarto sello se da para matar más de la cuarta parte de la tierra (*ge*), y esto sugiere que no todos están matados; más bien, la autoridad se da sobre una *esfera* o una porción importante de la tierra (Apocalipsis 6:8-9). En contraste, durante el día del Señor, este juicio de la sexta trompeta mata específicamente una tercera parte de la humanidad (*anthropos*), porque ellos no escaparán la muerte. Es una certeza absoluta y tendrá lugar, en vez de meramente la amenaza de ello (Apocalipsis 9:18).

Las dos terceras partes restantes que no están matados se niegan a arrepentirse de sus asesinos, hechizarías, inmoralidad sexual, robos y hurtos y adoración de demonios e ídolos. Esto demuestra que sin la gracia de Dios, los humanos pecaminosos están endurecidos en su pecado. Podemos deducir que los impíos durante los días de Noé maldecían a Dios, no arrepintiéndose, mientras se ahogaban en las crecientes aguas del diluvio. Meramente reconociendo la soberanía de Dios no es suficiente para salvación; el corazón debe ser regenerado por el Espíritu para efectuar el arrepentimiento y la fe salvadora. El maldecir y el blasfemar caracterizarán la reacción del mundo a los hechos justos de Dios en su día. Dios destruirá a los idólatras, resultando en la alabanza por ejecutar su justicia sobre ellos (Apocalipsis 11:15-18). Sería un error considerar estos juicios como una "oferta" divina para el arrepentimiento; esto no es su propósito. Son destinados para *juzgar*. Dios tiene la libertad para derramar su juicio sobre los impíos en cualquier momento. Él no está restringido a esperar hasta que mueran (p.ej. 2 Tesalonicenses 2:10-12). De hecho, las siete iglesias están exhortadas a que se arrepientan antes que sea demasiado tarde (Apocalipsis 2-3). Asimismo, el apóstol Pedro compara el juicio del diluvio a la certeza futura de la ira del día del Señor, destacando la motivación para el arrepentimiento y la santa conducta *en la actualidad* (cfr. 2 Pedro 3:5-12).

Seis Trompetas: Primera Fase de la Ira del Día del Señor

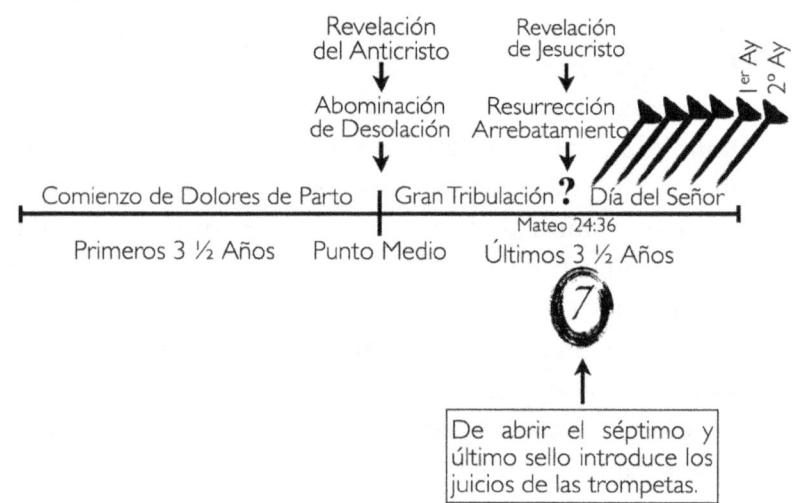

Ahora, vamos a considerar la segunda fase, es decir, la culminación de la ira del día del Señor, la cual se manifiesta en los juicios de las copas e incluye la batalla de Armagedón. Esta última serie de juicios exterminará lo que quede del reino de la bestia, y reclamará el reino de Dios en la tierra para el reinado de Cristo.

Séptima trompeta (el tercer ¡ay!)

La terminación de la sexta trompeta nos mueve al fin del período de siete años, el que entonces es seguido por otros períodos de 30 y 45 días (Daniel 12:9-13). Pronto después del período de siete años, la séptima trompeta sonará para anunciar la reclamación del reinado de Dios en la tierra. La séptima trompeta es el tercer ¡ay!, y señala la intensidad más alta de la ira del día del Señor que está manifestada a través de los siete juicios de las copas. Pero primero tenemos una declaración de la reclamación del reinado de Dios sobre la tierra.

> El segundo ¡ay! ha pasado, he aquí, el tercer ¡ay! viene pronto. El séptimo ángel tocó la trompeta, y se levantaron grandes voces en el cielo, que decían: "El reino del mundo ha venido a ser el reino de nuestro Señor y de su Cristo; y Él reinará por los siglos de los siglos". (Apocalipsis 11:14-15; cfr. Daniel 2:44)

El "reino del mundo" es ningún otro que el reino de Satanás manifestado por su secuaz, el anticristo. A él se le dará 1.260 días de autoridad para reinar sobre el mundo y perseguir al pueblo de Dios (Daniel 7:25; Apocalipsis 13:5). Dicha autoridad empieza al punto medio del período de siete años, y la causa de cometer la abominación de la desolación (Daniel 9:27). Cuando se cumple su autoridad a la conclusión del período de siete años, Dios reclamará formalmente su reino terrenal de Satanás al sonido de la séptima trompeta (Apocalipsis 11:15). Durante el período de 30 días, los juicios de las copas funcionarán para hacer la declaración del reino de Dios como el reemplazo del reino difunto del anticristo. Las copas son instrumentales en esta fase transicional. El cambio, sin embargo, no sucederá sin oposición.

El anticristo se negará a aceptar la autoridad de Jesús como rey al sonar de la séptima trompeta. El no va a alzar la bandera blanca y entregar su reino a Cristo así nada más. Después de que expire su autoridad de 42 meses, él intentará (sin éxito) de mantener su autoridad, reino, y seguidores por librar batalla contra Cristo. Va a mostrarse dispuesto a resistir, aunque la autoridad que se le dio divinamente haya expirado. La primera acción del rey Jesús, por lo tanto, será lo de borrar sus enemigos que oponen su reino mediante los juicios de las copas y la batalla de Armagedón, donde la última destrucción del anticristo ha de ser realizada (cfr. Apocalipsis 19:20).

Siete copas derramadas y la batalla de Armagedón

Los juicios de las trompetas requieren un tiempo considerable para desplegarse. Por ejemplo, vimos que la quinta trompeta dura cinco meses. Por contraste, la naturaleza y propósito de los juicios de las copas se desplegarán rápidamente durante los 30 días que siguen el período de siete años. El profeta Daniel provee evidencia de este período adicional de treinta días después del período de siete años. La abominación de la desolación durará treinta días adicionales después de la terminación de la autoridad del anticristo que dura 1.260 días. "Y desde el tiempo en que el sacrificio perpetuo sea abolido y puesta la abominación de la desolación, habrá mil doscientos noventa días [treinta días adicionales]" (Daniel 12:11). En la conclusión de este período de treinta días, el fin de la desolación coincidirá con la destrucción del desolador (el anticristo).

> Y él [el anticristo] hará un pacto firme con muchos por una semana [siete años], pero a la mitad de la semana pondrá fin al sacrificio y a la ofrenda de cereal. Sobre el ala de abominaciones vendrá el desolador [el anticristo], *hasta que*

una destrucción completa, la que está decretada, sea derramada sobre el desolador [el anticristo]. (Daniel 9:27, énfasis añadido)

Esta destrucción del desolador (el anticristo) se ve entre los resultados de Armagedón.

> Entonces vi a la bestia, a los reyes de la tierra y a sus ejércitos reunidos para hacer guerra contra el que iba montado en el caballo y contra su ejército. Y la bestia fue apresada, y con ella el falso profeta que hacía señales en su presencia, con las cuales engañaba a los que habían recibido la marca de la bestia y a los que adoraban su imagen; los dos fueron arrojados vivos al lago de fuego que arde con azufre. (Apocalipsis 19:19-20)

Así es que las copas, junto con la batalla de Armagedón, se desplegarán durante el breve período de 30 días.

La brevedad de la ira final de Dios se comunica también por el uso de las imágenes de las copas. El Nuevo Testamento menciona por lo menos quince tarros diferentes, tazones, canastas y otros tipos de recipientes. Sin embargo, el término para esta "copa" particular es *phiale*, que quiere decir un "tazón ancho y poco profundo".[49] Esta selección de imágenes no es arbitraria sino connota el juicio rápido. Esto hace pensar que el vaciar del contenido de la ira final de Dios sucederá repentinamente. Esta metáfora evoca los juicios asociados con el vaciar rápido de las siete copas, una tras otra, hasta que se completara la ira final de Dios—semejante a la conclusión dramática de una manifestación de fuegos artificiales. Así pues, encaja bien en el período breve de treinta días.

La primera copa declara,

> Y oí una gran voz que desde el templo decía a los siete ángeles: id y derramad en la tierra las siete copas del furor de Dios. El primer ángel fue y derramó su copa en la tierra; y se produjo una llaga repugnante y maligna en los hombres que tenían la marca de la bestia y que adoraban su imagen. (Apocalipsis 16:1-2)

La voz fuerte que comisiona a los siete ángeles que se vayan y derramen las siete copas del furor de Dios se apunta a los adoradores marcados por la bestia. Los que tomaron la marca de la bestia y así adoraron su imagen sufrirán la plaga de llagas feas y dolorosas (cfr. Éxodo 9:9-11). El sufrimiento de estas llagas de resultas de la primera copa será agudísimo. ¡Imagínese el tormento de tener heridas sobre todo el cuerpo y no estando capaz de sentarse ni acostarse, ni caminar siquiera! Dando lealtad al adversario de Dios será el hecho último de idolatría; por eso tenemos las advertencias penetrantes en el Apocalipsis de no tomar la marca.

La segunda copa declara,

> El segundo ángel derramó su copa en el mar, y se convirtió en sangre como de muerto; y murió todo ser viviente que había en el mar. (Apocalipsis 16:3)

La primera copa se dirigió hacia la tierra, mientras la segunda copa elige el mar como blanco. Por contraste a las trompetas, las cuales afectan solamente porciones de la tierra y el mar, las copas apuntan a la totalidad de los dos. En este caso, el mar se cambia enteramente en sangre, y causa que todo ser viviente dentro de ella muera (cfr. Éxodo 7:14-21). ¡Toda criatura del mar perecerá! Esta devastación enorme pondrá de rodillas el comercio mundial inmediatamente.

La tercera copa declara,

> El tercer ángel derramó su copa en los ríos y en las fuentes de las aguas, y se convirtieron en sangre. Y oí al ángel de las aguas, que decía: Justo eres tú, el que eres, y el que eras, oh Santo, porque has juzgado estas cosas; pues ellos derramaron sangre de santos y profetas y tú les has dado a beber sangre; lo merecen. Y oí al altar, que decía: sí, oh Señor Dios Todopoderoso, verdaderos y justos son tus juicios. (Apocalipsis 16:4-7)

Justo cuando los habitantes de la tierra piensan que su fuente de agua dulce está segura, la tercera copa la cambia todo en sangre (cfr. Éxodo 7:14-21). El versículo 5 del Apocalipsis 16 nos recuerda de los propósitos santos de Dios en los juicios de los dos previas copas y afirma la justicia en ese tercer juicio de las copas. El versículo 6 da la razón para ello: "pues ellos derramaron la sangre de santos y profetas", y eso se sigue por una declaración de justicia poética: "tú les has dado a beber sangre. ¡Ellos recibieron lo que merecían!" La palabra "santos" se refiere a aquellos que fueron asesinados por rehusar tomar la marca y así rechazar en público la adoración del anticristo. El término "profetas" parece referirse al asesinato de los dos testigos. En recompensa de ello, Dios dará "a beber sangre" a los responsables por aquellos muertos. En conclusión, hay una reafirmación del poder y justicia de las acciones de Dios, con una voz del altar que decía: "Sí, oh Señor Dios Todopoderoso, verdaderos y justos son tus juicios" (v. 7). Esta voz es probablemente la voz colectiva de los mártires del quinto sello que estaban debajo del altar. "Y clamaban a gran voz, diciendo: ¿Hasta cuándo, oh Señor santo y verdadero, esperarás para juzgar y vengar nuestra sangre de los que moran en la tierra?" (Apocalipsis 6:10). El término que se usa para "verdadero" en 6:10 y 16:7 es *alethinos*, el cual se refiere a la confiabilidad de Dios, es decir, su fidelidad.

La cuarta copa declara,

> El cuarto ángel derramó su copa sobre el sol; y al sol le fue dado quemar a los hombres con fuego. Y los hombres fueron quemados con el intenso color; y blasfemaron el nombre de Dios que tiene poder sobre estas plagas, y no se arrepintieron para darle gloria. (Apocalipsis 16:8-9)

El juicio de esta copa causa que el sol abrace a la gente con el calor de fuego. No cabe duda de que los impíos reconocen estos juicios como no meramente siendo desastres "naturales"; ellos los ven como la retribución de Dios. El fuego es el elemento básico de ira en el día del Señor (p.ej. Joel 2:30; Malaquías 4:1; Isaías 29:6, 66:15-16; 2 Tesalonicenses 1:8; 2 Pedro 3:7; Apocalipsis 8:5-10,

9:17-18, 11:5, 16:8-9, 18:8), incluso el juicio eterno en el infierno (Apocalipsis 14:10-11, 20:10, 21:8). El lenguaje revela que esto será un evento solar sin precedentes. Sin hacer caso de cómo se manifieste, este juicio es reservado para castigar a los impíos que habitan la tierra, y probablemente se refiera a los del versículo 2, "que tenían la marca de la bestia y que adoraban su imagen" (cfr. Apocalipsis 7:16). Como testimonio a la resistencia porfiada de sus corazones, "blasfemaron el nombre de Dios...y no se arrepintieron para darle gloria". En este mismo comentario, el carácter justo de Dios se enfatiza otra vez: "tiene poder sobre estas plagas".

La quinta copa declara,

> El quinto ángel derramó su copa sobre el trono de la bestia; y su reino se quedó en tinieblas, y se mordían la lengua de dolor. Y blasfemaron contra el Dios del cielo por causa de sus dolores y de sus llagas, y no se arrepintieron de sus obras. (Apocalipsis 16:10-11)

El juicio de esta copa es similar a la cuarta en que los recipientes de la ira de Dios lo blasfeman por castigarlos para sus propios hechos, no aceptando responsabilidad por lo que ellos mismos hayan hecho. Este juicio menciona específicamente "el trono de la bestia". Durante la gran tribulación, el anticristo ejercía su autoridad; ahora su "trono" está siendo transferido al reino del Señor (Apocalipsis 11:15).

Nuestro texto dice aquí que el reino de la bestia estaba cubierto por tinieblas. Esta oscuridad es tanto literal como simbólica, y lo recuerda a la bestia que ha perdido control de sus alrededores. La oscuridad en alguna manera hará que el pueblo comience a "[morder] la lengua de dolor". Esta expresión denota el sufrimiento agudísimo. Una razón por qué blasfeman a Dios es a causa de sus llagas. Puede que esto sea un resultado de la primera copa que dejó heridas sobre los adoradores ya marcados por la bestia. Esto sugeriría que los juicios de las copas no estuvieran aislados; más bien, sus efectos están cumulativos.

La sexta copa declara,

> El sexto ángel derramó su copa sobre el gran río Eufrates, y sus aguas se secaron para que fuera preparado el camino para los reyes del oriente. Y vi salir de la boca del dragón, de la boca de la bestia y de la boca del falso profeta, a tres espíritus inmundos semejantes a ranas; pues son espíritus de demonios que hacen señales, los cuales van a los reyes de todo el mundo, a reunirlos para la batalla del gran día del Dios Todopoderoso. (He aquí, vengo como ladrón. Bienaventurado el que vela y guarda sus ropas, no sea que ande desnudo y vean su vergüenza.) Y los reunieron en el lugar que en hebreo se llama Armagedón. (Apocalipsis 16:12-16)

La sexta copa es la única de la serie de copas que no tiene ninguna ira expresada. No obstante, nos describe la preparación para el juicio culminante de Dios sobre las naciones y al anticristo en la batalla de Armagedón. Hay ironía en esta preparación. Fuerzas demoníacas juntarán a los reyes de la tierra, pero la batalla de Armagedón no es tanto una batalla como es un llamamiento divino para que las naciones vengan y reciban su juicio.

La sexta copa revela el notorio sitio apocalíptico donde los ejércitos de las naciones se juntarán y finalmente serán vencidos por el Señor y sus ejércitos santos. "Y los [reyes de toda la tierra] reunieron en el lugar que en hebreo se llama Armagedón" (Apocalipsis 16:16). La versión inglesa [NASB] traduce este término como "Har-magedon" (*Harmagedon*). La ortografía común en inglés es "Armageddon", y se menciona una sola vez en la Biblia. Así pues, ¿qué es el significado de "Armageddon" (*Harmagedon*)? A mi juicio, el mejor entendimiento está en el sentido literal, el monte de Megiddo. Había una ciudad en una colina que se llamaba Megiddo en la Palestina que tenía vista al valle de Jezreel, el que también se llama el valle de Megiddo. Steven Lancaster, experto en la antigua geografía bíblica ofrece los puntos siguientes:[50]

1. El significado hebreo de *har* no requiere la traducción "montaña"; puede significar "colina". *Har* se encuentra a menudo en paralelo con *giv'ah*, que se traduce normalmente como "colina".

2. Megiddo fue construido sobre una colina natural, y los veintidós estratos de ocupación encima de la colina lo causan que esté elevado de la llanura que se extiende delante de ella hacia el noroeste, noreste y norte. La colina natural de Megiddo es una de las colinas bajas que comprenden "las tierras bajas de Carmel"; ellas forman un obstáculo entre la llanura de Sarón y el valle de Jezreel. De hecho, su ubicación es lo que hizo que Megiddo fuera grande. Su altura protegía el pasillo transitable más conveniente por lo que a veces se llama la cordillera de Carmel. Anson Rainey, el geógrafo histórico principal en el estudio de la tierra de la Biblia, escribió de las canaanitas escapando del Faraón Thutmose III (quien de paso dijo, "La conquista de Megiddo es como la de mil ciudades".): "Su escape fue asegurado cuando las tropas egipcias desviaron de la caza para saquear los campamentos de los canaanitas al pie de un terraplén alto de la ciudad". Cito esto simplemente porque Rainey se refiere a la colina de Megiddo como un "terraplén alto", y de veras, es así. Cuando uno cruza el valle de Jezreel del norte se puede identificar la colina de Megiddo a una distancia de kilómetros.

3. Zacarías 12:11 hace referencia a la historia de la muerte del rey Josías cerca de la colina en la "llanura de Megiddo" (*biq at Megiddon*). ¡Pero Megiddo no es una llanura tampoco! Este gran sitio da su nombre a sus alrededores. Justamente como Megiddo dio su nombre a la nueva provincia asiria de Tiglat-pileser (III) como él gobernaba a Galilea y a la llanura de Jezreel, también da su nombre a la llanura que gira alrededor del sureste al noroeste y da su nombre a la colina en la cual se sienta.

4. El término *har* se usa de otra ciudad que se sentaba por encima de una llanura. Josué 13:19 registra entre las ciudades de Rubén, *Tzeret ha-Shachar behar ha'emeq*, "en la colina de la llanura". Por eso, las escrituras hebreas proveen un precedente para referirse a una ciudad en una colina arriba de una llanura en relación con la palabra hebrea *har*.

5. ¿De dónde consiguió Juan el griego para *Magedon*? Megiddo ocurre diez veces en las escrituras hebreas. La verdad es que sí ocurre en diferentes transliteraciones en el LXX (versión griega del Antiguo Testamento), pero "Magedon" (*omega-nu*) es usado dos veces cuando se preceda por un sustantivo: Josué 12:21 [22 en LXX] ("el rey de Magedon"); Jueces 1:27 ("los habitantes de Magedon"). La ortografía de "Magedon" ocurre en el relato de la muerte de Josías también (2 Crónicas 35:22). Así, *har*, colocado antes de la palabra "Magiddo", pudiera haber tenido sentido naturalmente en la mente de Juan.

Esta evidencia apoya fuertemente la referencia a Armagedón en el Apocalipsis 16:16 como la ciudad de Magiddo en la colina con vistas al valle abajo.[51]

Al volver a nuestro pasaje, el versículo 12 introduce el juicio de la sexta copa por notar el primer hecho de preparación para la gran batalla. El vaciar de esta copa causa que el río Eufrates se seque para preparar el camino para los reyes del oriente. Este río era el límite oriental que Dios dio a Israel (Génesis 15:18).

Algunos intérpretes no toman literalmente el secamiento del río Eufrates, habiendo optado en cambio para alguna verdad espiritual simbólica. No obstante, no hay nada en el texto que niega la lectura natural. Tomarlo como figurativo requeriría que los reyes fueran figurativos, así como la batalla escatológica misma. Por eso, yo veo el sentido natural de la narrativa como ser profético, mostrando una batalla culminante entre Dios y los gobernantes malvados del mundo.

La multiplicidad de reyes tiende a unir a las naciones en una causa común. Hoy, las naciones significativas al este de Israel son: Irán, Afganistán, Pakistán, China, y Rusia. Los reyes del este cruzarán el río Eufrates para juntarse con una coalición de otras naciones alrededor del mundo para librar batalla contra Cristo. Dichas naciones ya habrán sido golpeadas una y otra vez por los juicios de las trompetas y las copas de Dios, por eso la idea que pueden formar una coalición militar para acabar con el nuevo reinado de Cristo y sus juicios divinos es tontería absoluta.

Juan también "[vio] salir de la boca del dragón, de la boca de la bestia, y de la boca del falso profeta, tres espíritus inmundos semejantes a ranas" (Apocalipsis 16:13). Los adversarios de Dios—el dragón, la bestia, y el profeta falso—se ven juntos aquí obrando de común acuerdo. Los espíritus inmundos semejantes a ranas son demoníacos, manifestando señales para el propósito de juntar a los reyes de la tierra para librar batalla. Esta representación refleja el engaño, un complot conjuntamente con un esfuerzo íntegro de parte de esta trinidad impía para provocar a las naciones a que ataquen a Cristo. Después, se nos dice, "Estos tienen un mismo propósito, y entregarán su poder y autoridad a la bestia. Estos pelearán contra el Cordero, pero el Cordero los vencerá, porque Él es Señor de señores y Rey de reyes (Apocalipsis 17:13-14, cfr. 19:19; Salmo 110). La victoria definitiva de Cristo y su reinado posterior en el reino terrenal causarán que estas naciones no sean motivadas para hacer más guerra. En lugar de eso, ellos estarán conducidos al monte del Señor para adorarlo a Él (Isaías 2:2-4).

Por último, justo antes de que la sexta copa concluya, hay una exhortación editorial: "He aquí, vengo como ladrón. Bienaventurado el que vela y guarda sus ropas, no sea que ande desnudo y vean su vergüenza" (Apocalipsis 16:15). Aun en medio de esta descripción apocalíptica hay un aviso de estar preparado espiritualmente para evitar la ira de Dios. El libro del Apocalipsis nos advierte *antes* de (Apocalipsis 1:7), *durante* de (Apocalipsis 16:15), y *después* de (Apocalipsis 22:12, 20) la narrativa.[52]

La séptima copa declara,

> Y el séptimo ángel derramó su copa en el aire; y una gran voz salió del templo, del trono, que decía: Hecho está. Entonces hubo relámpagos, voces y truenos; y hubo un gran terremoto tal como no lo había habido desde que el hombre está sobre la tierra; fue tan grande y poderoso terremoto. La gran ciudad quedó dividida en tres partes, y las ciudades de las naciones cayeron. Y la gran Babilonia fue recordada delante de Dios para darle el cáliz del vino del furor de su ira. Y toda isla huyó, y los montes no fueron hallados. Y enormes granizos, como de un talento (de 45 kilos) cada uno, cayeron sobre los hombres; y los hombres blasfemaron contra Dios por la plaga del granizo, porque su plaga fue sumamente grande. (Apocalipsis 16:17-21)

Esta será la expresión más intensa de todas las previas trompetas y copas. Los impíos que habitan sobre la tierra no podrán estar de pie encima de la tierra abajo, ni podrán mirar hacia arriba mientras estén apedreados por enormes granizos de como 45 kilos cada uno. En resumen, el mensaje principal enviado por la copa final es *resolución con firmeza*.

La sexta copa prepara para la batalla de Armagedón. (Para elaboración sobre el telón de foco de las sexta y séptima copas, véase Apocalipsis 17:1-20:3). Sin embargo, queda una pregunta: ¿cuándo tiene lugar la batalla? A menudo ha sido asumido que la batalla resultará durante o justo después de la séptima copa. Pienso yo que es más probable que ocurriera justo antes de que la séptima copa esté derramada. La séptima copa es exclusivamente acerca de las catástrofes sin precedentes, incluso "un gran terremoto tal como no lo había habido desde que el hombre está sobre la tierra". Este terremoto destruirá la tierra entera, sugiriendo que el juicio esté completo. Además, la séptima y última copa declara explícitamente en cuanto a la ira: "¡hecho está!". Así pues estoy inclinado de ver la batalla final como tener lugar entre los juicios sexto y séptimo de las copas.

Cuando la séptima copa sea derramada se nos dice, "...una gran voz salió del templo, del trono, que decía: '¡Hecho está'"!

(Apocalipsis 16:17). Escuchamos esta misma voz dar la orden inicial a los ángeles para derramar las copas de ira sobre la tierra (cfr., Apocalipsis 16:1). La gran voz probablemente sea de Dios mismo porque viene `desde el trono. Con la terminación de la séptima copa, el día escatológico de la ira de Dios es completo. Interesantemente, como Jesús absorbía la ira de Dios en la cruz en lugar de los pecadores, Él dijo, "¡Consumado es!" (Juan 19:30).

La última copa de la ira de Dios comienza con una teofanía de tormenta: "...hubo relámpagos, voces y truenos; y hubo un gran terremoto tal como no lo había habido desde que el hombre está sobre la tierra" (Apocalipsis 16:18). Esto es apropiado puesto que la ira de Dios empezó con una teofanía de tormenta similar que introdujo las trompetas (Apocalipsis 8:5), incluso una semejante a la séptima trompeta (11:19). Dado los ciertos parecidos entre el terremoto de la séptima copa y los previos, uno pudiera asumir que el uno es comparable a los demás. Sin embargo, el terremoto de la séptima copa no puede ser identificado con los terremotos previos descritos en el libro del Apocalipsis por tres razones principales: (1) las copas no son una reafirmación o resumen de las trompetas; ellas funcionan como su propia serie de juicios que llegan a ser *intensificadas* progresivamente; (2) Juan el apóstol, quien escribió el Apocalipsis, se desvía para subrayar la naturaleza sin precedentes del terremoto de la séptima copa ("hubo un gran terremoto tal como no lo había habido desde que el hombre está sobre la tierra, fue tan grande y poderoso terremoto" [Apocalipsis 16:18]); y (3) está asociado con la declaración, "Hecho está" (Apocalipsis 16:17).

Este terremoto masivo también tendrá un propósito bien específico con respecto a una ciudad: "La gran ciudad quedó dividida en tres partes, y las ciudades de las naciones cayeron" (Apocalipsis 16:19). Hay debate sobre la identidad de la gran ciudad (Apocalipsis 11:8). A mi juicio, Jerusalén es la ciudad más creíble basada en la cláusula "...donde también su Señor fue crucificado". Es cierto que la gran ciudad no es Jerusalén en la actualidad, sino la ciudad *escatológica* de Jerusalén. El término para "naciones" en la expresión "las ciudades de las naciones cayeron" es *ethnos*, el cual puede significar "gentiles". En este contexto específico, "la gran ciudad" de los judíos se contrasta con las ciudades de las naciones gentiles. Esta ciudad es identificada también como Babilonia. "Y le siguió otro ángel, el segundo, diciendo: 'Cayó, cayó la gran Babilonia; la que ha hecho beber a todas las naciones del vino de la pasión de su inmoralidad'" (Apocalipsis 14:8; cfr. 17:2). En nuestro pasaje de la séptima copa leemos: "Y la gran Babilonia fue recordada delante de Dios para darle el cáliz del vino del furor de su ira" (Apocalipsis 16:19). Como Babilonia hizo que las naciones "[bebieran] del vino" de su inmoralidad, ahora Dios hace que Babilonia beba del vino de su "ira furiosa" (cfr. Apocalipsis 18:5-6). Hay apoyo adicional que identifica "la gran Babilonia" como la ciudad escatológica de Jerusalén; pero no es mi propósito de discutir la grandeza y caída de esta ciudad y las naciones que se componen del reino de la bestia como descritas en la paréntesis en el Apocalipsis 17:1-20:3. Remito al lector a más estudio de este tema.[53]

Volviendo al efecto global del terremoto sin precedentes, lo siguiente es una declaración razonada: "Y toda isla huyó, y los montes no fueron hallados" (Apocalipsis 16:20). Las montañas connotan la fuerza e inmovilidad, pero Él que las creó las causará que no estén más, comoquiera que lo sucediera. En el momento en que la tierra pierde toda estabilidad, el cielo se pone caótico con "enormes granizos, como un talento cada uno [45 kilo], cayeron sobre los hombres". Los impíos no solamente rehúsan arrepentirse, pero ellos "...blasfemaron contra Dios por la plaga del granizo, porque su plaga fue sumamente grande" (Apocalipsis 16:21; cfr. Éxodo 9:23-25; Ezequiel 38:22). Ellos tontamente echan a Dios la culpa de su desdicha.

Después del Período de Siete Años

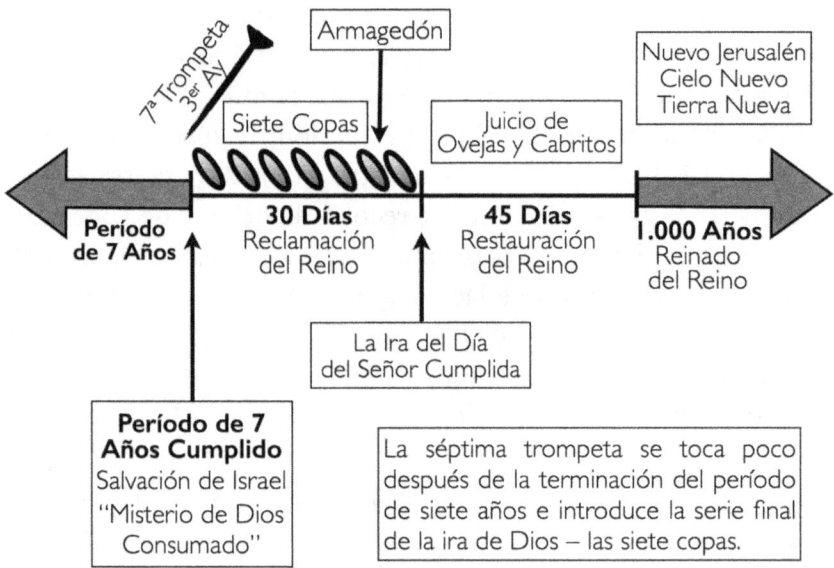

Conclusión

En la parte 3, yo comencé por explicar la expresión "el día del Señor". Entonces, hablé del día del Señor que Jesús conocía de los profetas judíos, seguido por la enseñanza de Jesús que el arrebatamiento sucederá en el mismísimo día que empiece la ira del día del Señor. Luego, me fijé en la enseñanza del apóstol Pablo en cuanto al día del Señor, concluyendo con la descripción de los juicios sistemáticos del libro del Apocalipsis. Para mis pensamientos finales, véase el Epílogo.

Epílogo

En Lucas 18:8 Jesús hace la pregunta "...cuando el Hijo del Hombre venga, ¿hallará fe en la tierra?" Esta pregunta penetrante de Jesús a todos nosotros implica que habrá una tentación de apostatar. En su discurso en el monte de los Olivos, Jesús amonesta que habrá tentaciones concretas que hacen frente a los creyentes durante la gran tribulación, incluso la persecución, decepción, y pereza. Es imperativo que preparemos nuestros corazones de ser "vencedores" para lo que pueda acontecer pronto. Es por esta razón que Jesús advierte, "Ved que os lo he dicho de antemano" (Mateo 24:25).

Además del exhortar a su pueblo a que tenga fe a la luz de su regreso, hay por lo menos tres propósitos servidos por la doctrina de la segunda venida en nuestras vidas diarias—la santificación, el evangelismo y la paz en la soberanía de Dios.

Primero, es un hecho de amor que Dios nos revela esta verdad profética porque Él busca santificarnos por medio de ella. La certeza del juicio de Dios nos hace reflexionar en serio. A la luz del día del juicio del Señor, Pedro exclama, "¡qué clase de personas no debéis ser vosotros en santa conducta y en piedad, esperando y apresurando la venida del día de Dios!" (2

Pedro 3:11-12). Por tanto, la doctrina de la segunda venida nos induce a examinar nuestros corazones para cualquier afección o asociación mundana y a desviarnos de ellas de una vez por todas, para que no sean expuestas en la revelación de Cristo cuando venga. Mientras esperamos o la muerte o la segunda venida, el Señor nos instruye a vivir de una manera piadosa a fin de emerger victoriosos en su venida.

> Entonces Jesús dijo a sus discípulos: si alguno quiere venir en pos de mi, niéguese a si mismo, tome su cruz y sígame. Porque el que quiera salvar su vida, la perderá; pero el que pierda su vida por causa de mi, la hallará. Pues ¿Qué provecho obtendrá un hombre si gana el mundo entero, pero pierde su alma? O ¿qué dará un hombre a cambio de su alma? Porque el Hijo del Hombre ha de venir en la gloria de su Padre con sus ángeles, y entonces recompensará a cada uno según su conducta. (Mateo 16:24-27)

Segundo, esta verdad bíblica debería movernos a proclamar el evangelio al mundo perdido. El Señor no ha regresado porque la plenitud de sus escogidos continúa de ser recogida mediante el arrepentimiento y la fe. "El Señor no se tarda en cumplir su promesa, según algunos entienden la tardanza, sino que es paciente para con vosotros, no queriendo que nadie perezca, sino que todos vengan al arrepentimiento" (2 Pedro 3:9). Y el apóstol Pablo escribe, "Así que la fe viene del oir, y el oír, por la palabra de Cristo" (Romanos 10:17). La motivación para evangelizar a los perdidos es la *certeza* del regreso de Cristo y las *consecuencias* para los no creyentes que están sin preparación de hacer frente al Señor.

Tercero, esta verdad bíblica nos acuerda que Dios, no Satanás, es soberano. Dios buscará glorificarse por mantener su justicia y en vindicar a su pueblo en el juicio de sus enemigos. El día del juicio del Señor es la fase transicional al día de la paz del Señor. Se manifestarán tanto la grandeza como el esplendor de su majestad cuando su nombre sea exaltado y las naciones digan,

"Venid y subamos al monte del Señor, a la casa del Dios de Jacob, para que Él nos instruya en sus caminos, y nosotros andemos en sus sendas" (Miqueas 4:2).

El plan de Dios es intachable. No hay tragedias sin propósito en su creación soberana. Dios ha decretado tanto el fin como los medios, y Él será glorificado debido a su sabuduría divina, su misericordia sin costo, y sus acciones santas y justas. Esto incluye nuestra salvación, porque ninguno de nosotros estará ante su trono diciendo, "Yo soy la razón porque estoy". ¡En ninguna manera! Todos nosotros estaremos dando al Dios Todopoderoso *toda* la gloria (Apocalipsis 7:9-17, 15:1-4).

Apéndice 1.
Términos principales relativos al retorno de Cristo

El significado de *parousia*

El sustantivo griego que se traduce "venida" es *parousia*, la que significa "una llegada y una presencia contínua". Es la palabra usada en la pregunta de los discípulos en Mateo 24:3, y es el término tras la expresión teológica "segunda venida" o "segundo adviento". En el Nuevo Testamento, siempre está en el singular, no en el plural, y se usa veinticuatro veces.[54] Diecisiete veces se usa proféticamente de la segunda venida de nuestro Señor, incluyendo cuatro casos en Mateo 24 (los únicos casos registrados en los cuatro evangelios). En el griego secular, era usada comúnmente para referirse a la visita royal de un rey a otra región o país. Es lógico que Mateo aplica este término al regreso de Cristo puesto que hay un tema royal en el libro, pintando la realización del discurso de apertura de Jesús como el rey davídico. *Parousia* puede llevar también el sentido, "la venida de una divinidad escondida, quien hace sentido su presencia por una revelación de su poder". Jesús se manifestará cuando Él vuelva, haciendo su presencia sentida por la revelación de los juicios del día del Señor. Se les dice a los creyentes que hagan la parousia de Cristo el objeto de expectación (1 Tesalonicenses 2:19, 3:13, 4:15, 5:23; 2 Tesalonicenses 2:1, 8; Santiago 5:7-8; 2 Pedro 3:12; 1 Juan 2:28).

La segunda venida del Señor (*parousia*) será una totalidad compleja de gran alcance. No será un evento sencillo e instantáneo como será el arrebatamiento. Abarcará los varios eventos que comprenderán los propósitos divinos. Esto es consecuente con la primera venida de Jesús. Cuando pensamos en su primera venida, no pensamos exclusivamente en su nacimiento. Es verdad que su nacimiento fue su "llegada", pero su "presencia" subsiguiente abarcaba su crianza, ministerio de enseñar, milagros, discipulado, muerte, entierro y resurrección. Dios empleó una totalidad compleja de gran alcance para realizar sus propósitos. De la misma manera, la segunda venida comenzará con la llegada de Jesús en las nubes para resucitar a los muertos y arrebatarlos junto con los creyentes que aún están vivos en aquel entonces (1 Tesalonicenses 4:13-18). Los escritores bíblicos a menudo enfatizaron el aspecto de la llegada de la parousia porque querían estimular vidas piadosas en sus oyentes. Pero sería un error de pensar que veían la parousia como limitada solamente a la aparición gloriosa de Cristo en el cielo que resultó en la resurrección de los muertos y el arrebatamiento. Su presencia *después* abarcará los eventos mayores tales como la ira del día del Señor, el traer del remanente de Israel a la salvación y el reclamar de su reinado real terrenal que extenderá por el milenio. En resumen, Cristo va a retornar como libertador, juez y rey. Pablo muestra una relación específica entre la parousia y el reino.

> Pero cada uno en su debido orden: Cristo, las primicias; luego los que son de Cristo en su venida [*parousia*]; entonces vendrá el fin, cuando entregue el reino al Dios y Padre, después que haya abolido todo dominio y toda autoridad y poder. Pues Él debe reinar hasta que haya puesto a todos sus enemigos debajo de sus pies. El último enemigo que será abolido es la muerte. Porque Él ha puesto todo en sujeción bajo sus pies. Pero cuando dice que todas las cosas le están sujetas, es evidente

> que se exceptúa a aquel que ha sometido a Él todas las cosas. Y cuando todo haya sido sometido a Él, entonces también el Hijo mismo se sujetará a aquel que sujetó a Él todas las cosas, para que Dios sea todo en todos. (1 Corintios 15:23-28)

Pablo declara que cuando la serie de resurrecciones sea llevada a cabo, Cristo "[reinará] hasta" todos sus enemigos, especialmente la muerte, estén derrotados. Él entregará el reino al Dios Padre cuando todo esté puesto en sujeción. Pablo enseña que el primer propósito divino de la parousia será la resurrección. Después de los juicios del día del Señor, la parousia se extenderá a su reinado justo en el prometido reino físico glorificado, dando por resultado la eliminación de todos sus enemigos. Con respecto a esto, su parousia no será un evento instantáneo. Será una totalidad compleja de fases múltiples en las cuales los propósitos divinos han de ser realizados: "...entonces también el Hijo mismo se sujetará a aquel que sujetó a Él todas las cosas, para que Dios sea todo en todos" (1 Corintios 15:28).

Hay un punto más de hacer acerca de la palabra *parousia*. El término hace referencia íntimamente con la expresión "el día del Señor". Estos no son dos eventos separados, sino son el mismo. Sin embargo, cada expresión puede tener su propio matiz, dependiendo del contexto, es decir, el día del Señor expresa generalmente un aspecto negativo de juicio con el retorno de nuestro Señor, y la parousia expresa generalmente un aspecto positivo de la redención en el regreso de nuestro Señor. Tanto Pedro como Pablo entendían estos dos términos de ser relacionados estrechamente el uno con el otro en un sólo evento al fin de la edad.

> Pero el *día del Señor* vendrá como ladrón, en el cual los cielos pasarán con gran estruendo, y los elementos serán destruidos con fuego intenso, y la tierra y las obras que hay en ella serán quemadas. Puesto que todas estas cosas han de ser destruidos de esta manera, ¡qué clase de personas no debéis ser vosotros en santa conducta y en piedad, esperando y apresurando la *venida* [*parousia*] del día de Dios, en el cual los cielos serán

destruidos por fuego y los elementos se fundirán con intenso calor! (2 Pedro 3:10-12, énfasis añadido)

[Os] confirmará hasta el fin, para que seáis irreprensibles en el *día de nuestro Señor Jesucristo* (1 Corintios 1:8)...a fin de que Él afirme vuestros corazones irreprensibles en santidad delante de nuestro Dios y Padre, en la venida [*parousia*] de nuestro Señor Jesús con todos sus santos. (1 Tesalonicenses 3:13, énfasis añadido, cfr. 5:23)[55]

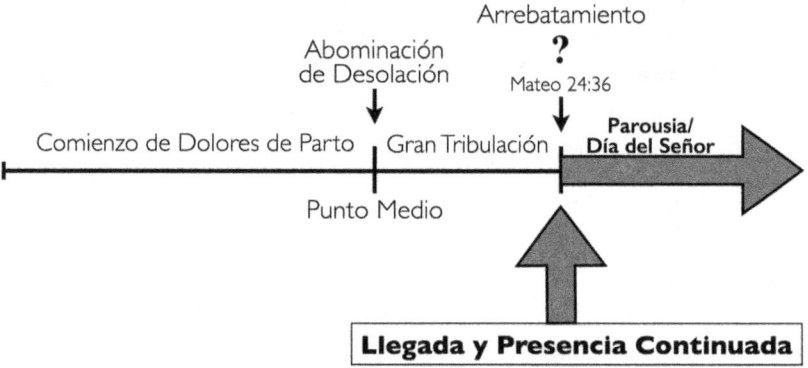

PAROUSIA/DÍA DE LA LLEGADA
Y PRESENCIA CONTINUADA DEL SEÑOR

El significado de *Apokalypsis*

En 2 Tesalonicenses 1:7, la iglesia perseguida es instruida a esperar para alivio que vendrá en la "revelación" de Cristo, o *apokalypsis*, una palabra que quiere decir "da a conocer enteramente, quitar el velo, revelación". Pablo emplea este término en otra parte. Por ejemplo, él dice que deberíamos esperarla "de manera que nada os falta en ningún don, esperando ansiosamente la *revelación* [apokalypsis] de nuestro Señor Jesucristo" (1 Corintios 1:7; cfr. 1 Pedro 1:7, 13, 4:13; Romanos 8:19; véase también la forma del verbo *apokalypto* en Lucas 17:30; Romanos 8:18; 1 Corintios 3:13). En el versículo siguiente, Pablo iguala la revelación con el día del Señor. "[Cristo] también os confirmará hasta el fin, para que seáis irreprensibles en el día de nuestro Señor Jesucristo" (1 Corintios 1:8).

ALIVIO Y JUICIO EN EL *APOKALYPSIS*

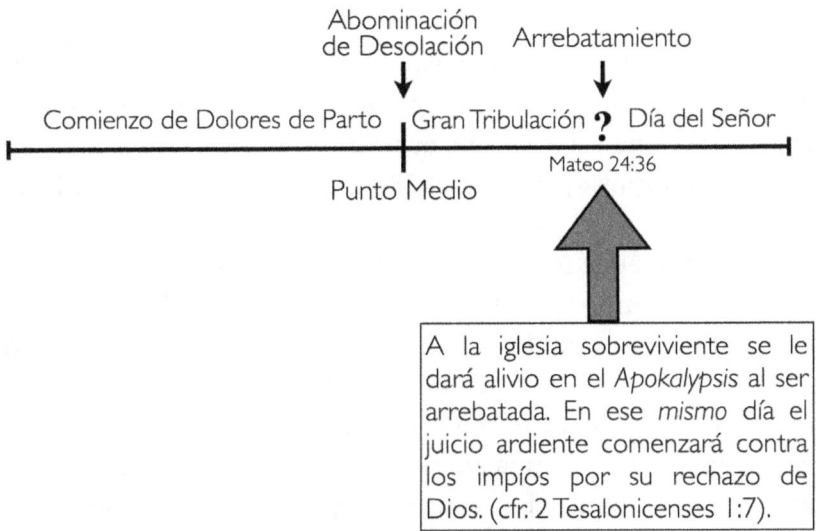

Una pregunta queda: ¿Qué es descubierto o velado en este momento que después será revelado? Ya que la mayoría de las teofanías son revelaciones, podemos hacer la pregunta, ¿qué revela Dios tocante a su voluntad? Una revelación vista físicamente no es contraria a una revelación informada intelectualmente. Ambas estarán presentes en la revelación de Cristo. De hecho, puede estar entendido que por el visionario físico, el Señor puede revelar su voluntad divina para servir un doble propósito: uno para los piadosos y uno para los impíos.

Visionario: 'el Señor Jesús es revelado desde el cielo'
La voluntad de Dios para los piadosos: "dar descanso"
La voluntad de Dios para los impíos "imponer castigo"

El significado de *Phaneroō, Epiphaneia, Epiphanēs*

El próximo término es el verbo "aparecer", *phaneroo*, que quiere decir "causar de ser visible, revelar, exponer en público". Este término lleva un énfasis en lo sensorial en vez de lo cognitivo. Cuando la Biblia usa este término en el contexto de la segunda venida, tiene que ver con la aparición de Cristo al comienzo de su parousia. Por ejemplo, el apóstol Juan exhorta a los creyentes a que permanezcan en Cristo hasta que Él regrese. "Y ahora, hijos, permaneced en Él, para que cuando se manifieste [*phaneroo*], tengamos confianza y no nos apartemos de Él avergonzados en su venida [*parousia*]" (1 Juan 2:28, cfr. 3:2; Colosenses 3:4; 1 Pedro 5:4).

Hay también la forma del sustantivo "aparición", *epiphaneia*, que significa "un hecho de aparición, apariencia". Tiene la connotación de una manifestación *magnífica*. En el mundo griego del siglo 1, éste era un término relativo a lo sobresaliente en el sentido de una "manifestación repentina de una deidad escondida, o en la forma de una aparición personal, o por algún hecho de poder o comunicación misteriosa por la cual su presencia se hace conocida". En la exhortación de Pablo a Timoteo de pelear la buena batalla de la fe y sigue la justicia, él manda a Timoteo, "que guardes el mandamiento sin mancha ni reproche hasta la manifestación [*epiphaneia*] de nuestro Señor Jesucristo" (1 Timoteo 6:14). A Tito, él dice, "…aguardando la esperanza bienaventurada y la manifestación [*epiphaneia*] de la gloria de nuestro gran Dios y Salvador Cristo Jesús" (Tito 2:13; cfr. 2 Timoteo 4:1, 8).

El uso de este término por el apóstol Pablo tiene complejidad con respecto al pretribulacionismo. Como se ve en los versículos arriba, Pablo enseña que la iglesia estará aquí hasta la "aparición" de Cristo, o como algunas traducciones lo tienen, "manifestación". El instruye también que el anticristo estará presente en la aparición o manifestación de nuestro Señor: "Y entonces será revelado ese inicuo [el anticristo], a quien el Señor matará con el espíritu de su boca, y destruirá con el resplandor [la manifestación—*epiphaneia*] de su venida" (2 Tesalonicenses 2:8). La inferencia está clara: El anticristo será revelado primero, entonces Cristo lo será luego. Por consiguiente, tanto la iglesia como el anticristo estarán presentes juntos en la tierra cuando Cristo vuelva. Si decimos, como lo hacen los pretribulacionistas, que el anticristo será revelado después de que Cristo sea revelado, eso es de oponerse abiertamente a la declaración explícita de Pablo. Tanto la iglesia como el anticristo existirán en la tierra cuando Cristo se revele. La verdad es que cuando Cristo sea revelado, la iglesia será entregada fuera de las manos del anticristo.

Por último, la forma adjetiva "glorioso", *epiphanes*, es empleado por Lucas para contrastar con los disturbios celestiales oscuros. "El sol se convertirá en tinieblas y la luna en sangre, antes que venga el día grande y glorioso [*epiphanes*] del Señor" (Hechos 2:20).

Este vocabulario rico describe el evento único y pasmoso del retorno de nuestro Señor. El término *parousia* destaca la presencia majestuosa de Cristo. El *apokalypsis* representa la revelación del pleno conocimiento de Cristo. El grupo de las palabras *phaneroo*, *epiphaneia,* y *epiphanes* describe la manifestación de la gloria deslumbrante de Cristo. Estas acciones representan, no eventos inconexos, sino acciones complementarias que proveen un cuadro pasmoso y glorioso del regreso de Jesús.

Apéndice 2.
Paralelos entre Jesús y Pablo

Hay treinta paralelos entre la enseñanza de Jesús sobre su segunda venida en el discurso en el monte de los Olivos y la de Pablo sobre la segunda venida en las cartas a los tesalonicenses. Esta comparación de Escritura con Escritura muestra la dependencia de Pablo en dicho discurso. No deberíamos quedarnos asombrados de estos paralelos puesto que Pablo afirma explícitamente de estar dependiente de Jesús: "…por la palabra del Señor" (1 Tesalonicenses 4:15). Esto demuestra que Jesús tenía la intención de que el discurso estuviera una enseñanza para *la iglesia*. Es un error serio lo de dar por concluidas las advertencias de Jesús en el sermón en el monte para la iglesia hoy día, tomándolas como aplicables solamente a los creyentes en 70 d.C. (preterismo) o a los creyentes judíos durante "la tribulación" (pretribulacionismo).

Jesús Mateo 24-25	Paralelos de la segunda venida	Pablo I & II Tesalonicenses
24:3-4	Cristo es el fuente	I.4:15
24:3, 27, 37, 39	Contexto: la parousia	I.4:15; II.2:1, 8
24:4-5, 23-26	No sea engañado	II.2:3
24:6	Alarmado el fin ha llegado	II.2:2
24:15	Desolación del anticristo	II.2.4
24:21-22	Resistencia por anticristo	II.2:3-4, 8-9
24:24	Señales y prodigios engañosos	II.2:9-10
24:24	Elegidos no engañados	II.2:9-14
24:12	Iniquidad	II.2:3, 12
24:10-11	Apostasía de muchos	II.2:3
24:13, 22, 31, 40-41 (Lucas 21:28)	Creyentes sobrevivientes liberados	I.4:15, 17; 5:9; II.1:7
24:22, 29-31	Persecución acortada	II.1:6-7; 2:8
24:27, 30	Iniciación de parousia	I.4:15, II.2:1, 8
24:29-30	Parousia sigue el anticristo	II.2:8
24:27-30	Percepción universal	I.4:16; II.1:7-8
24:30	Jesús con nubes	I.4:17
24:30	Poder y gloria	II.1:9
24:31	Presencia angélica	I.4:16; II.1:7
24:31	Trompetazo	I.4:16
24:31	Recogimiento	I.4:17; II.2:1
25:6	Encuentro (*apantēsis*)	I.4:17
24:37-41 (Lucas 17:22-35)	Rapto e ira uno tras otro	II.1:6-10
24:37-41	Paz y seguridad	I.5:3
24:43	Ladrón en la noche	I.5:2, 4
24:37-41 (Lucas 21:34)	Repentina destrucción para impíos	I.5:2-3
24:29-30, 37-39	Comienzo del día del Señor	I.5:1-3, II.1:7-8
25:10-13 (Lucas 21:36)	Ineludible para los no preparados	I.5:3
24:32-33	Conociendo los tiempos	I.5:1
24:45-46	Los fieles en Su venida	I.5:4-5, 8
24:42-25:13 (Lucas 21:34-36)	Sea vigilante y expectante	I.5:6-8

Algunos objetan a la postura pre-ira (antes de la ira) por señalar que hay elementos que "faltan" o en la enseñanza de Jesús o de Pablo, y por eso no pueden estar refiriéndose al mismo evento. Por ejemplo, ellos dirán que Pablo nunca menciona los disturbios celestiales que se encuentran en la narración de Jesús; por lo tanto, Pablo no puede estar hablando acerca de la misma venida de la que enseña Jesús. Esta clase de argumentación es irrazonable y demanda que cuando un escritor nuevotestamentario enseñe una doctrina bíblica, él debe ser exhaustivo en todo elemento de ella. A propósito, Pablo sí se refiere al evento del disturbio celestial indirectamente. En 1 Tesalonicenses 5:3, Pablo declara que "la destrucción vendrá sobre ellos repentinamente, como dolores de parto a una mujer que está encinta, y no escaparán". Esto se toma de Isaías 13:6-10, ¡que es un pasaje importante que se trata de los disturbios celestiales!

Los pretribulacionistas y preteristas nunca serían tan irrazonables con otras doctrinas habiendo tantos paralelos. ¿Qué si aplicamos este estándar escéptico a las doctrinas tales como la deidad de Cristo o de la salvación? Nunca podríamos sacar algunas conclusiones si todo pasaje sobre un tema doctrinal tenía que contener virtualmente los mismos elementos como todos los demás pasajes. ¡Imagínase si aplicáramos este estándar para estudiar las historias en los cuatro evangelios! No habría razón alguna para poseer estas cuatro narraciones porque necesitaríamos sólo una. Dios ordenó cuatro retratos sobre la vida de Jesús, con cada escritor evangélico dando una perspectiva diferente, y sin embargo a la vez complementa a los demás (p.ej., genealogías, el nacimiento de Jesús, la oración del Señor, los demoníacos gadarenos, la crucifixión, y la resurrección). Por lo tanto, es correcto de pensar en la enseñanza sobre la segunda venida de parte de Jesús y de Pablo, no como incompatible, sino complementario y armonioso.

Otra objeción que los pretribulacionistas y preteristas citan es que se falta referencia a la "multitud" de ángeles en el pasaje de Pablo sobre el arrebatamiento en 1 Tesalonicenses 4:13-18. El menciona sólo un arcángel, mientras que Jesús se refiere a una multitud de ángeles. De nuevo, no deberíamos ser selectivos con la evidencia porque necesitamos incluir toda la enseñanza escatológica de Pablo a los tesalonicenses sobre la venida de Cristo. En su segunda epístola a los tesalonicenses, él enseñaba que Jesús dará alivio a su iglesia perseguida cuando "ángeles" lo acompañan en su regreso: "y [dará] alivio a vosotros que sois afligidos y también a nosotros, cuando el Señor Jesús sea revelado desde el cielo con sus poderosos *ángeles*" (2 Tesalonicenses 1:7, énfasis añadido). Y además, sabemos de Lucas 9:26 que un ejército de ángeles lo acompañarán a Cristo cuando Él vuelva por su iglesia. "Porque el que se avergüence de mí y de mis palabras, de éste se avergonzará el Hijo del Hombre cuando venga en su gloria, y la del Padre y la de los santos ángeles." En vez de estas dos cuentas siendo incompatibles, están consecuentes.

Una objeción final que mencionaré reclama que las enseñanzas de Jesús y Pablo se contradicen las unas a las otras. Por eso, se sostiene que deben estar hablando de dos temas diferentes. Por ejemplo, se contiende que en Mateo 24 los ángeles hacen el recogimiento, mientras que en la enseñanza de Pablo, el Señor mismo lo hace. Pero esto no es una contradicción ya que Pablo nunca dice expresadamente que es el Señor mismo que hace el recogimiento. El verbo en 1 Tesalonicenses 4:17 "seremos arrebatados" (*harpagesometha*) está en la voz pasiva, con alguien *no mencionado* que hace la acción. Los creyentes se reunirán con el Señor en el cielo atmosférico, pero el que realmente los recoge se deja anónimo. Es cuestión de ver en el texto la asunción que el Señor mismo es el agente primario que hace el recogimiento. Además, aun si el texto había dicho que Jesús recogió a los creyentes a sí mismo, esto no excluiría a los ángeles de ser utilizados como su instrumento para hacerlo. Por ejemplo, la Biblia habla del Señor derramando su ira cuando Él retorne (p.ej., Apocalipsis 6:16-17), sin embargo, sabemos que Jesús usará a los ángeles como los instrumentos para ejecutar sus juicios (p.ej., Mateo 13:41; 2 Tesalonicenses 1:7; Apocalipsis 8-9, 14:15-19, 15-16).

En resumen, las enseñanzas de Jesús y de Pablo sobre la segunda venida se complementan la una a la otra, y nos dan un cuadro consecuente. Los paralelos arrolladores entre dichas enseñanzas indican que hablan claramente de la misma venida futura de nuestro Señor.

Apéndice 3.
Estructura propuesta para el libro del Apocalipsis

Si no existiera el libro del Apocalipsis, aún poseeríamos una abundancia de material concerniente al juicio del día escatológico del Señor por los profetas del Antiguo Testamento, la enseñanza de Jesús, y las epístolas de Pablo. Pero deberíamos estar agradecidos por el libro del Apocalipsis porque nos da un relato detallado y sistemático del derramamiento de la ira de Dios vía los juicios de las trompetas y copas que desarrollan un cuadro más rico del día del Señor. Este fenómeno de juicio sistemático no es nuevo en las Escrituras; por ejemplo, Dios intensificaba sistemáticamente las plagas sobre Egipto (Éxodo 7-12). El primer reino de perseguir al pueblo de Dios, Egipto, experimentaba la ira sistemática de Dios. Asimismo, el último reino que perseguirá al pueblo de Dios, el reino del anticristo, también será sujetado a la ira sistemática de Dios.

El "Juan" mencionado en el Apocalipsis 1:1 es probablemente el apóstol Juan. El escribía en el género de la escatología profética, escrita como una epístola, circa 95 d.C., que fue una carta circular a las siete iglesias en Asia Menor.

Ha habido generalmente dos áreas mayores de desacuerdo entre los cristianos sobre cómo uno debería acercarse al libro del Apocalipsis.

Primero, ¿han de ser interpretados los eventos de una manera histórica literal? O, ¿estaban entendidos de ser interpretados simbólicamente, como verdades atemporales, éticas, o espirituales acerca de la lucha entre el bien y el mal (idealismo)? Si describen los eventos históricos literales, ¿estuvieron estos eventos realizados en el primer siglo (preterismo)? ¿Están desplegando a través de la historia de la iglesia (historicismo)? O, ¿tendrán lugar mayormente en el futuro en relación con el retorno de Cristo (futurismo)?

Emplearé el evento del anticristo para ilustrar estos acercamientos diferentes. El Apocalipsis 13 pinta una figura (la bestia) que representa al anticristo escatológico. ¿Deberíamos interpretar esta figura como *solamente* simbolizando el mal que intenta frustrar los propósitos de Dios para su iglesia (idealismo)? O, ¿es esto una referencia a una figura histórica en el primer siglo, tal como Nerón o Domiciano (preterismo)? ¿Entenderemos esta figura del anticristo como ser personificada en el papado, un gobierno dictatorío, o en alguna otra institución histórica (historicismo)? O, ¿debería uno que se piensa ser el anticristo estar visto como una persona verdadera que ha de emerger en el futuro para oponer al pueblo de Dios justo antes de que Cristo vuelva (futurismo)?

Durante los años, los cristianos han sostenido estos cuatro puntos de vista. La postura tomada en este libro es la interpretación futurista. Eso no quiere decir que los creyentes en el día de Juan no estuvieran experimentando pruebas semejantes a aquellas descritas proféticamente en el Apocalipsis; y seguramente hay verdades atemporales y espirituales contenidas en este libro para instruir todas las generaciones de la iglesia. Sin embargo, estos últimos propósitos no deberían eclipsar el mensaje de la persecución escatológica de la iglesia por el anticristo y las exhortaciones dadas a los creyentes a que perseveren (*hypomone*), venzan (*nikao*), escuchen (*akouo*), y que tengan fe (*pistis*). Ya que yo escribo para los futuristas no es necesario gastar tiempo para establecer el acercamiento futurístico. No obstante, para los que estén interesados en ese debate, remito al lector a alguna literatura provechosa.[56]

Una segunda área de desacuerdo respecto al libro del Apocalipsis es la estructura del libro. Hay, a la vez, consenso en una estructura básica formal. La mayoría está de acuerdo que el prólogo se encuentra en Apocalipsis 1:1-8 ó 1:1-20, y el epílogo en 22:6-21. También, hay acuerdo general que las cartas a las siete iglesias en los capítulos 2-3 contienen una sección indentificable. Por eso, nos quedamos con el cuerpo del libro en Apocalipsis 4:1–22:5. Ha habido varios propuestos válidos en cuanto a su estructura.

Algunos lo han estructurado por ver una naturaleza *temporal* de la perspectiva de Juan. "Escribe, pues, las cosas que has visto, y las que son, y las que han de suceder después de éstas" (Apocalipsis 1:19).[57] Otro arreglo común es la naturaleza *literaria* en la que Juan es llamado tres veces a presenciar unos agrupamientos de visiones nuevas (4:1-16:21, 17:1-21:8, 21:9-22:5). Algunos prefieren ver el Apocalipsis principalmente por el lente de una división del *reino* en la cual la primera mitad del libro (1-11) narra los eventos desplegando hasta la reclamación de Dios de su reino y la derrota de el de Satanás: "El reino del mundo ha venida a ser el reino de nuestro Señor y de su Cristo, y Él reinará por los siglos de los siglos" Apocalipsis 11:15). La segunda mitad del libro (12-22) está entendida como una repetición de estos eventos por extender o desarrollarlos. Por último, la estructura más llamativa que da Juan es el arreglo septeto (o grupo de siete), con cinco series de sietes, o septetos. El primer septeto es las cartas a las siete iglesias (2-3). El segundo septeto es un rollo sellado con siete sellos (6:1-17, 8:1). El tercero es los juicios de las trompetas (8:2-9:21, 11:15-19). El cuarto es las copas, que se dicen contener la ira final de Dios (15:1-16:21). El quinto septeto – el único no enumerado explícitamente—es siete visiones que comparten rasgos similares los unos con los otros (12-14).

Otro fenómeno literario en el libro que es muy importante, pero a veces minimizado, es el uso del paréntesis que funcionan como una pausa en la narrativa para proveer desarrollo sobre los sucesos previos antes de pasar adelante nuevamente. Hay pasajes parentéticos menores esparcidos en todas partes del libro junto con dos mayores pasajes parentéticos (12-14, 17:1-20:3).

La primera mitad del libro, los capítulos 1-11, es debidamente secuencial, llevándonos hasta la terminación del período de siete años. Después, encontramos la primera sección parentética mayor en los capítulos 12-14. Nos da una vista panorámica del conflicto entre los reinos de Satanás y Dios. La sección abarca el período de la promesa mesiánica durante la historia de Israel, entonces se enfoca mayormente en la gran tribulación del anticristo, y concluye con las siegas escatológicas de liberación y juicio en la venida de Cristo.[58] La narrativa comienza de nuevo en 15-16 con los juicios de las copas. La segunda sección parentética mayor se encuentra en los capítulos 17:1-20:3. Esta sección desarrolla unos pocos eventos claves, incluso las sexta y séptima copas, la gran prostituta y la autoridad de la bestia, la destrucción de la gran ciudad de "Babilonia", Dios siendo glorificado del cielo, la cena de las bodas del Cordero, y la derrota de los "tres adversarios de Dios". Finalmente, la conclusión del libro destaca el comienzo del milenio en los capítulos 20:4-22:21.

Quiero hacer un par de observaciones tocante a la primera sección parentética mayor que se encuentra en el Apocalipsis 12-14 para que podamos interpretarla correctamente a la luz de la estructura en su totalidad en el libro. Primero, no podemos forzar todos los capítulos en un arreglo cronológico. De lo contrario, nos estaremos confundidos por estar en pugna con los eventos, especialmente con los que están descritos en esta sección. Es cierto que la narrativa en el Apocalipsis sí manifiesta un movimiento *progresivo general*. Por ejemplo, sabemos que el punto culminante en el Apocalipsis en los capítulos 19-22 sigue la narrativa en los capítulos 1-18, y es patente que los capítulos 6-22 siguen los capítulos 1-5. Aunque los capítulos narrativos de los sellos, trompetas, y copas son secuenciales, los capítulos 12-14 son extraños en que no siguen cronológicamente la narrativa en los capítulos 8-11. Por ejemplo, las referencias en los capítulos 12-14 representan el principio de la campaña del anticristo, mientras la narrativa en los capítulos 8-9 describe los juicios de las trompetas. Pero sabemos que la ira de Dios no empieza *antes* de la persecución del anticristo. Así pues ¿cómo justifica el intérprete esta excepción de la regla de otra manera mientras retiene una narrativa secuencial? La cuestión de la cronología de los capítulos 12-14 se resuelve cuando los intérpretes reconozcan que estos capítulos funcionan como una unidad parentética de siete visiones. Ellas sirven para moderar constructivamente la narrativa para dar desarrollo en cuanto a los previos eventos que ocurrieron mayormente durante el período de siete años antes de volver de nuevo en los capítulos 15-16, que describen los juicios de las copas que sucederán inmediatamente después de dicho período de siete años.

El recurso literario de los paréntesis no es único al libro del Apocalipsis. Se encuentra también en otros dos pasajes escatológicos: Mateo 24 y Daniel 7. Mateo 24:9-14 es una visión de conjunto de la gran tribulación, mientras los versículos 15-28 son parentéticos y desarrollan la gran tribulación. Daniel 7:1-14 es un conjunto narrativo seguido por un desarrollo parentético de la cuarta bestia en los versículos 15-27. Una vista del bosque en su conjunto del libro del Apocalipsis nos ayudará, porque es fácil de perdernos en medic de los arboles de versículos.

Aquí está la estructura que propongo para el libro del Apocalipsis.

PRÓLOGO Y RECIPIENTES
1. Prólogo
2-3 Las siete iglesias

ANTES DEL DÍA DEL SEÑOR
4. Visión de adoración celestial
5. Rollo con siete sellos y el Cordero digno
6. Abriendo los seis sellos
7. Protegidos: 144.000 judíos sellados y una multitud incontable rescatada

EL DÍA DEL SEÑOR
8. Séptimo sello abierto: cuatro primeros juicios de trompetas

9. Quinta trompeta/primer ¡ay!; sexta trompeta/segundo ¡ay!

PERÍODO DE SIETE AÑOS COMPLETADO
10. Ángel poderoso y misterio de Dios completado
11:1-13 Terminación del ministerio de los dos testigos
11:14-19 Séptima trompeta/tercer ¡ay! y el reino de Dios reclamado

PARÉNTESIS 1: CONFLICTO CÓSMICO
12. Panorama de intrigas de Satanás
13. ¿Lealtad al anticristo o a Jesucristo?
14. 144.000 judíos redimidos; juicios próximos; cosechas de la tierra

EL DÍA DEL SEÑOR CONCLUIDO
15. Preludio a los juicios de copas
16. Séptima trompeta/tercer ¡ay! continuado en los juicios de las siete copas

PARÉNTESIS 2: LA CAÍDA DE BABILONIA Y DEL ANTICRISTO
17. La gran prostituta y la autoridad de la bestia
18. Destrucción de la gran ciudad de "Babilonia"
19:1-10 Dios glorificado desde el cielo; la cena de bodas del Cordero
19:11 - 20:3 Derrota de los "tres adversarios de Dios"

COMIENZO DEL MILENIO Y RENOVACIÓN
20:4-6 Clases de resurrección
20:7-15 Satanás y los impíos perecen
21:1 - 22:5 Cielo nuevo, tierra nueva, nueva Jerusalén
22:6-21 Epílogo

Apéndice 4.
Expectación, no inminencia

Ya que la ira del día del Señor comienza en el mismísimo día que Dios viene para rescatar a los justos (Lucas 17:22-35; 2 Tesalonicenses 1:6-10), esta verdad tiene ramificaciones para la enseñanza pretribulacional que sostiene que Cristo puede arrebatar a la iglesia en cualquier momento, es decir su venida es inminente. Esto significa que no pueden ser ningunos eventos profetizados que *deben* ocurrir antes del arrebatamiento. Los pretribulacionistas sostienen que si la Biblia predice un evento que tendrá lugar antes del arrebatamiento, entonces el regreso de Cristo ya no puede ser inminente. ¿Pero es cierto que la Biblia enseña la inminencia? Las Escrituras profetizan que cuatro eventos explícitos deben realizarse antes de la ira del día del Señor. Dada esta enseñanza sobre el arrebatamiento y la ira en el mismo día, por necesidad estos cuatro eventos ocurrirán antes del arrebatamiento, el cual por definición no puede ser un evento inminente. Ya hemos discutido el evento de la perturbación celestial, pero sería bueno de repetirlo aquí.

Y haré prodigios en el cielo y en la tierra: sangre, fuego y columnas de humo. El sol se convertirá en tinieblas, y la luna en sangre, antes que venga el día del Señor, grande y terrible. (Joel 2:30-31)

Un segundo profeta antiguotestamentario, Malaquías, predijo otro evento que tendría lugar antes del día del Señor. "He aquí, yo os envío al profeta Elías *antes* que venga el día del Señor, día grande y terrible" (Malaquías 4:5, énfasis añadido). Juan el bautista era un tipo o pauta de Elías, pero no él que cumplió su ministerio.[59]

En el Nuevo Testamento vemos que el apóstol Pablo nos suministra con otros dos eventos proféticos que ocurrirán antes del día del Señor—y por eso antes del arrebatamiento. El escribe,

> Pero con respecto a la venida de nuestro Señor Jesucristo y a nuestra reunión con Él, os rogamos, hermanos, que no seáis sacudidos fácilmente en vuestro modo de pensar, ni os alarméis, ni por espíritu, ni por palabra, ni por carta como si fuera de nosotros, en el sentido de que el día del Señor ha llegado. Que nadie os engañe en ninguna manera, porque no vendrá sin que primero venga la apostasía y sea revelado el hombre de pecado, el hijo de perdición, el cual se opone y se exalta sobre todo lo que se llama dios o es objeto de culto, de manera que se sienta en el templo de Dios, presentándose como si fuera Dios. (2 Tesalonicenses 2:1-4)

En este pasaje, es notable que Pablo da el arrebatamiento ("nuestra reunión con Él") una conexión íntima con el día del Señor. Esto se hace porque en el contexto inmediato, él explica que la ira de Dios empieza en el mismo día que el pueblo de Dios está entregado de su persecución (2 Tesalonicenses 1:6-10). Entonces, él cita dos eventos perceptibles que deben ocurrir antes que comience el día del Señor y así tranquiliza a los creyentes tesalonicenses que la ira del día del Señor no ha ocurrido todavía: (1) "la rebelión" (es decir, una apostasía bien conocida que tendrá lugar), y (2) el "hombre de iniquidad" (el anticristo) será revelado, quien "se sienta en el templo de Dios, presentándose como si fuera Dios".

En vez de inminencia, la Biblia enseña *expectación* referente al retorno de nuestro Señor. Los escritores del Nuevo Testamento se dirigen a sus creyentes contemporáneos como si la segunda venida de Cristo sí pudiera suceder en su generación, pero eso no puede ser antes de que ciertos eventos proféticos claves tuvieran lugar. Estos serán los distubios celestiales, la venida de Elías, la apostasía, y la revelación del anticristo. Es posible que nuestra generación de la iglesia podría ser la que viera estos eventos. El tiempo nos dirá. Mientras tanto, debemos estar vigilantes, obedientes, y fieles a nuestro Señor de miedo que Él vuelva cuando no estemos listos espiritualmente para hacer frente a Él.

Expectación – No Inminencia

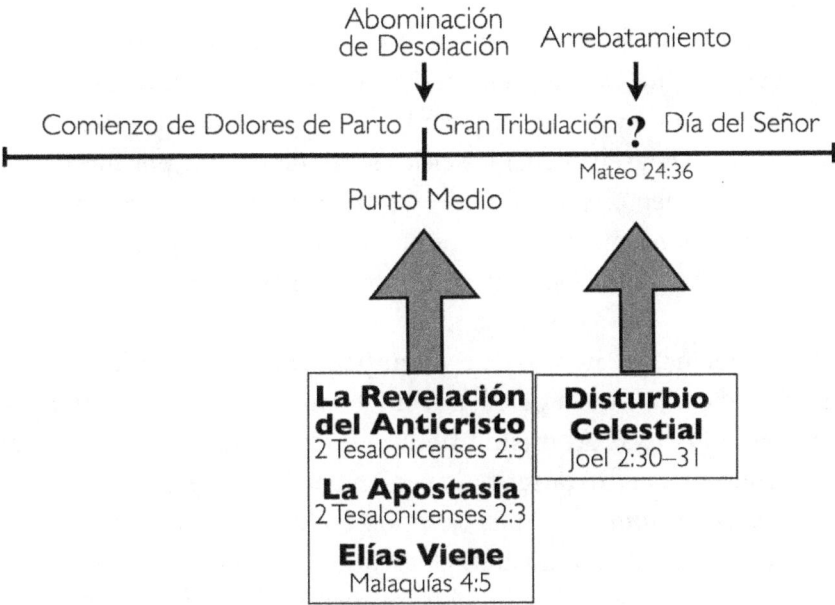

Ahora, quiero responder brevemente al texto de prueba pretribulacional de Tito 2:13: "Aguardando la esperanza bienaventurada y la manifestación de la gloria de nuestro gran Dios y Salvador Cristo Jesús". Este versículo se usa como un texto de prueba, pero no lleva ninguna indicación de inminencia. El versículo meramente enseña que nuestra esperanza bienaventurada es "la manifestación de la gloria de nuestro gran Dios y Salvador Cristo Jesús". El pretribulacionismo enseña que el retorno de Jesús no puede ser una esperanza bienaventurada si ciertos eventos proféticos deben ocurrir antes del arrebatamiento. ¿Pero por qué no? Lógicamente, eso no tiene sentido. Yo puedo alegrarme de antemano del tiempo bendito cuando las flores de primavera estén en plena floración, pero antes de que eso suceda, la nieve debe de desaparecer primero. Y puedo anticipar con gozo lo de ser un padre, pero un par de cosas deben de tener lugar primero, ¡a menos que una cigüeña inminentemente pase por aquí! Decir que el arrebatamiento no puede ser una esperanza bienaventurada si haya eventos profetizados que deben ocurrir primero no hace sentido bíblico tampoco. Por ejemplo, Pedro escribe,

> Puesto que todas estas cosas han de ser destruidas de esta manera, ¡qué clase de personas no debéis ser vosotros en santa conducta y en piedad, esperando y apresurando la venida del día del Dios, en el cual los cielos serán destruidos por fuego y los elementos se fundirán con intenso calor! Pero, según su promesa, nosotros esperamos nuevos cielos y nueva tierra, en los cuales mora la justicia. (2 Pedro 3:11-13)

Pedro enseña que hemos de esperar para el tiempo bendito de los nuevos cielos y nueva tierra, porque es una "promesa" de cuando "mora la justicia". Al mismo tiempo que anhelamos por aquella edad bendita, Pedro describe la venida del día de la ira de Dios que debe suceder *antes* de aquel tiempo bendito. Así, hay precedente bíblico para anhelar un tiempo bendito, aunque sea precedido por otros sucesos. Además, el término para "esperando" en Tito 2:13 ("esperando…nuestra esperanza bendita") es *prosdechomai*, que sencillamente quiere decir "pensar con mucha ilusión en el cumplimiento de nuestra expectación". Este término nunca significa "inminencia".[61]

Otra objeción que he escuchado muchas veces es que la esperanza bendita no puede ser bendita si la iglesia tiene que pasar por la gran tribulación del anticristo antes del arrebatamiento. Una versión de ello va como lo siguiente: "¡Estoy mirando por el Cristo verdadero, no el anticristo!". Esto suena piadoso al principio, pero no hay sustancia bíblica detrás de ella. Por contraste, Pedro instruye a la iglesia que la persecución será la norma que continuará hasta el regreso de Cristo.

> Amados, no os sorprendáis del fuego de prueba que en medio de vosotros ha venido para probaros, como si alguna cosa extraña os estuviera aconteciendo; antes bien, en la medida en que compartís los padecimientos de Cristo, regocijaos, para que también en la revelación de su gloria os regocijéis con gran alegría. (1 Pedro 4:12-13)

Pedro no sólo enseña que la revelación de Cristo será un tiempo de regocijo, sino que enseña también que la persecución que ocurre poco tiempo de antemano hará que ese retorno esté *aun más* bendito. Según él, el conocimiento de que vienen los tiempos dificíles debería intensificar nuestra esperanza bienaventurada de estar con el Señor, no disminuirla. En fin, Pedro y Pablo hablan de la *doxa*, la gloria, deslumbradora, de su revelación o aparición personal la, la cual estará un tiempo de regocijo bendito.

Aquí está algo más de tomar en cuenta: ¿Para cuál grupo de creyentes piensa usted que el regreso de Cristo será considerado más bendito? ¿Será para los complacientes en sus sofás, mirando la tele mientras llenando sus estómagos con comida? o ¿para creyentes que viven en un país perseguido, ayunando y confiando en el Señor durante amenazas de encarcelamiento? Creo que la respuesta es obvia. La gran tribulación del anticristo refinará la fe de creyentes y estimular anticipación apremiante de estar con su Salvador y Novio. La esperanza bienaventurada no es un arrebatamiento secreto e inminente. Es simplemente de ver y estar con nuestro Salvador en nuestro estado glorificado en su revelación. La gran tribulación intensificará esa esperanza.

La inminencia pretribulacional es una enseñanza británica/

americana que es relativamente nueva en la historia de la iglesia. La ganó aceptación por Los Hermanos de Plymouth en Inglaterra a mediados del siglo XIX y es basada en la enseñanza del teólogo John Nelson Darby. Si el pretribulacionismo se encuentra en otras partes del mundo hoy día, y lo es, es sólo porque ha estado exportado mediante los misioneros de aquellos dos países ya mencionados arriba. Puede que dicha enseñanza suene nueva, aun desafiante para algunos lectores. Es posible que usted hubiera sido criado en una tradición que asumía la inminencia del regreso del Señor. Si esto le describe a usted, le animo a que sea un "bereano" en la fe y que pruebe todo con la Palabra de Dios. "Estos [bereanos] eran más nobles que los de Tesalónica, pues recibieron la palabra con toda solicitud, escudriñando diariamente las Escrituras para ver si estas cosas eran así" (Hechos 17:11).

Apéndice 5.
¿Qué creía la iglesia primitiva?

El desarrollo de la escatología "pre-ira" (es decir, antes de la ira) en décadas recientes ha refinado nuestro entendimiento teológico del día del Señor y el arrebatamiento.[62] La esencia de la enseñanza pre-ira, sin embargo, se remonta al período de la iglesia primitiva, y halla testimonio aun en el primer siglo en el documento cristiano más temprano aparte del Nuevo Testamento. Dicho documento se llama la Dídaque, "la Enseñanza" (por otro nombre, *La enseñanza de los doce apóstoles*). Por la esencia de la postura pre-ira, quiero decir específicamente la enseñanza que la iglesia topará con la persecución del anticristo, seguido por la venida de Cristo para resucitar y rescatar a su pueblo.

La Dídaque es un documento cristiano temprano que es extremadamente importante porque es una ventana que nos permite ver la fe y el comportamiento de un segmento de la iglesia primitiva. Fechada entre 50-120 d.C., es un documento composicional de varias fuentes, con la más temprana escrita probablemente antes de 70 d.C. El probable lugar de origen es Siria, a lo mejor en la ciudad de Antioquía, el centro cristiano principal en aquellos días. La Dídaque consiste de tres partes.

La primera parte es un código de morales cristianos, los "Dos Caminos", lo cual expone sobre el camino de vida y el camino de muerte. La segunda es un manual de orden eclesiástica de las reglas de conducta que se prescriben referente a la administración del bautismo, el gobierno de la iglesia, la cena del Señor y otras cosas. Se concluye con una sección escatológica que presenta un bosquejo del discurso del Olivete de Mateo. La Dídaque es la primera interpretación escrita en la historia de la iglesia de la enseñanza de Jesús acerca de su segunda venida.

La iglesia primitiva abrasaba la Dídaque como contener la enseñanza ortodoxa, incluso su interpretación de escatología. Este documento era tan importante que provocaba algunos padres de la iglesia primitiva (aunque equivocadamente) que la acepten como Escritura. Pero en su mayor parte se usaba para la instrucción de los líderes de la iglesia, creyentes, y los candidatos bautismales. La sección escatológica de la Dídaque se encuentra en el capítulo 16.

> (1) Vela por amor de vuestra vida. No permitáis que se apaguen vuestras lámparas, ni que vuestros lomos se aflojen, sino estad preparados, porque no sabéis la hora en que el Señor vendrá. (2) Estad juntos a menudo, buscando las cosas que son convenientes para vuestras almas: porque todo vuestro andar en la fe no os será de provecho si no sois hechos perfectos en los últimos tiempos. (3) Porque en los últimos días se multiplicarán a los falsos profetas y a los corruptores y las ovejas convertirán en lobos, y el amor se cambiará en odio. (4) Porque al aumentarse la iniquidad, se odiarán unos a otros y perseguirán y traicionarán. Y entonces aparecerá el engañador del mundo como un hijo de Dios, y hará señales y prodigios, y la tierra será entregada en sus manos, y hará cosas inicuas, las cuales nunca se hicieron desde el principio del mundo. (5) Entonces toda la humanidad creada vendrá al fuego de prueba, y muchos estarán ofendidos y perecerán, pero los que se aguantan en su fe serán salvos por la Maldición Misma. (6) Y entonces se manifestarán las señales de la verdad: primera,

la señal que se extiende en los cielos, entonces la señal del toque de la trompeta, y tercera, la resurrección de los muertos; (7) pero no todos, sino como se dijo: El Señor vendrá y todos sus santos con Él. (8) Entonces el mundo le verá venir con las nubes del cielo. (Dídaque 16:1-8)[63]

La fuente bíblica principal de la cual Dídaque 16 saca su enseñanza es Mateo 24-25, aludiendo a ella a menudo. El primer versículo comienza con exhortaciones de estar listo espiritualmente (cfr. Mateo 25:1-13, "Las diez vírgenes"). En el versículo 2, hay una advertencia de "causa y efecto" que una falta de juntarse consecuentemente con otros creyentes estorbará la fe que estimula la preparación. La razón para esta vigilancia se da en los versículos 3-8, los cuales también proveen la cronología básica de los eventos. Lo que sigue es mí sumario del contenido de cada uno de las secciones relevantes:

3-4a Profetas falsos, corruptores, amor cambiado en odio, anarquía creciente, persecución, y traición.

4b-5 Entonces el engañador del mundo (el anticristo) aparecerá engañosamente como un hijo de Dios, y hará señales y prodigios. La tierra será entregada en sus manos, y el hará abominaciones sin precedente (la gran tribulación). La humanidad encarará al fuego de prueba, y muchos caerán (apostasía) y perecerán (martirio), pero los que perseveran en su fe (creyentes verdaderos durante la gran tribulación) serán salvos (rescatados) por la Maldición Misma (Cristo mismo).

6-8 Y entonces manifestarán las señales de la verdad: primero la señal de una abertura en los cielos, entonces la señal del sonido de la trompeta, y tercero, la resurrección de los muertos (no los impíos, sino los justos, cfr. v. 7). Entonces el mundo lo verá al Señor viniendo sobre las nubes del cielo (la gloria Sekiná).

Como la secuencia arriba instruye, el anticristo aparecerá primero, antes de la venida de Cristo para resucitar y librar a su pueblo fiel. A propósito, en los dos capítulos anteriores la Dídaque interpreta a los elegidos que están recogidos en Mateo 24:31 como ser la iglesia: "Sea recogida tu iglesia desde los extremos de la tierra en tu reino" (Dídaque 9:4). Y, "Recuerda a tu iglesia, Señor, para librarla de todo mal y haz que sea perfecta en tu amor; y desde los cuatro vientos recoja a la iglesia que ha sido santificada en tu reino, la que tú has preparado para ella" (Dídaque 10:5).[64] Porque la Dídaque enseña que la iglesia encontrará al anticristo, se establece que la base de la escatología pre-ira se remonta al período apostólico.

Nuestra autoridad final es la Palabra de Dios, y ahí está donde debemos hallar la enseñanza inspirada que necesitamos para fe y comportamiento. No obstante, es sabio de aprender de aquellos que han vivido antes de nosotros. Ya que la historia de la iglesia nos enseña mucho, cuanto más peso se lleva por los escritos de toda la era apostólica, y ¡la Dídaque en particular!

Dídaque 16	Paralela	Mateo 24-25
1	Vigilancia	25:1-13
3a	Profetas falsos	24:11
3c	Amor disminuido	24:12b
4a	Iniquidad aumentada	24:12a
4b-d	Odio, persecución, traición	24:9-10
4e	El anticristo	24:15a
4f	Señales y prodigios	24:24b
4g	Tribulación sin igual	24:21
5b	Apostasía	24:10a
5c	Permaneciendo al fin	24:13
6a-b	Señal de su venida	24:30a
6c	Sonido de la trompeta	24:31a
6d	Resurrección y recogimiento	24:31b

8a	Visibilidad universal	24:30b
8b	Viniendo sobre las nubes del cielo	24:30c

Ahora vamos a fijarnos en el comentario de siete padres de la iglesia primitiva que escribieron posterior a la Dídaque. Todos están de acuerdo que la iglesia sufrirá la persecución del anticristo. Será suficiente de proveer estos siete que escribieron antes de 250 d.C., aunque podríamos listar a otros más allá de aquel período. Aparecen más o menos en el orden cronológico (traducidos del inglés).[65]

Epístola de Bernabé (c.80–c.100)

La piedra de tropiezo final (o fuente de peligro) se acerca… Ponemos atención seria en estos últimos días; porque todo el [pasado] tiempo de su fe les aprovechará nada, a menos que ahora en este tiempo inicuo nosotros aguantemos también las fuentes venideras de peligro, como es apropiada para los hijos de Dios. Para que el Negro [el anticristo] no pueda hallar ningún medio de entrada, huyamos de toda vanidad y odiemos totalmente las obras del camino de maldad. No vive, por haberse apartado, una vida solitaria, como si ya fuera [completamente] justificado…Tengamos cuidado, para que descansando en una vida desahogada, como los que son llamados [de Dios], nosotros debiéramos caer dormidos en nuestros pecados, y el príncipe inicuo, adquiriendo poder sobre nosotros, debiera apartarnos bruscamente del reino del Señor (*Epístola de Bernabé*, 4).

El Pastor de Hermas (c.95–c.150)

[Bendito sea] él que aguanta la gran tribulación que viene, y [bendito sean] los que no se tendrán en cuenta su propia vida (Visión 2:2).

Los, por lo tanto, que continúan firmes y sometidos a una prueba de fuego, serán purificados por medio el…Pero la parte blanca es la edad que ha de venir, en la que los escogidos de Dios morarán, puesto que aquellos elegidos por Dios a la vida eterna serán sin mancha y puros…Esto pues, es el tipo de la gran tribulación que ha de venir (Visión 4:3).

Justino Mártir (c.110–c.165)

Él [Jesucristo] vendrá del cielo con gloria, cuando el hombre de apostasía [el anticristo], quien habla cosas raras en contra del Altísimo, se atreverá a hacer hechos ilegales en la tierra en contra de nosotros los cristianos (*Diálogo con Trefo*, CX).

Ireneo (c.120–c.202)

Y ellos [los diez reyes que se levantarán] devastarán a Babilonia, y quemarla con fuego, y dará su reino a la bestia, y ahuyentar a la iglesia (*Contra Herejías*, V, 26, 1).

Y por tanto, cuando en el fin la iglesia de repente será arrebatada de esto, se dice, "…habrá entonces una gran tribulación, tal como no ha acontecido desde el principio del mundo hasta ahora, ni acontecerá jamás" (Mateo 24:21). Porque esto es la última prueba de los justos, en la cual, cuando venzan, son coronados con incorrupción (*Contra Herejías*, V, 29:1).

Es por lo tanto más seguro, y menos peligroso, de esperar el cumplimiento de la profecía [el anticristo] en vez de hacer conjetura al respecto y de lanzar acá y allá para algunos nombres que se presentaran, ya que muchos nombres puedan estar encontrados poseyendo el número mencionado. Y la misma cuestión, después de todo, quedará no resuelta…Pero él indica el número del nombre ahora, que cuando este hombre [el anticristo] venga, podemos evitarlo, siendo consciente de quién es (*Contra Herejías*, V, 30, 3, 4).

Porque todas estas y otras palabras indudablemente estuvieron en cuanto a la resurrección de los justos, la que tiene lugar después de la venida del anticristo...Y [con respecto de] los quienes el Señor encontrará en la carne, esperándolo desde el cielo, y que han sufrido tribulación, y han escapado de las manos del Malvado (*Contra Herejías* V, 35, 1.).

Tertuliano (c.145–c.220)

Herejías, en la actualidad, no rajarán a la iglesia menos por su perversión de doctrina que la perseguirá el anticristo en aquel día por la crueldad de sus ataques, salvo que la persecución hace siete mártires, (pero) la herejía hace solamente apóstatas (*La Receta Contra Herejías*, IV).

Y que la bestia [quien es] el anticristo con su profeta falso pueden librar batalla contra la iglesia de Dios (*Sobre la Resurrección de la Carne, 25*).

Ahora bien, el privilegio de este favor [de estar vivo cuando Cristo retorne] espera a los quienes en la venida del Señor estarán encontrados en la carne, y quienes, debido a las opresiones en los días del anticristo, merecen por medio de una muerte instantánea [es decir, arrebatado, trasladado] lo que se hace por un cambio de repente, para llegar a ser calificados para juntarse con los santos ascendentes, como él escribe a los tesalonicenses [1 Tesalonicenses 4:15-17] (*Sobre la Resurrección de la Carne, 41*).

Hipólito (c.185–c.235)

Cuando los tiempos se cumplan, y los diez cuernos surjan de la bestia en los últimos [tiempos], entonces el anticristo aparecerá entre ellos. Cuando él libre batalla contra los santos, y los persiga, en aquel tiempo podemos esperar la manifestación del Señor del cielo (*Sobre Daniel,* II, 7).

Para que cuando esas cosas [la marca de la bestia del anticristo] se realicen, podamos estar preparados por ellas, y no engañados. Porque cuando avancen los tiempos, él también, de quien estas cosas se hablan, será manifestado (*Tratado Sobre Cristo y Anticristo*, 50).

Ahora bien, en cuanto a la tribulación de la persecución la cual ha de caer sobre la iglesia desde el adversario...Esto se refiere a los mil doscientos y sesenta días (la mitad de la semana) durante lo que el tirano ha de reinar y perseguir a la iglesia (*Tratado Sobre Cristo y Anticristo,* 60, 61, cfr. 60-67).

Cipriano (c. 200–c.258)

Porque vosotros deberían saber y creer, y tomarlo por seguro, que el día de aflicción ha comenzado a pesar sobre nuestras cabezas, y el fin del mundo y el tiempo del anticristo de acercarse. Por eso debemos todos estar preparados para la batalla, no considerando nada salvo la gloria de la vida eterna y la corona de la confesión del Señor, no tomando en cuenta aquellas cosas que vienen, como estaban las que ya han desaparecido. Una lucha más severa y más furiosa ya está amenazante, de manera que los soldados de Cristo deberían prepararse con la fe incorrupta y el coraje robusto, considerando que ellos toman la copa de la sangre de Cristo diariamente, para que ellos mismos también puedan derramar su sangre por Cristo (*Epístola* 55, 1).

Ni permite que cualquiera de vosotros, amados hermanos, sea tan aterrorizado por el miedo de la persecución futura, o de la venida del anticristo amenazador, como no de estar encontrado armado para todas las cosas por las exhortaciones y los preceptos evangélicos y por las advertencias celestiales. El anticristo viene, pero arriba de él viene Cristo también. El enemigo anda por doquier y está furioso, pero el Señor sigue inmediatamente para vengar nuestros sufrimientos y nuestras heridas. El adversario es enfurecido y amenaza, pero hay Uno quien puede librarnos de sus manos (*Epístola* 55, 7).

Estas fuentes primarias muestran el testimonio consecuente de la iglesia primitiva en cuanto a la relación entre el anticristo y la iglesia. Por supuesto, no todos los padres de la iglesia de los primeros dos siglos escribieron sobre este tema. Sin embargo, de los que sí lo mencionaron, todos ellos escribieron en voz singular que la iglesia se encararía con el anticristo. La postura pre-ira está de acuerdo con la iglesia primitiva sobre este asunto central, mientras al mismo tiempo refinando los aspectos relacionados con la segunda venida. Por contraste, la enseñanza pretribulacional tuve que esperar más de mil quinientos años antes de que alguien apareciera para introducir el concepto de un supuesto arrebatamiento inminente que ocurriría antes de la llegada del anticristo.

Apéndice 6. Descubrimiento de un rollo antiguo de 7 sellos

Las dos fotografías en las páginas siguientes son de un papiro samaritano raro del cuarto siglo a.C. y sus siete sellos sueltos (bullae). Cuando fue descubierto en 1962 en Wadi Daliyeh, todos los siete sellos aún estuvieron fijados en el rollo de pergamino. Paul Lapp describe el descubrimiento: "Esta muestra de papiro estaba parte de un hallazgo más grande que consiste en muchos más fragmentos, algunos rollos pequeños de papiro, uno aún sellado con siete sellos..." Paul W. Lapp y Nancy L. Lapp, "Una cuenta del descubrimiento" en Descubrimientos en el Wadi ed-Daliyeh, eds., Paul W. Lapp y Nancy L. Lapp [AASOR 41] (Cambridge, MA: American Schools of Oriental Research, 1974), 5.

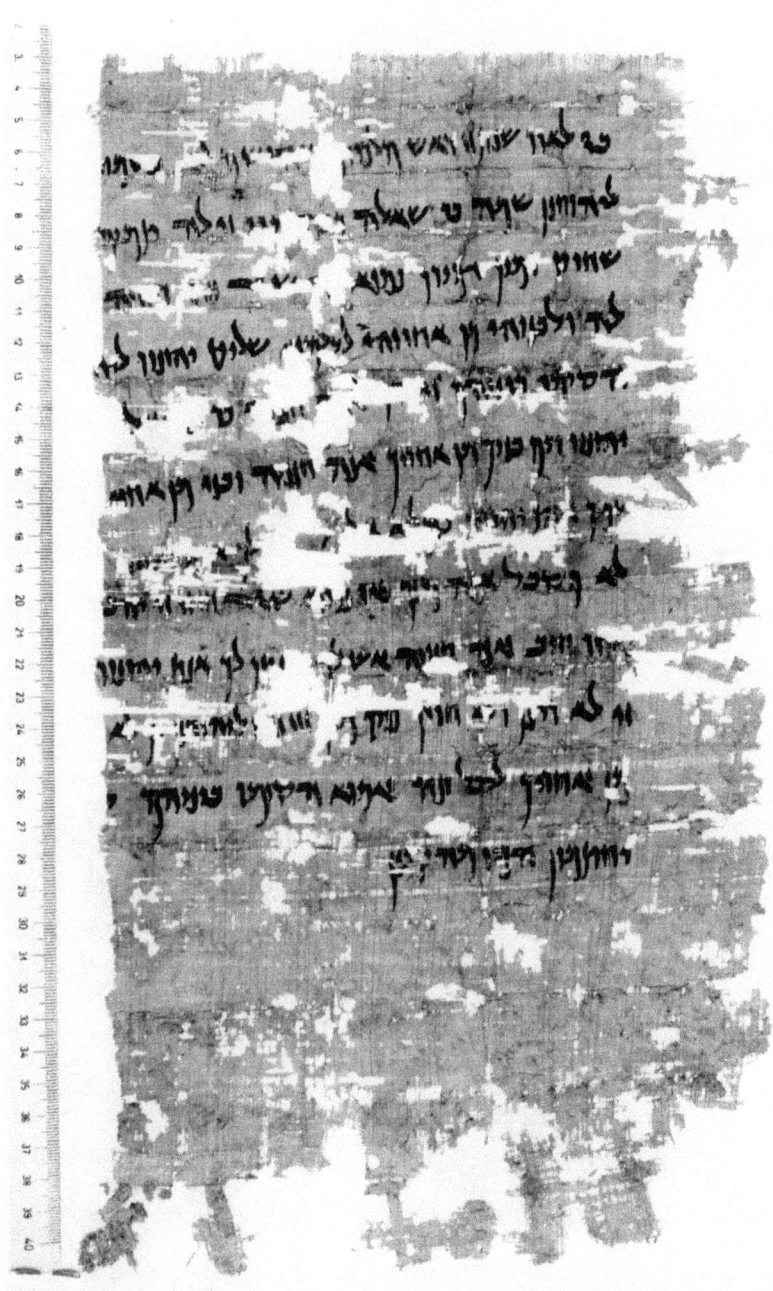

Papiro samaritano, Wadi Daliyeh, 375-335 a.C. (permiso otorgado por El Museo Israelí, Jerusalén y La Colección de la Autoridad de Antigüedades Israelíes)

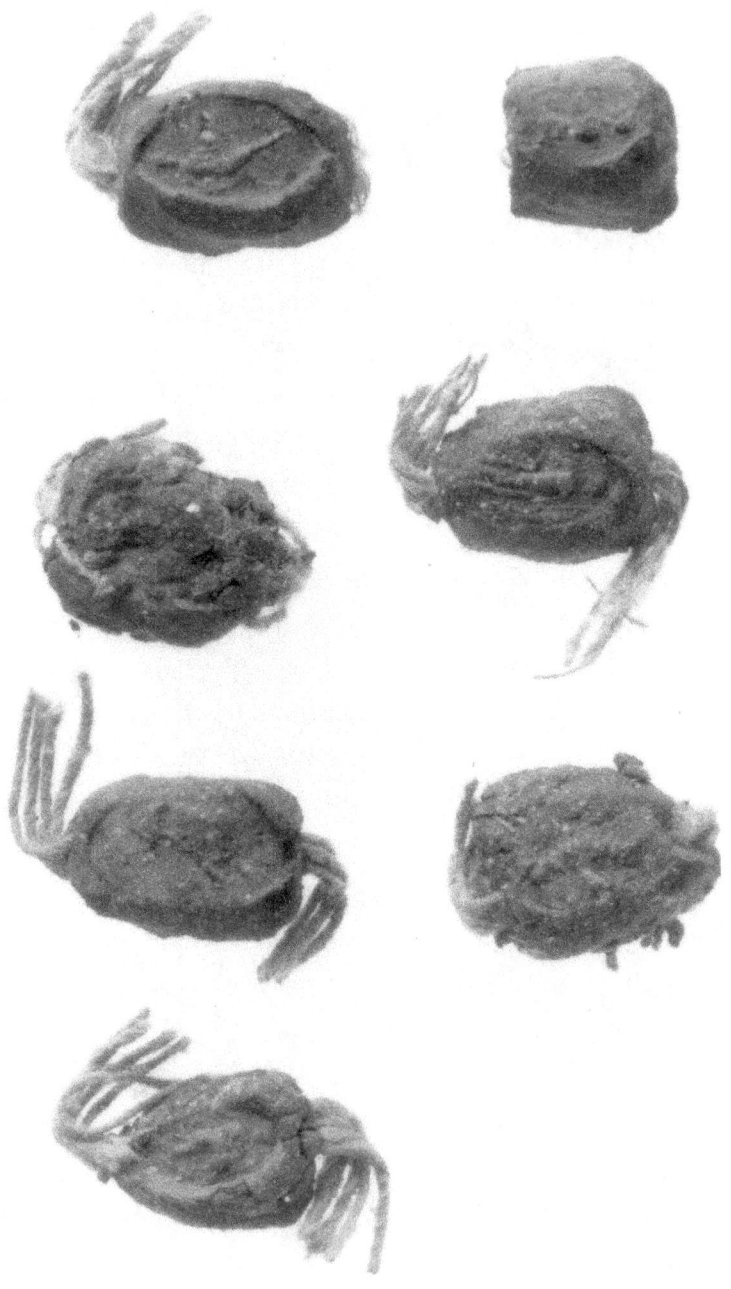

Bullae samaritanas, Wadi Daliyeh, 375-335 a.C. (*permiso otorgado por El Museo Israelí, Jerusalén y La Colección de la Autoridad de Antigüedades Israelíes*)

Notas

Parte 1. La gran tribulación del anticristo

1. Michael W. Holmes, ed. y trad., *Apostolic Fathers: Greek Texts and English Translations* 3rd ed., electronic ed. (Grand Rapids: Baker Books, 2007). Para más ejemplos de la iglesia primitiva, véase el apéndice "¿Qué creía la iglesia primitiva?"

2. Con todo, mencionaré algunos puntos breves que apoyan por qué es que los futuristas, como yo mismo, entienden que las últimas siete de los 490 años están aún en el futuro. Primero, las condiciones para la salvación de Israel ocurrirán cuando los 490 años hayan expirado, una condición que obviamente no ha ocurrido todavía: "Setenta semanas han sido decretadas sobre tu pueblo y sobre tu santa ciudad, para poner fin a la transgresión, para terminar con el pecado, para expiar la iniquidad, para traer la justicia eterna, para sellar la visión y la profecía, y para ungir el lugar santísimo" (Daniel 9:24). Segundo, Jesús cita de la profecía de 490 años en el libro de Daniel que relaciona la abominación de desolación con la segunda venida, así colocándola en un contexto futurístico (Mateo 24:15; cfr. Daniel 9:27, 12:11). Tercero, en 2 Tesalonicenses 2:3-4, Pablo asocia íntimamente la segunda venida

con la abominación de desolación de Daniel. Cuarto, el libro del Apocalipsis establece una conexión entre el retorno de Cristo y el contexto de los tres años y medio que denota la segunda mitad del período de siete años de Daniel (Apocalipsis 11:2, 12:5, 6, 14, 13:5; cfr. Daniel 9:27). Estas razones, aunque no exhaustivas, a mi juicio proveen un caso que los últimos siete años prevén cumplimiento en el contexto de la venida del Señor, el tiempo de la consumación. (Véase Harold W. Hoehner, *Chronological Aspects of the Life of Christ*, Grand Rapids: Zondervan, 1977), 115-39.

3. El verbo *gabar* es en el tema hiphil del hebreo que expresa la acción causativa. Ludwig Koehler y Walter Baumgartner, *The Hebrew and Aramaic Lexicon of the Old Testament*, electronic ed., trad. y ed. M. E. J. Richardson (Leiden: Brill, 2000); cfr. J. G. Baldwin, *Daniel* (Downers Grove: InterVarsity, 1978), 171.

4. Los pretribulacionistas minimizan la aplicación del discurso de Olivete a la iglesia. Ellos postulan un "arrebatamiento secreto" que ocurre antes de los eventos en Mateo 24 porque su teología enseña que Cristo puede volver en cualquier momento para arrebatar a la iglesia antes de la gran tribulación del anticristo. De esta manera, ellos reclaman que el recogimiento de los elegidos en Mateo 24:31 no se refiere al arrebatamiento, sino más bien al recogimiento de Israel a su tierra. Además, ellos interpretan el retorno de Jesús en poder y gran gloria en Mateo 24 como una referencia a la batalla de Armagedón. Por eso sostienen que los eventos descritos en el discurso Oliveto no se aplican a la iglesia. Esta presuposición teológica es una interpretación forzada sobre la lectura natural del texto. Los puntos siguientes apoyan que este discurso es, de veras, una enseñanza para la iglesia.

Primero, cuando Jesús dio la gran comisión a sus discípulos como representativos de la iglesia, Él los contó también que estaría con ellos hasta el fin de la edad (Mateo 28:18-20). Él los compartió tambien que este fin de la edad se extiende a los eventos del discurso en el monte de los Olivos, puesto que Él coloca este "fin" de la edad dentro del discurso mismo. "Y este evangelio del reino se predicará en todo el mundo como testimonio a todas las naciones, y entonces vendrá el fin" (Mateo 24:14). El haber establecido que la iglesia estará presente hasta el fin de la edad (versículo 14), observe en el versículo 15 que Jesús dice, "Por tanto, cuando [os] veáis..." Él tiene la misma audiencia en vista de los versículos 9-14. No hay justificación alguna de creer que el pronombre en plural "[os] *veáis*" en el versículo 15 y adelante es diferente de los que se encuentran inherentemente en el verbo "veáis" en los versículos 9-14. En otras palabras, la iglesia es la audiencia consecuente del discurso entero de Jesús.

Segundo, muchos pretribulacionistas han argumentado que puesto que el evangelio de Mateo es "judío", el discurso de Olivete no puede ser para los gentiles. Esta afirmación está plagada de muchos problemas: (1) El discurso de Olivete se encuentra también en los evangelios de Marcos y Lucas, cuyos oyentes fueron mayormente los no judíos (gentiles). (2) En Mateo, cuando Jesús sufría el rechazo por el liderazgo judío, Él enseñó que el evangelio extendería más allá de Israel a las demás naciones: "Por eso os digo, que el reino de Dios os será quitado y será dado a una nación que produzca sus frutos" (Mateo 21:43). De la misma manera, Él *preparaba* sus discípulos para instrucción acerca de la iglesia. (3) Mateo es el único evangelio que menciona la palabra "iglesia", *ekklesia* (Mateo 16:18, 18:17). Esto no quiere decir, por supuesto, que los otros evangelios no se aplican a la iglesia; el punto aquí es que los que buscan desconectar la enseñanza de Mateo en cuanto a la iglesia deben contender con ese hecho bíblico. (4) Por su lógica no deberíamos observar la cena del Señor, ya que se nos manda en Mateo 26:17-30. (5) Los pretribulacionistas están de acuerdo que la gran comisión está para la iglesia, y sin embargo ese pasaje se encuentra en el libro de Mateo (Mateo 28:19-20). Además, en la gran comisión Jesús instruye a los discípulos: "Enseñándolos [nuevos creyentes] a aguardar *todo lo que os he mandado*". ¿Por qué debería su enseñanza del discurso de Olivete y sus mandamientos allí dentro estar excluidos de "todo"? La interpretación selectiva es una señal de un argumento fracasado. Las razones son múltiples, pero el punto es que las consecuencias de creer en un arrebatamiento pretribulacional secreto resultan en una lectura y aplicación torturadas de Mateo 24-25. En fin, es una dicotomía falsa de reclamar que puesto que el libro de Mateo es judío, el discurso de Olivete no pertenece a la iglesia. A ellos se les olvidan tan fácilmente que los primeros miembros de la iglesia fueron todos judíos, ¡preparándose para llevar todas las enseñanzas y mandamientos de Jesús a los gentiles!

Tercero, la iglesia primitiva entendía que el discurso de Olivete era una enseñanza para la iglesia. Aparte del Nuevo Testamento escrito en el primer siglo, se puede sostener que la Dídaque es el documento cristiano más temprano. El nombre más largo que describe la Dídaque es "La enseñanza del Señor, por los doce apóstoles, para los gentiles". ¿En qué manera está este documento temprano relevante a nuestro tema? La Dídaque contiene el primer comentario sobre el discurso de Olivete, específicamente sobre Mateo 24. En el capítulo 16, se enseña explícitamente que la iglesia le encontraría al anticristo; por eso tenemos la referencia a los "gentiles" en el título "La enseñanza del Señor por los doce apóstoles, para los *gentiles*". Se nota también en dos capítulos previos en la Dídaque que el autor interprete a los escogidos que están recogidos en Mateo 24:31 como la iglesia: "para que su iglesia pueda ser recogida juntamente de los fines de la tierra en su reino" (Dídaque 9:4); y, "se acuerda de su iglesia, Señor, para rescatarla de todo mal y de hacerla perfecta en su amor; y desde los cuatro vientos reúne a la iglesia que ha sido santificada en su reino, el cual tú has preparada para ella" (Dídaque 10:5). Holmes, *Padres Apostólicos*. Para más discusión sobre la relevancia de la Dídaque, véase el Apéndice 5, "¿Qué creía la iglesia primitiva?"

Cuarto, los pretribulacionistas reclaman que el arrebatamiento no se encuentra en Mateo 24; por tanto, se sostiene que no puede ser una enseñanza para la iglesia. Pero al mismo tiempo, ellos, sin pensar, citan el versículo siguiente como ser aplicable al arrebatamiento: "Pero de aquel día y hora nadie sabe, ni siquiera los ángeles del cielo, ni el Hijo, sino sólo el Padre". Esta referencia es de Mateo 24:36, una parte de ¡el discurso de Olivete! Ellos no pueden tenerlo en dos sentidos. También, Mateo 24:31 contiene una referencia al arrebatamiento. Hablaré de este último punto en la Parte 2.

Quinto, la descripción de la segunda venida en el discurso de Olivete es claramente paralela a la en enseñanza de Pablo sobre la segunda venida en sus epístolas tesalónicas, las cuales se dirigen a la iglesia. Por tanto, Jesús está dando instrucción para la iglesia. Véase el apéndice "Paralelos entre Jesús y Pablo", lo que provee treinta paralelos entre la enseñanza de Pablo en las epístolas tesalónicas y el discurso de Olivete de Jesús, que demuestra que la fuente de Pablo para su enseñanza fue el discurso de Olivete.

Sexto, las exhortaciones de Mateo 24-25 aparecen en otra parte de los evangelios donde los discípulos son representativos de la iglesia (p.ej. Lucas 12:39-46, 19:11-27). Y el mandato a los discípulos mediante el discurso de Olivete de estar "alerta" (*gregoreo*) por la segunda venida (Mateo 24:42-43, 25:13) aparece en contextos para que la iglesia esté "alerta" (*gregoreo*) por la segunda venida (1 Tesalonicenses 5:6). Además, el tema del ladrón que originó en la enseñanza de Jesús (Mateo 24:42) está en otra parte aplicada a la iglesia (1 Tesalonicenses 5:2, 4). A propósito, el mandato de estar "alerta" junto con el tema del "ladrón" se encuentra en los mismos versículos aplicados a las iglesias (Apocalipsis 3:3, 16:15). *Three Views on the Rapture: Pretribulation, Prewrath, or Posttribulation*, 2º ed., ed. Alan Hultberg (Grand Rapids: Zondervan, 2010), 220-22.

Séptimo, otras razones pueden ser dadas por qué Jesús se dirigió a sus discípulos como representantes de la iglesia. Por ejemplo, los "elegidos" en Mateo 24 se refiere a los creyentes gentiles y judíos (es decir, la iglesia); y un número de los autores del Nuevo Testamento que escribieron a las iglesias locales se refiere a la enseñanza de Jesús sobre la segunda venida, aplicándola a sus propias iglesias. Y además, los padres de la iglesia primitiva, en sus escritos aplicaban el discurso de Olivete de Jesús a la iglesia. Para una defensa detallada de estos últimos tres puntos, véase Charles Cooper, *God's Elect and the Great Tribulation: An Interpretation of Matthew 24:1-31 and Daniel 9* (Bellefonte, PA: Strong Tower Publishing, 2008), 11-119.

5. En todas partes de este libro, a menos que sea anotado de otra manera, las definiciones griegas serán tomadas de *A Greek-English Lexicon of the New Testament and Other Early Chtistian Literature*, rev. y ed. Fredrick W. Danker, 3rd ed. (Chicago: University of Chicago Press, 2000).

6. Daniel Wallace, *Greek Grammar Beyond the Basics: An Exegetical Syntax of the New Testament* (Grand Rapids: Zondervan, 1996), 673. Sin embargo, es posible que *oun* pueda indicar a veces una "transición a algo nuevo". Pero en nuestro contexto, no hay evidencia de esto porque el narrativo muestra claramente que *oun* funciona para indicar un resultado o inferencia de la acción espiritual que los discípulos han de tomar de la persecución en los versículos 9-14. A partir del versículo 15, *oun* desarrolla el agente y naturaleza de la persecución.

7. El término griego *thlipsis* ocurre cuarenta y cinco veces en el Nuevo Testamento: Mateo 13:21, 24:9, 21, 29; Marcos 4:17, 13:19, 24; Juan 16:21, 33; Hechos 7:10-11, 11:19, 14:22, 20:23; Romanos 2:9, 5:3 (x2), 8:35, 12:12; 1 Corintios 7:28; 2 Corintios 1:4 (x2), 8, 2:4, 4:17, 6:4, 7:4, 8:2, 13; Efesios 3:13; Filipenses 1:17, 4:14; Colosenses 1:24; 1 Tesalonicenses 1:6, 3:3, 7; 2 Tesalonicenses 1:4, 6; Hebreos 10:33; Santiago 1:27; Apocalipsis 1:9, 2:9-10, 22, 7:14.

8. Para leer más sobre la doctrina de perseverancia y las advertencias y exhortaciones de las Escrituras y su propósito en la salvación, véase Thomas Schreiner, *Run to Win the Prize: Perserverance in the New Testament* (Wheaton: Crossway, 2010). Para una presentación breve, véase su artículo, "Perserverance and Assurance: A Survey and a Proposal", www.sbts.edu/documents/tschreiner/2.1_pdf

9. En la terminología griega gramatical, el artículo en este contexto probablemente indique un sentido "muy conocido". Daniel Wallace hace observaciones acerca de esta categoría particular, "Él artículo ['muy conocido'] señala un objeto que está muy conocido". *Greek Grammar Beyond the Basics*, 225.

Pero este artículo podría tener un sentido anafórico, indicando una referencia previa, dado que Pablo afirma, "¿No os acordáis de que cuando yo estaba todavía con vosotros os decía esto?" (2 Tesalonicenses 2:5). Pero el artículo anafórico está más ancho que el artículo muy conocido y por eso podría incluir el sentido muy conocido también. La pregunta que Wallace dice que debemos hacer es, "¿*Por qué* está muy conocido?" *Greek Grammar Beyond the Basics*, 222. Si se causa la apostasía por la gran tribulación del anticristo (como yo sostengo arriba), entonces podría ser el caso más significativo (lo peor) de apostasía en la historia judía o cristiana.

10. En vez de tomar "el templo de Dios" en su sentido normal, natural, y acostumbrado, los intérpretes historicistas niegan que Pablo signifique un templo literal y futuro en 2 Tesalonicenses 2:4: "[Él anticristo] se opone y se exalta sobre todo lo que se llama dios o es objeto de culto, de manera que se sienta en el templo de Dios, presentándose como si fuera Dios". El historicismo reclama que el uso de Pablo del "templo" se refiere metafóricamente a la iglesia ya que Pablo en otra parte usa "templo" en referencia a la iglesia. Pero esta interpretación "iglesia" es poco convincente y carece de apoyo.

Colin R. Nicholl ofrece cuatro razones buenas que muestran que Pablo tiene presente un templo literal: "(1) puesto que el autor contradice la falsa reclamación escatológica de 2:4c, esperaríamos un evento concreto, observable y llamativo; (2) el uso de *kathisai* ['se sienta'] parece más naturalmente de sugerir un templo literal y físico; (3) los artículos definitivos claramente aluden a un templo particular del Dios verdadero, lo que sólo puede referirse al templo en Jerusalén; (4) la referencia que inmediatamente precede la palabra sebasma ['objeto de culto'] favorece un templo material". *From Hope to Despair in Thessalonica: Situating 1 and 2 Thessalonians*, Society for New Testament Studies Monograph Series 126 (Cambridge: Cambridge University Press, 2004). 232-33, n. 34.

Daniel Wallace provee razones adicionales: "Parece por 63 d.C. (la fecha asignaría yo a 1 Timoteo), el modismo ["templo de Dios"] había cambiado suficientemente en el uso cristiano que un matiz metafórico había llegado a ser lo normal. Sin embargo, es igualmente importante que todas las referencias en la correspondencia a los corintios parezcan requerir una explicación (suministrado de buena gana por Pablo) para que haga claro el sentido metafórico. Así, para Pablo al menos, uno pudiera registrar su desarrollo como sigue: 50 d.C.—la noción literal aún está en vista (2 Tesalonicenses 2:4). Medio-50s—la noción metafórica está desarrollada, pero el cambio tiene que ser hecho explícito. 60s – la noción metafórica está claramente en vigor, requiriendo ninguna pista referencial explícita para este significado". http://bible.org/article/"temple-god"-2-thessalonians-24-literal-or-metaphorical (entrado 3/11/2012).

Finalmente, Gene L. Green, a pesar de su interpretación que esta es una referencia a un templo literal en Tesalónica y no Jerusalén, hace un punto excelente que milita contra un sentido metafórico del templo como ser la iglesia. Él escribe, "La orientación de las reclamaciones divinas del "hombre de iniquidad" es hacia el mundo en general y no la iglesia". *The Letters to the Thessalonians* (Grand Rapids: Eerdmans, 2002), 312.

11. Colin R. Nicholl, "Miguel, el detenedor quitado (2 Tesalonicenses 2:6-7)", *Journal of Theological Studies* 51 (2000): 27-53. Unos pocos años después él incluyó este artículo en su obra importante sobre las epístolas tesalónicas, *From Hope to Despair en Tesalónica: Situating 1 and 2 Thessalonians*, Society for New Testament Studies Monograph Series 126 (Cambridge: Cambridge University Press, 2004).

12. George Eldon Ladd, *The Blessed Hope: A Biblical Study of the Second Advent and the Rapture* (Grand Rapids: Eerdmans, 1956), 6-7.

13. Véase el Apéndice 6, "Descubrimiento de un rollo antiguo de siete sellos", de dos fotografías y una cuenta breve del descubrimiento de un rollo raro de siete sellos del cuarto siglo a.C.

14. Algunos intérpretes entienden que el jinete en el caballo blanco es Cristo, principalmente porque Apocalipsis 19:11-16 muestra el jinete sobre el caballo blanco con muchas coronas puestas en la cabeza, conquistando. No obstante, el contexto hace que esto sea poco probable. Primero, no parece probable que el jinete represente a Cristo, dado que Él ya está activo en el cuadro como el Cordero que rompe el sello. Es nada lógico de tener Cristo por último enviándose a sí mismo fuera. Segundo, el jinete en el primer sello lleva un arco, mientras en el Apocalipsis 19, Cristo lleva una espada. Tercero, el jinete del primer sello lleva una corona de laurel (*stephanos*), pero en Apocalipsis 19:12 el jinete trae puestos muchas diademas (*diademata*). Es cierto que puede ser coincidencia parcial con respecto a estos dos términos, pero el Apocalipsis sí atestigua que figuras malas llevan coronas también, *stephanos* (Apocalipsis 9:7). Cuarto, si el primer jinete fuera Cristo, entonces parecería que no hay explicación por la ausencia destacada de regalía divina comparada a la regalía copiosa de Cristo en Apocalipsis 19:11-16 (aunque, seguramente, Cristo no tiene que ser pintado en tal regalía en toda oportunidad en el libro del Apocalipsis). Quinto, es incomprensible tener a Cristo aliado con los otros tres jinetes malévolos ya que los sellos de los cuatro jinetes forman una unidad literaria estrecha. Los cuatro sellos contienen todos los elementos siguientes: un ser viviente, el mandato "¡Ven!", un caballo, un jinete, un ¡ay! y autorización divina para llevar a cabo el ¡ay!, (el tercer jinete es el único que falta una autorización de hacer efectivo un ¡ay!, probablemente porque es un resultado natural del segundo ¡ay!) Finalmente, cuando el primer jinete lleve a cabo la conquista mientras la humanidad se exalta a sí misma, Cristo acabará la venganza en la batalla de Armagedón hacia el fin de los juicios de las copas cuando Él solo sea exaltado.

Es mi sugerencia que el jinete triunfador montado en el caballo blanco simboliza al anticristo, o al menos a los cristos falsos de los cuales el anticristo sería el arquetipo. Y yo considero el anticristo no sólo como representando el primer jinete, sino los siguientes tres jinetes también. En otras palabras, los cuatro jinetes en conjunto simbolizan cuatro diferentes *fases* malévolas de la campaña del anticristo, el último siendo su estado sobrenatural revelado a partir del punto medio. Así pues, los veo como símbolos de una totalidad en vez de unas entidades desconectadas, especialmente puesto que los cuatro primeros sellos contienen elementos paralelos que forman una unidad literaria apretada (Apocalipsis 6:1-8). Efectivamente, los cuatro primeros sellos no están abiertos simultáneamente. Hay una progresión secuencial del todo en fases que desplegan uno por uno. Las razones siguientes se dan como apoyo para la identificación del jinete del primer sello como un símbolo de la primera fase de la campaña malévola del anticristo.

Primero, el libro del Apocalipsis describe la venida del anticristo en la escena mundial para conquistar y establecer su autoridad: "Se le concedió hacer guerra contra los santos y vencerlos, y se le dio autoridad sobre toda tribu, pueblo, lengua y nación" (Apocalipsis 13:7; véase también Apocalipsis 11:7, 12:12, 13:18). Esto sucederá *antes* de que Cristo como conquistador llegue para establecer su autoridad con las trompetas, copas, y Armagedón (Apocalipsis 8-9, 15-16, 19). Este punto milita contra el jinete del primer sello como si representara a Cristo, pero lo favorece para representar al anticristo.

Segundo, aparte de mi desacuerdo con Grant Osborne acerca de su interpretación del jinete en representación de la depravación humana, él hace dos observaciones importantes que apoyan mejor el jinete como el anticristo. Él escribe, "La fraseología es particularmente importante. Primero, el jinete se describe con la expresión inusual *ho kathemenos* (el que se sienta), un paralelo directo a la descripción de Dios 'sentado sobre' el trono en Apocalipsis 4:2, 3, 9, 10. Este jinete representa el género humano como estableciéndose en el lugar de Dios. Entonces, la palabra crítica *edothe* (fue dado) es una pasiva divina que señala el control de Dios del proceso [cfr. 9:3, 5; 13:5, 7] [...]. Esto denota el poder soberano de Dios sobre toda su creación, aun las fuerzas del mal. Todo que Satanás y sus secuaces hacen en el libro ocurre sólo con permiso divino [...]". *Revelation* (Grand

Rapids: Baker Academic, 2002), 277.

Tercero, el primer sello parece corresponder al primer evento de cristos falsos en el discurso de Olivete de Jesús, porque los sellos 2-7 corresponden secuencialmente a los eventos de la enseñanza de Jesús en Mateo 24. El propósito primario del anticristo será lo de venir en el nombre de Cristo para engañar al mundo, por consiguiente en ese sentido él será la representación máxima de los cristos falsos. El anticristo será el engañador arquetípico e imitador de Cristo, un tema que se desarrolla en el Apocalipsis 12-13 y 2 Tesalonicenses 2:6-10. Esto podría explicar por qué él viene a caballo blanco. El color blanco puede simbolizar la justicia, y puesto que el anticristo viene como una falsificación de justicia, un caballo blanco es apropiado a su persona (cfr. "y no de extrañar, pues aun Satanás disfraza como ángel de luz" [2 Corintios 11:14]). Sin embargo, blanco en combinación con el caballo podría simbolizar fuerza o conquista sin requerir algunas cualidades morales, lo cual alude a los líderes militares que montaron a caballo blanco a veces durante guerra. En todo caso, ambas ideas son aptas para el anticristo.

Cuarto, en las imágenes del primer sello, hay asociaciones entre Apolos y la profecía falsa de los cristos falsos. Apolos era un dios asociado íntimamente con las falsa profecía pagana, particularmente en Asia Menor Occidental a donde se lo mandó el libro del Apocalipsis. Allen Kirkeslager escribe, "En la antigüedad greco-romano, el arca habría servido como un símbolo bastante transparente de Apolos, el *dios que se creía inspirar la profecía*…Muchos judíos en el mundo greco-romano estaban bien enterados de las imágenes y los temas asociados con Apolos. Philo describe cómo el emperador Gaius imitaba a Apolos por traer puesta coronas (*stephanoi*) adornadas con los rayos del sol mientras llevando un arca y flechas" (énfasis añadido). "Apollo, Greco-Roman Prophecy, and the Rider on the White Horse in Revelation 6:2", *Journal of Biblical Literature* 112 (1993): 118-19. Kirkeslager explica también la posibilidad de una referencia al nombre de Apolos en el Apocalipsis 9:11: "Tienen sobre ellos por rey al ángel del abismo, cuyo nombre en hebreo es Abadón, y en griego, se llama Apolión" (119). Este fondo contextual de alusiones a Apolos agrega apoyo a la identificación del jinete como un símbolo de la profecía falsa mediante los cristos falsos. En nuestro contexto cristiano, esto representaría al anticristo como el arquetipo.

Dadas las varias razones ya mencionadas arriba, es mí interpretación preferida que el jinete del primer sello simboliza al anticristo, quien será el antagonista apocalíptico del Cristo verdadero. El momento probable en el que el primer sello se rompa será hacia el principio del período de siete años. Esta será la primera fase del futuro anticristo en su estado hasta entonces no revelado. Es cierto que él encarnará decepción cuando entre la escena profética cuando haga un pacto de siete años con "muchos", pero solamente para romperlo al punto medio de este período (cfr. Daniel 9:27).

15. G. K. Beale, *The Book of Revelation: A Commentary on the Greek Text* (Grand Rapids: Eerdmans, 1999), 381.

16. La construcción griega sugiere que "las bestias" se refiere al anticristo y su cómplice religioso. Las tres primeras entidades, "espada, hambre, y pestilencia" están en la construcción gramatical que se llama el "dativo instrumental de medios". La cuarta entidad, "las fieras", se encuentra en la construcción gramatical que se llama el "agente último", o como es más probable en este contexto, el "agente intermedio", con el agente último siendo la Muerte y el Hades. En otras palabras, esto indica que las fieras mismas son agentes y puede que los estén empleando la espada, hambre y pestilencia como los medios para realizar un fin. El contexto dice, "*apokteinai* [matar] *en rhomphaia* [con espada] *kai en limo* [y con hambre] *kai en thanato* [y con pestilencia] *kai hypo ton therion tes ges* [y por las fieras de la tierra]". Las tres primeras frases preposicionales que tienen *en*, más el dativo, indican "instrumento de medios". El último frase proposicional *hypo*, más el genetivo, indica el "agente último" (o posiblemente un agente intermedio). Wallace, *Greek Grammar Beyond the Basics*, 431-35. Esto es consecuente con el hecho que será

Satanás que poseerá al anticristo (véase 2 Tesalonicenses 2:5-10; Apocalipsis 13). Sabemos que será el anticristo que matará a los creyentes por la "espada" e impedirá que nadie pueda comprar ni vender, sin tener su marca (Apocalipsis 13:16-17).

17. En la terminología gramátical griega, el artículo en este contexto probablemente indica un sentido "bien conocido" (Wallace, *Greek Grammar Beyond the Basics*, 225). Otra categoría del artículo que pueda abarcar este ejemplo es el "artículo katafórico". Wallace explica esta segunda categoría: "La primera mención, con el artículo, es anticipador, seguida por una frase o declaración que define o califica la cosa mencionada". *Greek Grammar Beyond the Basics*, 220. En este caso, las bestias son calificadas como los "de la tierra" (cfr. Apocalipsis 13:11; Daniel 7:17).

18. Véase D. A. Carson, *How long, O Lord: Reflections on Suffering and Evil*, 2nd ed. (Grand Rapids, MI: Baker, 2006); cfr. Charles Cooper, *How to Survive the Great Tribulation: Fight, Flight, or Faith* (Bellefonte, PA: Strong Tower Publishing, 2008).

Parte 2. El arrebatamiento del pueblo de Dios

19. A veces he oido afirmado equivocadamente por los defensores pretribulacionales que el arrebatamiento pre-ira ocurrirá al punto de "tres cuartos [dentro] del período de siete años" (o sea, justamente al *punto medio* de la *segunda mitad* de dicho período). Esta es una descripción engañosa intolerable. La postura pre-ira enseña que el arrebatamiento sucederá *algún día durante la segunda mitad* del período de siete años. No enseña ninguna exactitud con respecto al momento del arrebatamiento tal como "tres cuartos".

20. Johannes P. Louw y Eugene A. Nida, eds., *Greek-English Lexicon of the New Testament Based on Semantic Domains*, 2nd ed., electronic ed. (New York: United Bible Societies, 1989).

21. Ceslas Spicq, *Theological Lexicon of the New Testament*,

electronic ed., trad. and ed. James D. Ernest (Peabody: Hendrickson, 1994).

22. El postribulacionismo ha identificado erróneamente la "trompeta final" en 1 Corintios 15:51-52 y la "trompeta de Dios" en 1 Tesalonicenses 4:16 con la séptima trompeta en el Apocalipsis 11:15. Hay problemas fundamentales con esta identificación. (1) Hay dos propósitos inconexos para la trompeta de Pablo en la parousia y la séptima trompeta. La trompeta final de Pablo sirve a los piadosos en *liberación* en la resurrección y el arrebatamiento, mientras las siete trompetas en el libro del Apocalipsis sirven a los impíos en *juicio*, con la séptima trompeta anunciando la reclamación del reino de Dios. (2) El momento exacto es otra cosa. Para Pablo, su última trompeta se toca inmediatamente cuando Cristo venga para rescatar a su pueblo. Por contraste, la séptima trompeta en el Apocalipsis se escucha mucho más tarde, después de que se hayan sonado las seis trompetas de juicio. (3) Hay dos trompetistas diferentes. Es extremadamente seguro que la trompeta en 1 Corintios 15:52 es la misma "trompeta de Dios" en 1 Tesalonicenses 4:16. De la misma manera, es Dios que suena esta trompeta especial. A diferencia de la especial, la séptima trompeta se suena por el séptimo ángel.

Esto nos trae al asunto de lo que Pablo significaba por la "trompeta *final*". El término griego *eschatos* quiere decir "último" o "final", el cual puede involucrar unas aplicaciones. A menudo se asume que la expresión "la trompeta final" denota la última de una serie de trompetas. Pero el contexto en 1 Corintios 15 muestra ningún indicio de una serie de trompetas. Una sola trompeta se ve aquí. Además, en este mismo capítulo sobre la resurrección, Pablo usa *eschatos* para hacer referencia al *asunto final* en tres series de categorías: (1) el resucitado Jesús que apareció últimamente a Pablo (1 Corintios 15:6-8), (2) la abolición del último enemigo (1 Corintios 15:24-26), y (3) el último Adán (1 Corintios 15:45). En esos tres eventos, Pablo no solamente lista el asunto final, sino menciona otras cosas dentro de sus series. Sin embargo, cuando él menciona la trompeta final, no hace ninguna referencia a las trompetas previas. Esto sugiere que Pablo pretiende otro sentido de *eschatos* con respecto a la "trompeta final". Dado que la resurrección representa al evento redentor culminante cuando Cristo retorne, Pablo probablemente tenga presente la palabra "final" en el sentido de significar que el orden actual ya no está vigente, y por eso implica que una era nueva ha amanecido en la obra redentora de Dios. Es posible también que Pablo pueda estar aludiendo al propósito común de sonar una trompeta en el Antiguo Testamento para recoger o reunir al pueblo de Dios. Así que Pablo ve la resurrección del pueblo de Dios como el recogimiento escatológico. Por cierto, *eschatos* también puede llevar el significado de mayor o mejor, lo cual lleva la connotación de una culminación. Cualquier de estos sentidos posteriores está mucho más creíble que la interpretación postribulacional, la cual lo ve como una referencia a la séptima trompeta en el libro del Apocalipsis. De paso, el término para "trompeta" es *salpigx*, lo que puede denotar sencillamente el sonido del trompetazo o el instrumento mismo. Esto no será la única trompeta escatológica asociada con la venida del Señor. Por ejemplo, un trompetazo anuncia la ira del día del Señor (Joel 2:1); los trompetazos suenan durante la ira del día del Señor (Sofonías 1:15-16; cfr. Apocalipsis 8:2); y un trompetazo les llama a los refugiados de Asiria y Egipto que se vuelvan a casa en Israel (Isaías 27:12-13; Zacarías 9:14-16).

23. *Paul and the Parousia: An Exegetical and Theological Investigation* (Peabody: Hendrickson, 1997), 82.

24. Mateo 11:12, 12:29, 13:19; Juan 6:15, 10:12, 28-29; Hechos 8:39, 23:10; 2 Corintios 12:2, 4; 1 Tesalonicenses 4:17; Judas 1:23; Apocalipsis 12:5.

25. La versión de los setenta (abreviada LXX) es una antigua traducción griega del Antiguo Testamento produjo para judíos de habla griega. La LXX no utiliza *harpazo* para traducir la palabra hebrea *laqah*. En lugar de eso se emplea el término *metatithemi*, que quiere decir en este contexto "llevar de un lugar a otro, poner en otro lugar, trasladar". El autor de Hebreos usa consecuentemente *metatithemi* dos veces del suceso

concerniente a Enoc. "Por la fe Enoc fue trasladado [*metatithemi*] al cielo para que no viera muerte, y no fue hallado porque Dios lo trasladó [*metatithemi*] porque antes de ser traslado [*metátesis*] recibió testimonio de haber agradecido a Dios" (Hebreos 11:5). Además, el término para "traslado" en este versículo es la forma sustantiva del verbo previo *metátesis*, que significa en este caso "traslado a otro lugar". Por eso estos términos en este contexto particular se utilizan para indicar un arrebatamiento. Por otra parte, en describir el arrebatamiento de Enoc, la literatura desde fuera de la Biblia misma usa *harpazo* (Sab. 4.10-11; 2 Enoc 3.1). De paso, algunos han reclamado que Enoc realmente murió, citando Hebreos 11:13: "Todos estos murieron en fe…" Pero el adjetivo "Todos" debe ser interpretado en su contexto. El autor de Hebreos explícitamente califica una excepción a los héroes fieles que murieron: "Por la fe Enoc fue trasladado al cielo *para que no viera muerte*, y no fue hallado porque Dios lo trasladó, porque antes de ser trasladado recibió testamento de haber agradecido a Dios" (Hebreos 11:5, énfasis añadido).

26. Hay una duda teológica acerca de la morada de los santos del Antiguo Testamento (los que habían muerto) antes de la resurrección de Cristo. Por lo tanto, hay una pregunta de si Enoc y Elías fueran directamente al cielo a la presencia del Padre o si moraban en otro lugar. Eso está más allá del alcance de esta discusión, pero podemos estar muy seguros que los santos del Antiguo Testamento sí gozaban del estado de compañerismo, gozo y consuelo, que se deduce de los ejemplos bíblicos de Moisés y Elías (Mateo 17:3) y Abraham y Lázaro (Lucas 16:25).

27. Muchos pretribulacionistas sostienen que los que son llevados son llevados (o tomados) al juicio, y los que son dejados son dejados para liberación. Específicamente, esta interpretación pretribulacional ve los que son llevados como ser los llevados (o tomados) para juicio después de la batalla de Armagedón y los que son dejados como ser los que sobreviven el día del Señor y entran en el reino milenario. Esta interpretación, sin embargo, viola la lectura natural del pasaje. Su argumento se

basa principalmente sobre la ilustración acerca de Noé en Mateo 24:37-39. Ellos afirman que la declaración que "...vino el diluvio y se los llevó [en juicio] a todos [los impíos]" paralela el evento de "uno será llevado [o tomado]". No obstante, la identificación de "los impíos" con "los que serán llevados" se equivoca por las razones siguientes:

Primero, las ilustraciones domésticas y agrícolas en los versículos 40-41 (hombres en el campo y mujeres moliendo grano) son paralelas a la ilustración acerca de Noé, por eso no tienen la intención de *ilustrar la ilustración* que tiene que ver con Noé en los versículos 37-39. En cambio, los versículos 40-41 buscan ilustrar el recogimiento del pueblo de Dios en la parousia (Mateo 24:30-31). En la separación cuando la parousia empieza en el versículo 31, ¿quién está siendo llevado (o, tomado)? Son los elegidos de Dios, no los impíos. Esto es el punto total de invocar la ilustración.

Segundo, la pauta o el modelo pretribulacional rompe el paralelismo de las ilustraciones. Cuando se examina el texto, sin embargo, vemos que el rescate de la familia de Noé es descrito primero ("el día en que entró Noé en el arca" v. 38), y el juicio sobre los impíos se describe segundo ("...vino el diluvio y se los llevó a todos" v. 39). Para mantener el paralelo, un hombre en el campo y una mujer moliendo al molino son llevados (rescatados), entonces el otro hombre en el campo y la otra mujer moliendo al molino son dejados (juicio).

Tercero, algunas versiones españole de la Biblia de uso corriente (LBLA, NVI, y Reina-Valera 1960) traducen la acción de la ilustración del diluvio del versículo 39 como "vino el diluvio y se los llevó a todos [los impíos]". La palabra "llevar" es desgraciada porque sus lectores sin recelo pueden asumir que dicho verbo en v. 39 es el mismo que se encuentra en los versíclos 40-41. Pero la dificultad aquí es que en estos tres versíclos notamos que "llevar" se traduce de dos palabras griegas distintas que contienen dos significados casi opuestos. A menudo, la falta de tomar en cuenta el griego ha provocado gran confusión y error doctrinal en la iglesia de Dios. La versión inglesa (ESV) reconoce este problema, y ha reemplazado "llevó" con "barrió" (swept away). El término griego en el v. 39 es *airo*, el que en este contexto particular de la ilustración de juicio por el diluvio significa "quitar, remover". Por contraste, el término griego en los versículos 40-41 es *paralambano*, con el sentido de una recepción íntima.

Vale observar que la versión Reina-Valera traduce perfectamente estas dos palabras griegas en los versículos 39-41. En v. 39, "airo" nos da "llevar", con un sentido negativo. Pero vv. 40-41, "paralambano" se traduce "tomar" y tiene un significado positivo. Obviamente, estas dos palabras griegas no son intercambiables. Vamos al grano: el diluvio en el v. 39 es un juicio ("airo"—negativo) sobre el mundo incrédulo. Pero el arrebatamiento en los vv. 40-41 es de irse a la presencia de Cristo ("paralambano"—positivo) en el aire.

Algunos dicen que *paralambano* no lleva siempre el sentido de recibir en una manera positiva. Esto es cierto, pero erróneo, o hasta engañoso. De las cuarenta y nueve veces que este término se emplea en el Nuevo Testamento, se usa sólo tres veces negativamente (Mateo 27:27; Juan 19:16; Hechos 23:18). Este sentido raro se encuentra en un contexto estrecho específico de un prisionero entregado a la jurisdicción de soldados, un contexto no relevante a la parousia. Es un forzado argumento lexical para aplicar este significado inverosímil a nuestro pasaje objetivo. Sobre esta falacia, véase D. A. Carson, *Exegetical Falacies*, 2nd ed. (Grand Rapids: Baker, 1996), 37-41.

Cuarto, en los versículos 40-41, el término traducido más apropiadamente "tomado" [Reina-Valera 1960] es *paralambano*, el cual expresa una recepción positiva. Esta buena acogida se contrasta con el que es "dejado". El término griego tras "dejado" es *aphiemi*, el cual en este contexto quiere decir "alejarse con la implicación de causar una separación, salir, apartarse, retirarse de". Por tanto tenemos un término griego positivo para "llevado" (o, "tomado") contrastado con un término griego negativo para "dejado"; por eso, el que es "dejado" es más apropiadamente en armonía con la idea de separación y juicio que de liberación. No de modo sorprendente, *sólo unos pocos días después*, Jesús usó *paralambano* cuando Él alentó a sus discípulos que en su regreso, Él los llevaría (o tomaría, según la versión bíblica) para estar con Él: "Y si me voy y preparo un lugar para vosotros, vendré otra vez y os tomaré conmigo para que donde yo estoy, allí estéis también vosotros" (Juan 14:3). Es el mismo contexto (el retorno de Cristo), la misma audiencia, (sus discípulos), y la misma terminología (*paralambano*).

Finalmente, en el mismo contexto de su parousia, Jesús provee otra ilustración acerca de estar preparado para su venida (Mateo 25:1-13). Las cinco vírgenes prudentes que estaban preparadas están tomadas para estar con el novio; las cinco insensatas que no estaban preparadas están dejadas. De manera semejante, la parábola de las diez vírgenes está consecuente con los versículos 37-41 de Mateo 24, y apoya nuestra interpretación que los que están tomados están tomados para liberación y los que están dejados están dejados para juicio.

Estas cinco razones demuestran que los que se toman son los justos para rescate, y los que se dejan son los impíos para juicio.

28. Quisiera aclarar una suposición común. Ha sido asumido erróneamente por muchos que la segunda venida comienza con la batalla de Armagedón. Pero la verdad es que la parousia empieza con la aparición de Cristo en las nubes para rescatar a su pueblo, y esa se sigue en seguida por la ira del día del Señor ejecutado por los juicios de las trompetas, seguidos por los juicios de las copas y Armagedón. En el arrebatamiento, las almas de creyentes que han muerto vienen con Cristo para *recibir* sus cuerpos nuevos. Es un evento de liberación (1 Tesalonicenses 4:14). Por contraste, en Armagedón, los creyentes *ya* resucitados o transformados vienen con Cristo en sus cuerpos nuevos glorificados. Es un evento de juicio. "Y los ejércitos que están en los cielos, vestidos de *lino fino, blanco* y *limpio*, le seguían sobre caballos blancos" (Apocalipsis 19:14, énfasis añadido). Sabemos que estos ejércitos son creyentes porque se nos dice unos versículos anteriores que es la novia (es decir, creyentes): "Regocijémonos y alegrémonos, y démosle a Él la gloria, porque las bodas del Cordero han llegado y su esposa

se ha preparado. Y a ella le fue concedida vestirse de *lino fino, resplandeciente* y *limpio, porque las acciones justas de los santos son el lino fino*" (Apocalipsis 19:7-8, énfasis añadido). Una vez en el Apocalipsis, los ángeles se ven vestidos de una manera parecida (Apocalipsis 15:6) y los santos vestidos de blanco (Apocalipsis 3:4-5, 18, 6:11, 7:9, 13-14, 19:7-8). El contexto de le cena redentora de las bodas junta la novia con el Cordero; y vemos la novia y el Cordero entrando en batalla contra sus enemigos que resulta en una cena de juicio: "Y vi a un ángel que estaba de pie en el sol. Y clamó a gran voz, diciendo a todas las aves que vuelan en medio del cielo: Venid, congregaos para la gran cena de Dios, para que comáis carne de reyes, carne de comandantes, y carne de poderosos, carne de caballos y de sus jinetes, y carne de todos *los hombres*, libres y esclavos, pequeños y grandes" (Apocalipsis 19:17-18). Además, se nos dice en otra parte que los que acompañan al Cordero a la batalla son los santos: "Estos pelearán contra el Cordero, y el Cordero los vencerá porque él es Señor de señores y Rey de reyes, y los que están con Él son llamados, escogidos y fieles" (Apocalipsis 17:14). Por lo tanto, estas razones muestran que los ejércitos que siguen a Jesús para librar batalla en Apocalipsis 19:14 son seguramente santos, no ángeles. Desde luego, esto no quiere decir que los ángeles no acompañarán a Jesús para batallar también. Es probable que lo hagan, puesto que la realización de sus juicios es una tarea asignada a los ángeles. Pero en este versículo particular, los ejércitos se refieren a los santos redimidos.

29. Para más argumentación que indica que los 144.000 no están de la iglesia, véase *Three Views on the Rapture*, 144-46.

30. Para más argumentación que muestra que este grupo es la iglesia y/o incluye todo el pueblo de Dios, véase *Three Views on the Rapture*, 129-37.

31. Además, la iglesia primitiva, según la Dídaque, interpretaba a los elegidos que se recogen en Mateo 24:31 como ser la iglesia: "Así, que tu iglesia esté juntada de los fines de la tierra en tu reino" (Dídaque 9:4); y "Acuérdate, Señor, de tu iglesia,

para rescatarla de todo mal y para perfeccionarla en tu amor; y de los cuatro vientos, recoge la iglesia que ha sido santificada en tu reino, el cual tú has preparado para ella" (Dídaque 10:5). Holmes, *Apostolic Fathers*.

Parte 3: La ira del día del Señor

32. Jeffrey J. Niehaus, *God at Sinai: Covenant & Theophany in the Bible and Ancient Near East* (Grand Rapids: Zondervan, 1995), 157; Meredith G. Kline, "Primal Parousia", Westminster Theological Journal 40 (1978): 245-80.

33. Niehaus, *God at Sinai*, 18.

34. Kline, "Primal Parousia" 245-70.

35. Cfr. Asher Intrater, *Who Ate Lunch With Abraham?* (Peoria: Intermedia, 2011).

36. La expresión, "día del Señor", (*yom yhwh*) se encuentra en el Antiguo Testamento dieciséis veces; Joel 1:15, 2:1, 11, 31, 3:14; Abdías 1:15; Isaías 13:6, 9; Ezequiel 13:5; Amos 5:18 (x2), 20; Sofonías 1:7, 14 (x2); Malaquías 4:5. La mitad de estas citas se refiere a un juicio del día del Señor que fue cumplido históricamente contra Judá o Israel: Isaías 13:6; Ezequiel 13:5; Joel 1:15, 2:1, 11; Amos 5:18 (x2), 20. La otra mitad se refiere al efecto del día escatológico del Señor sobre todas las naciones: Isaías 13:9; Joel 2:31, 3:14; Abdías 1:15; Sofonías 1:7, 14 (x2); Malaquías 4:5. Véase también Isaías 2:12, 13:13, 34:8; Ezequiel 7:19, 30:3; Sofonías 1:8, 18, 2:2-3; Zacarías 14:7; Lamentaciones 1:12, 2:1.

37. Esto se llama la falacia (noción falsa) de "palabra—concepto", o sea una asunción que el estudio de una sola palabra o frase corresponda al haber estudiado el concepto bíblico en su totalidad. La falacia también se llama el método "concordancia" de interpretación. Uno no debería simplemente abrir una concordancia y correr el dedo hacia abajo en la página para buscar los usos de una palabra particular y detenerse ahí. Puede que sea un punto de partida para estudiar, pero hay una diferencia importante entre el estudio de un concepto bíblico y el

de todos los significados variados de una palabra en singular. Por ejemplo, si queremos aprender lo que la Biblia enseña de amor, sería un error de limitar nuestro estudio solamente a la palabra *agape* porque hay muchos términos que describen los aspectos diferentes de amor. Necesitamos tomar las Escrituras en un sentido normal, natural contextual, y reconocer los sinónimos y otras frases similares que describen un concepto, más bien que reducirlo enteramente en un término singular. Moisés Silva da este ejemplo adicional: "Un pasaje muy importante sobre el tema de hipocresía es Isaías 1:10-15, pero el alumno criado en la concordancia nunca encontraría [la palabra 'hipocresía']; en vez de eso él vendría a un entendimiento no refinado del tema". *Biblical Words and Their Meaning: An Introduction to Lexical Semantics*, rev. ed. (Grand Rapids: Zondervan, 1994), 27. Véase también D. A. Carson, "Word-Study Fallacies", en *Exegetical Fallacies*, 2nd ed. (Grand Rapids: Baker Books, 1996), 27-64. Por lo tanto, debemos tener cuidado de no asumir que si un pasaje carece de la expresión exacta "día del Señor", no debe estar refiriéndose al juicio escatológico de Dios.

38. Donald K. Campbell and Jeffrey L. Townsend, eds., *The Coming Millennial Kingdom: A Case for Premillennial Intrepretation* (Grand Rapids: Kregel, 1997); Robert L. Saucy, "Part Four: The Place of Israel", en "*The Case for Progressive Dispensationalism: The Interface Between Dispensational & Non-Dispensational Theology*" (Grand Rapids: Zondervan, 1993); Barry E. Horner, *Future Israel: Why Christian Anti-Judaism Must Be Challenged*" (Nashville: B & H Academic, 2007); Walter C. Kaiser, Jr., *The Promise-Plan of God: A Biblical Theology of the Old and New Testaments* (Grand Rapids: Zondervan, 2008).

39. Para más sobre el contexto judío de Jesús, véase Michael L. Brown, *The Real Kosher Jesus* (Lake Mary, FL: Frontline, 2012).

40. Greg A. King, "The Day of the Lord en Zephaniah", *Bibliotheca Sacra* 152 (January-March 1995): 18.

41. *Three Views on the Rapture*, 202.

42. Además, Colin R. Nicholl provee seis razones por qué 1 Tesalonicenses 5:1-11 se enlace estrechamente con 4:13-18: "(1) Los dos se relacionan al destino de creyentes al mismísimo fin de la edad (eschatón: griego), y ambos reflejan una estructura conceptual 'apocalíptica'; (2) tienen una estructura similar: la declaración del tema con *adelphoi* (4:13, 5:1), la respuesta esencial (4:14; 5:2) y la conclusión alentadora (4:18, 5:11); (3) las palabras *eite katheudomen* de 5:10 nos recuerdan de 4:13-18, mientras *eite gregoromen* parece aludir al problema de fondo, 5:11 sigs.; (4) la muerte y resurrección de Jesús son la base para confianza en referencia al destino escatológico en las dos (4:14a, 5:9-10); (5) 'estando con Cristo' es la meta escatológica en ambos (4:17b, 5:10); (6) ambos tienen la misma función de tranquilizar y de animar a los miembros de la comunidad (4:18, 5:11), y de veras, es muy posible que 5:11 funcione para concluir 4:13 sigs." *From Hope to Despair in Thessalonica*, 73.

43. Esta es una distinción importante porque el pretribulacionismo identifica el uso de los dolores de parto por Jesús y Pablo con el mismo evento. Por eso, ellos enseñan que la ira del día del Señor *es* la gran tribulación. Pero esto es defectuoso por seis razones:

1. El uso por Pablo se encuentra en la incepción del día del Señor, y el de Jesús ocurre en Mateo 24 antes de la gran tribulación. En otras palabras, Jesús usa la metáfora de parto para avisar que el fin *no haya llegado* ("No os alarméis, porque es necesario que todo esto suceda; pero todavía no es el fin...todo esto es sólo el comienzo de dolores".) Pablo lo usa para anunciar que el fin *ha llegado* ("...Entonces la destrucción vendrá sobre ellos...como dolores de parto". 1 Tesalonicenses 5:3; cfr. Isaías 13:7-8).

2. Jesús subraya que aunque el comienzo de los dolores de parto sea extremadamente difícil (Mateo 24:8), es *tolerable*. Así que, tenemos la razón por qué Jesús puede tranquilizar a sus discípulos: "...No os alarméis, porque es necesario que todo esto suceda; pero todavía no es el fin" (Mateo 24:6). A diferencia de Jesús, Pablo toma de

las imágenes de parto expresadas por Isaías que están enfocadas en la etapa *intolerable* de dar a luz en realidad: "…[D]olores y angustias se apoderarán de ellos, como mujer de parto se retorcerán" (Isaías 13:8).

3. Jesús enseña que el "comienzo de dolores (de parto)" es lo que la última generación de creyentes está *destinada* a experimentar (Mateo 24:4-8). Sin embargo, Pablo enseña lo contrario. El dice que a la última generación de creyentes se promete una *exención* de los fuertes dolores de parto—el tiempo de la ira de Dios (1 Tesalonicenses 5:9).

4. Los dolores de parto en Mateo 24 se refieren a los eventos *naturales*, tales como cristos falsos, guerras, hambres, y terremotos (Mateo 24:5-8). Pablo se refiere al evento *sobrenatural* del día del Señor (Isaías 13:6-10; cfr. 2 Tesalonicenses 1:5-8).

5. Los dolores de parto de los cuales habla Jesús comienzan *antes* de los disturbios celestiales Mateo 24:8-29). En el pasaje que le interesa a Pablo, Isaías asocia los dolores de parto con el disturbio celestial al *comienzo* del día del Señor (Isaías 13:8-10).

6. Jesús usa la metáfora de parto para aplicar tanto a los no creyentes como a los creyentes (Mateo 24:5-8). Pablo lo aplica exclusivamente a los no creyentes (1 Tesalonicenses 5:3-4).

44. Para más sobre el propósito principal de Pablo en 1 Tesalonicenses 5:1-11, véase Nicholl, *From Hope to Despair*, 67-79.

45. Uno de los versículos más debatidos en este libro es el Apocalipsis 3:10: "Porque has guardado la palabra de mi perseverancia, yo también te guardaré de la hora de la prueba, esa hora que está por venir sobre todo el mundo para probar a los que habitan sobre la tierra". Sin minimizar la importancia de la exégesis, yo quisiera aprovechar esta oportunidad y dar una respuesta sencilla, especialmente a la manera en

la que el pretribulacionismo interpreta este versículo. El pretribulacionismo entiende que este versículo es una promesa a la iglesia ("yo...te guardaré de") que ha de ser arrebatada antes de la ira del día del Señor ("la hora de la prueba"). De hecho, se supone que esto es la prueba de un arrebatamiento pretribulacional. No obstante, hay un defecto si ellos piensen que son "dueños" de esta conclusión: la postura pre-ira también afirma que el arrebatamiento sucederá antes del día del Señor. Que la hora de la prueba es la ira del día del Señor sólo prueba que la iglesia no esperimentará dicha ira (cfr. 1 Tesalonicenses 5:9). El Apocalipsis 3:10 no considera el asunto fundamental de *cuando* el día del Señor comience. El versículo da solamente una promesa de una protección particular. En cuanto a cuando empiece la ira de Dios, debemos buscar en otra parte de las Escrituras. Por tanto, este versículo es dudoso sobre la cuestión del arrebatamiento.

46. G. K. Beale, quien, a pesar de interpretar el libro del Apocalipsis de una estructura historicista, cita la ayuda de literatura judía extrabíblica que sugiere que el silencio sirva como un anuncio apocalíptico de juicio por Dios. Por ejemplo, un texto en particular que él cita muestra la conexión entre el silencio y el veredicto y ejecución de juicio es *Zohar* 3, Shemoth 4a-4b: "Y los libros están abiertos. En esta hora y momento [cuando] el Señor asciende a su trono...las canciones cesan y el silencio cae. Juicio comienza...Compañeros angélicos [de nuevo] cantan audazmente...[y nuevamente] las voces se callan. Entonces el Señor sube del trono de juicio". *The Book of Revelation: A Commentary on the Greek Text*, The New International Greek Testament Commentary (Grand Rapids: Eerdmans, 1999), 452.

47. Louw and Nida, *Greek-English Lexicon of the New Testament*.

48. Beale, *The Book of Revelation*, 491-93.

49. Louw and Nida, *Greek-English Lexicon of the New Testament*.

50. En cuanto a este asunto, estoy en deuda con Steven Lancaster y su correspondencia personal, así como su permiso de compartir sus comentos aquí sobre el significado y ubicación de Armagedón. Lancaster es director de Biblical Backgrounds (http://www.bibback.com/).

51. *Contra* Charles C. Torrey que ha sostenido que Harmagedón es la transliteración del hebreo *har mo'ed* ("montaña de asamblea"), refiriéndose al monte de Sión en Jerusalén (cfr. Isaías 14:12-14). "Armageddon", *Harvard Theological Review* 31 (1938): 237-48. Esto es poco probable porque es una enmienda conjetural, es decir, falta evidencia manuscrita textual.

52. Esta exhortación entre paréntesis en el Apocalipsis 16:15 no tiene la intención de dar un indicador temporal en cuanto a cuándo el Señor volviera. No significa que su parousia no hubiera ocurrido hasta este momento y con la iglesia aún en la tierra (*contra postribulacionismo*). Ni quiere decir que su parousia empezará en Armagedón. Es un error de ver en esta frase la expresión "vengo como ladrón" como si significara que Él no hubiera regresado todavía. Es sencillamente un recuerdo para el lector (u oyente) que no pierda la vigilancia espiritual. Esta advertencia entre paréntesis dentro de la narrativa apocalíptica nos da a entender que los que no estén vigilantes espiritualmente cuando el Señor regrese se encontrarán vergonzosamente expuestos como ser no preparados, y por consiguiente experimentarán la ira del día del Señor. Los vigilantes espiritualmente, sin embargo, se encontrarán luchando al lado de Dios y sus ejercicios celestiales. "[Los reyes del mundo] librará batalla con el Cordero, pero el Cordero los vencerá, porque Él es Rey de reyes y Señor de señores, y los que acompañan al Cordero son llamados, escogidos, y fieles" (Apocalipsis 17:14).

53. Véase Cooper, *God´s Elect and The Great Tribulation*, 33-51. Véase también Mike Coldagelli, http://www.signetringministries.org.2013/04/28/1186/ (entrado 6/5/13), and D. Ragan Ewing, http://Bible.org/seriespage/chapter-4-evidence-Jerusalem-harlot (entrado 6/12/13).

Apéndices

54. Mateo 24:3, 27, 37, 39; 1 Corintios 15:23, 16:17; 2 Corintios 7:6-7, 10:10; Filipenses 1:26, 2:12; 1 Tesalonicenses 2:19, 3:13, 4:15, 5:23; 2 Tesalonicenses 2:1, 8-9; Santiago 5:7-8; 2 Pedro 1:16, 3:4, 12; 1 Juan 2:28.

55. Hay más casos de doble referencia notados por Pablo: la salvación ocurrirá en la parousia que da incio al día del Señor (1 Corintios 5:5, 15:23); gloriándose en el fruto de su labor tendrá lugar en este mismo tiempo (Filipenses 2:16; 1 Tesalonicenses 2:19); y los eventos sucederán antes del arrebatamiento y la ira subsiguiente del día del Señor (2 Tesalonicenses 2:1-3). *From Hope to Despair in Thessalonica*, 51, n. 13; y L. J. Kreitzer, *Jesus and God in Paul's Eschatology* (Sheffield: JSOT, 1987), 112-29.

56. *Four Views on the Book of Revelation,* ed. C. Marvin Pate (Grand Rapids: Zondervan, 1998).

57. La construcción griega en este versículo es ambigua. Podría ser traducido, "Escribe pues, las cosas que has visto, y las que son, y las que han de suceder después de éstas". Esto pueda ser la intención dado que las últimas dos cláusulas parecen funcionar como explicativas a la primera cláusula.

58. Para debate sobre si la siega particular mencionada en el Apocalipsis 14:14-16 representa el arrebatamiento o una siega de juicio, véase *Three Views on the Rapture*, 134-35.

59. Malaquías 4:5 tiene que ver con el día escatológico del Señor. Pero ¿no identifica Jesús esta profecía como ya habiendo sido cumplida en la venida de Juan el bautista, así confirmando como innesesaria cualquiera expectación de una venida literal de Elías en el futuro? "Porque todos los profetas y la ley profetizaron hasta Juan. Y si queréis aceptarlo, él es Elías, el que había de venir" (Mateo 11:13-14, cfr. 17:10-13). Hay algunas cosas para considerar.

Primero, puesto que Jesús preveía su ministerio en dos fases—redención y reinando—tiene sentido cuando Él dice que aunque Elías ya ha venido (Juan el bautista, el precursor), Elías vendrá en el futuro también. "Y respondiendo El, dijo: Elías ciertamente viene, y restaurará todas las cosas; pero yo os digo que Elías ya vino" (Mateo 17:11-12). Es de notar que Jesús dijo esto después de que Juan el bautista había muerto, indicando un aspecto futuro de la venida de Elías.

Segundo, es confirmado por Gabriel que Juan el bautista no se conforma con la venida de Elías en un sentido literal sino en un sentido tipológico: "E irá delante de Él [Jesús] *en el espíritu y poder de Elías* para hacer volver los corazones de los padres a los hijos, y a los desobedientes a la actitud de los justos, a fin de preparar para el Señor un pueblo bien dispuesto" (Lucas 1:17, énfasis añadido). Darrell L. Bock observa: "La posición 'como Elías' de Lucas puede servir para clarificar lo que dicen Mateo y Marcos en que también continuaba de existir en círculos cristianos la esperanza del retorno de Elías al fin…cuando Dios hará su final obra escatológica. Lucas pueda haber tenido miedo de una equivocación que una identificación de Elías como refiriéndose de Juan el bautista representaría una denegación de este futuro Elías, que se asocia en Malaquías con el día decisivo del Señor. Lo que Jesús dice en Mateo 17 y Lucas comenta aquí es que hay un patrón de ministerio como aquel de Elías, en que cabe Juan el bautista, sin negar que Elías volverá últimamente. Este doble uso del tema de Elías corresponde a la tensión 'ya-no todavía' presente en tanto de la escatología del Nuevo Testamento". *Lucas 1:1-9:50*, Baker Exegetical Commentary on the New Testament (Grand Rapids: Baker Academic, 1994), 902.

Tercero, en el evangelio según San Juan, se nos dice que cuando los líderes judíos le preguntaron a Juan el bautista si él fuera el Elías que ha de venir, Juan exclamó en lo negativo. "Y le preguntaron: ¿Entonces, qué? ¿Eres Elías? Y él dijo: No soy. ¿Eres el profeta? Y respondió: No" (Juan 1:21). La única manera natural para entender que Elías ya ha venido pero no ha venido todavía es de verlo con la venida de dos fases de Jesús: Juan el bautista vino en el "espíritu y poder" de Elías en la primera venida de Cristo, con un cumplimiento literal que desplegará en proximidad a la segunda venida de Cristo como una señal que precede al día del Señor (Malaquías 4:5).

Cuarto, un caso podría hacerse que uno de los dos testigos en el Apocalipsis será Elías. Los poderes concedidos a estos testigos son descritos como sigue: "Estos dos tienen poder para cerrar el cielo a fin de que no llueva durante los días en que ellos profeticen" (Apocalipsis 11:6). Esto es la pauta de poder que Elías poseído (1 Reyes 17:1; Santiago 5:17).

Quinto, Elías es uno de las pocas figuras del Antiguo Testamento que no experimentó la muerte: "Y aconteció que mientras ellos iban andando y hablando, he aquí, apareció un carro de fuego y caballos de fuego que separó a los dos. Y Elías subió al cielo en un torbellino" (2 Reyes 2:11). Esto podría sugerir un aspecto de su propósito para venir otra vez.

Sexto, en la transfiguración, unos pocos de los discípulos de Jesús fueron testigos de un anticipo de Elías en asocio de la venida futura de Cristo en gloria. Esto es el mismo contexto en el cual Jesús cuenta a sus discípulos que Elías viene (Mateo 16:27-17:13). Por tanto, se mantiene que Juan el bautista funcionaba en la misma pauta de ministerio como Elías, y sin embargo hay una expectación futura real de Elías antes del día del Señor. Este punto es importante porque en el mismísimo día que el arrebatamiento tiene lugar, la ira del día del Señor empieza a desplegarse. Desde que Elías es un precursor al día del Señor, la inferencia lógica es que él aparecerá alguna vez antes del arrebatamiento. De la misma manera, la profecía de Elías establece la venida de Cristo como expectante, no inminente. Este punto a menudo se pasa por alto en la literatura pretribulacional. A propósito, no hay nada que requiere que el ministerio entero de Elías sea completado antes de que comience el día del Señor, sólo que debe comenzar de antemano. (*Contra* Robert H. Gundry, *The Church and the Tribulation* [Grand Rapids: Zondervan, 1973], 94).

60. Podríamos agregar un quinto evento profético que debe ocurrir antes del día del Señor: el mundo incrédulo dirá, "¡Paz y seguridad!" En su primera epístola a los tesalonicenses, Pablo enseña que el mundo, estando inconsciente de la ira inminente, estará repitiendo este eslogan antes del día del

Señor. "…cuando estén diciendo: 'paz y seguridad', entonces la destrucción vendrá sobre ellos repentinamente, como dolores de parto a una mujer que está encinta, y no escaparán" (1 Tesalonicenses 5:3).

61. *Prosdechomai* se encuentra catorce veces en el Nuevo Testamento: Marcos 15:43; Lucas 2:25, 38, 12:36, 15:2, 23:51; Hechos 23:21, 24:15; Romanos 16:2; Filipenses 2:29; Tito 2:13; Hebreos 10:34, 11:35; Judas 1:21.

62. Las dos obras que sentaron las bases de la postura pre-ira fueron Marvin Rosenthal, *The Pre-Wrath Rapture of the Church* (Nashville: Thomas Nelson, 1990), y Robert Van Kampen, *The Sign* Wheaton: Crossway Books, 1992).

63. Holmes, *Apostolic Fathers*.

64. Holmes, *Apostolic Fathers*.

65. *The Ante-Nicene Fathers, Translations of the Writings of the Fathers* Down to d.C. 325, Vol. 1, eds, Alexander Roberts and James Donaldson (Grand Rapids: Eerdmans, 1979).

Acerca del autor

ALAN E. KURSCHNER, PhD, es erudito bíblico y artor. Su ministerio se dedica a proclamar la verdad con respecto a la vuelta gloriosa de Jesucristo en lo porvenir. AlanKurschner.com

www.ingramcontent.com/pod-product-compliance
Lightning Source LLC
Chambersburg PA
CBHW022111150426
43195CB00008B/356